Gebrauchsanweisung für Nizza und die Côte d'Azur

Jens Rosteck

Gebrauchsanweisung für Nizza und die Côte d'Azur

Piper München Zürich

Der Verlag dankt dem Aufbau-Verlag, Berlin,
für die Genehmigung zum Abdruck der Textpassage
aus Lion Feuchtwangers *Der Teufel in Frankreich*.

ISBN 978-3-492-27554-5

Karte: cartomedia, Karlsruhe
Gesamtherstellung: Clausen & Bosse, Leck
Printed in Germany

www.piper.de

Für Sylvain Rigoult und Silke Schütze
und in memoriam Lore Lehmann

Inhalt

Ich habe während der sieben Jahre meines Aufenthalts an der französischen Mittelmeerküste die Schönheit der Landschaft und die Heiterkeit des Lebens dort mit allen Sinnen genossen. Wenn ich, von Paris mit dem Nachtzug zurückkommend, des Morgens das blaue Ufer wiedersah, die Berge, das Meer, die Pinien und Ölbäume, wie sie die Hänge hinaufkletterten, wenn ich die aufgeschlossene Behaglichkeit der Mittelmeermenschen wieder um mich fühlte, dann atmete ich tief auf und freute mich, dass ich mir diesen Himmel gewählt hatte, um unter ihm zu leben. Wenn ich meinen Garten wiedersah in seiner tiefen Ruhe und das Meer davor und den launischen Umriss seiner Küste und seiner Inseln und die endlose Weite dahinter, dann spürte ich mit all meinem Wesen: hier gehörst du hin, das ist deine Welt. Wenn ich mich nun in der Stille meines abendlichen Gartens erging, in welcher nichts war als das Auf und Ab des Meeres und vielleicht ein kleiner Vogelschrei, dann war ich ausgefüllt von Einverstandensein, von Glück.

Lion Feuchtwanger

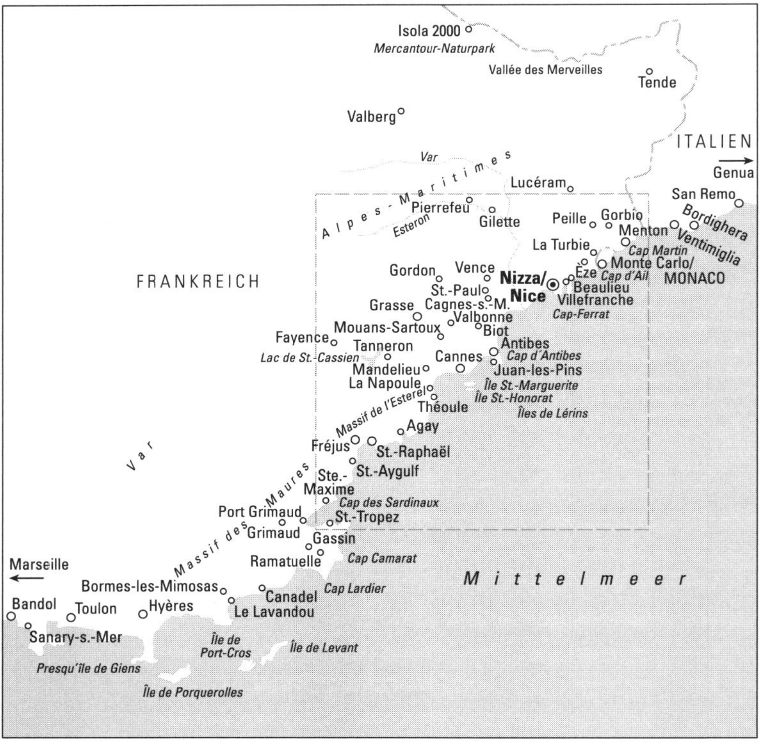
Isola 2000
Mercantour-Naturpark
Vallée des Merveilles
Tende
Valberg
ITALIEN
Genua
Var
Alpes-Maritimes
Lucéram
San Remo
Pierrefeu
Gilette
Peille
Gorbio
Bordighera
Esteron
Menton
Ventimiglia
La Turbie
Cap Martin
Èze
Monte Carlo/
MONACO
Cap d'Ail
Gordon
Vence
Nizza/
Nice
Beaulieu
FRANKREICH
St.-Paul
Villefranche
Grasse
Cagnes-s.-M.
Cap-Ferrat
Valbonne
Mouans-Sartoux
Biot
Fayence
Tanneron
Antibes
Lac de St.-Cassien
Cannes
Cap d'Antibes
Mandelieu
Juan-les-Pins
La Napoule
Île St.-Marguerite
Île St.-Honorat
Massif de l'Esterel
Théoule
Îles de Lérins
Agay
Fréjus
St.-Raphaël
Var
St.-Aygulf
Ste.-
Maxime
Massif des Maures
Cap des Sardinaux
Port Grimaud
St.-Tropez
Grimaud
Gassin
Marseille
Ramatuelle
Cap Camarat
Mittelmeer
Bormes-les-Mimosas
Cap Lardier
Canadel
Bandol
Toulon
Hyères
Le Lavandou
Sanary-s.-Mer
Île de
Port-Cros
Île de Levant
Presqu'île de Giens
Île de Porquerolles

Vorgeschmack auf Farbenrausch

Zur Einstimmung empfehle ich Ihnen, liebe Leser, neben einem ersten neugierigen Blick auf die Landkarte ein winziges Gläschen Limoncello vorab. Selbstverständlich nur, nachdem die Flasche mit diesem köstlichen, zuckrig-gelbgrünen Likör im Gefrierfach Ihres Kühlschranks schon die gebührende Patina angesetzt hat: eine dicke, frostige Eisschicht. Wenn Sie dann, nach – eigentlich noch unverdientem – Genuss, zum Aufbruch an diesen faszinierenden Landstrich bereit sind, schließen Sie doch einmal für eine Weile die Augen. Stellen Sie sich eine nur von schwacher Windbewegung aufgeraute Meeresoberfläche vor, deren obere Grenze sich irgendwo in der Ferne in konturloser Himmelsunendlichkeit verliert. Sprechen Sie dabei in stetem Wechsel zwei charakteristische Wörtchen halb laut vor sich hin, die Ihnen auf den nächsten Seiten oder in den kommenden Tagen ständig begegnen werden. Zuerst, sinnierend, das zweisilbige französische »azur«: sinnlich, verführerisch, mit einem zärtlichen z, das wie ein weiches, schnurrendes s klingt, und mit der Betonung auf dem langgezogenen, traumverlorenen ü, das sich in einem kaum hörbaren Aushauchen auf einem kehligen r verflüchtigt. Und gleich darauf das konsonantenreiche italienische »azzurro«, wie Sie es aus Adriano Celentanos phänomenalem Schlager aus den späten Sechzigern mit seinem aufgekratzten Marschrhythmus kennen. Einem Sommerhit mit Drive, den ihm Paolo Conte auf den Leib geschrieben hatte: Schnarrend, prägnant und lebensbejahend rührt dieser mal wie ein Triumphschrei geschmetterte, mal heiser geröhrte Dreisilber an unsere Seele und appelliert an unsere Sinne.

Im gleichen Maße wie sein gallisches Pendant weckt er, wenn auch ungleich ruppiger und großmäuliger, die schwer in Begriffe zu kleidende Sehnsucht nach einem ganz bestimmten, nur vor Ort zu erlebenden Farbton. Wer sich entschieden hat, an die Côte oder, wie die Engländer sagen würden, an die »French Riviera« zu reisen, ist längst davon ergriffen. Er oder sie wird nicht ruhen, bis er seiner habhaft geworden ist – und sei es auch nur für die flüchtige Dauer einer Aufnahme mit der Digitalkamera. Hoffnungslose Romantiker aller Epochen wollten damals – und möchten heutzutage – wenigstens einmal ihren Fuß auf die Kieselstrände und felsigen Ausläufer zwischen Toulon und Roquebrune setzen und die Gegend kennenlernen, in der jeden Winter mit schöner Regelmäßigkeit »die Zitronen blüh'n«.

In den Vokabeln »azur« oder »azzurro« spiegeln sich jedoch auch die vielfältigen Nuancen und untergründigen Widersprüche des Farbtons. Zugleich verraten sie bereits ein wenig von den Wesensmerkmalen dieser einmaligen Region. Zwischen den Landesgrenzen hat sie sich, nur wenige Dutzend Kilometer lang, eingenistet und liegt gewissermaßen zwischen den Stühlen des Empfindungsspektrums. Nie wirklich kalt, aber auch nie zu heiß. Stets mild, von Brisen und kühlen Lüftchen gemäßigt. Nicht vom Mistral gebeutelt, doch auch nicht von Tramontana oder Saharawinden verschont. Zwei Seiten einer Medaille. Nicht hier und nicht dort. Fremd und vertraut. Auf Abstand zu den Extremen. Noch erdverbunden und schon nicht mehr von dieser Welt – fast zu schön, um wahr zu sein. Noch nicht tropisch, aber fast uneuropäisch sinnlich und südlich.

Schon nicht mehr richtig ausschließlich französisch, aber auch noch nicht vollständig italienisch, im Niemandsland von *grande nation* und *bella Italia* präsentiert sie sich uns. Und gehört dabei, gottlob, niemandem und allen: Den Einheimischen, denen das vergötterte Himmels- und Meeresblau jahrhundertelang ziemlich einerlei war (und ist!). Den Griechen und Römern, die sich hier dauerhaft niederließen, eine weise und vorausschauende Entscheidung, von der wir noch heute profitieren können. Den Briten, die sie entdeckten, urbar machten und den Grundstein für ihren Ruhm legten. Den übrigen Franzosen, die sie umtauften, vermarkteten und für den Fremdenverkehr zugänglich werden ließen. Den Russen, die sie sich zur südlichen Winteroase auserkoren; den Adligen und Monarchen, die hier in mediterranen Gefilden, unter Palmen, Zypressen, Mimosenbüschen und Orangenbäumen ihre aus dem Norden importierten Gebrechen auskurieren wollten und zugleich im Reisegepäck ihre unheilbare Schwermut mitbrachten. Den Parisern, die ihr während der Belle Époque zum Mythos urbaner Mondänität verhalfen; den Amerikanern, die sie in den Zwischenkriegsjahren zur Enklave der Avantgarde und zum Mekka der *fashionable people* umfunktionierten. Den Literaten und Malern, Architekten und Bildhauern, die sie mit Überschwang zum Garten Eden hochstilisierten – und dabei Zeugnisse und Kunstwerke hinterließen, zu denen wir heute noch mit unverminderter Bewunderung aufblicken. Den Italienern, die sie erst um 1860 aus ihren Fängen entließen, aber noch immer ein wenig als ihr Eigentum erachten. Den Spielernaturen, Opfer ihrer Leidenschaft und leichte Beute versierter Croupiers, die sich in den Casinos der Küste ein ums andere Mal die gierigen Finger verbrannten und die es dessen ungeachtet zu Beginn jeder Saison wieder an die grünen Tische lockte. Den Flüchtlingen, Vertriebenen und Emigranten eines Schreckensjahrzehntes auf der verzweifelten Suche nach einem Sicherheit gewährenden Unterschlupf. Der Schickeria der Jetztzeit, Trendsettern, Medienstars und -sternchen, auf Neufranzösisch *people* genannt (landestypisch natürlich falsch ausgesprochen: »piipp-*pöl*-le«, mit irritierender Betonung auf der mittleren Silbe). Den Nudisten, die es allsommerlich in ihre Sonnenstadt Héliopolis auf der touristisch noch unverdorbenen Île de Porquerolles zieht. Den Anwärtern auf die Goldene Palme. Den Sprachstudenten und Kongressreisenden des beginnenden dritten Jahrtausends – den Nachzüglern von heute. Den Deutschen, Skandinaviern, Jetsettern aus Übersee, gewieften Nomaden und übrigen Weltenbummlern, die für ein Wochenende, einen Kurzurlaub, einen Kulturaufenthalt oder auch für immer ein bisschen abbekommen wollen von diesem beispiellos betörenden Blau und seinem Sehnsuchtspotenzial – seiner Vergangenheit und Geschichte sowie den Städten, Dörfern, Stränden, Sehenswürdigkeiten, Bergen, Geschichten und Legenden drum herum. Dem Stoff, aus dem die Träume sind.

Allez, nippen Sie noch ein zweites Mal. Denn jetzt sind Sie auf den Geschmack gekommen.

Nizza, Cannes, Monaco, Monte-Carlo, Menton, Sainte-Maxime, Antibes, Grasse, Saint-Tropez – der bloße Klang dieser Städte- und Ortsnamen versinnbildlicht wie kaum ein anderer Luxus und Glamour, Charme und Eleganz, luftige Leichtigkeit und guten Geschmack, mediterrane Lebenskunst und ungehemmten Hedonismus. Er verspricht tolerantes *laissez-faire* und grenzenloses *plaisir*, schwereloses *dolce vita* in Saus und Braus oder das angenehme Überwintern in einem irdischen Paradies. Er lässt an Glanz und Geld, an teure Jachten und funkelnde Casinos, an Apéritifs an der Croisette und an Jazzabende in Juan-les-Pins denken, an Segeltouren und Roulette, an Modenschauen und raffinierten *small-talk*, an Flanerien auf der kilometerlangen, in weitem Bogen geschwungenen, wie ein Fischernetz ausgeworfenen Promenade des Anglais und an blumengeschmückte Karnevalscorsi. An die roten Teppiche der Filmfestivals und an nicht enden wollende Sommernächte unter Sternenhimmel, an Bakkarat, Black Jack und ununterbrochenen Sonnenschein und natürlich immer aufs Neue an das mal azurblau schimmernde, dann wieder türkishell gleißende Mittelmeer.

Ein unendlicher Horizont und immense, im Mittagslicht glitzernde Farbflächen schieben sich hier, mal monochrom, mal changierend, unablässig ineinander: Dieses Meer ist Kulisse, Theaterbühne, Schauplatz, Showstar, Hautperson in einem. Tagaus, tagein. »Ja, das Meer ist blau, so blau!«, dichtete Bertolt Brecht einst mit genialer Simplizität, keine Tautologie scheuend, in seinem *Happy End*, Kurt Weill komponierte die schmissigen Rhythmen seines *Matrosen-Tango* dazu, und Lotte Lenya trällerte die entsprechende Songmelodie mit herber Intonation und ungebrochener Nonchalance. Diese drei mussten es wissen, hatten sie zuvor doch schon die gesamte *Dreigroschenoper* genau hier, zwischen Le Lavandou und Saint-Cyr an den Gestaden dieses verführerischen Küstenstriches, wie nebenbei ersonnen und der modernen Musikgeschichte zwischen zwei Strandnachmittagen, voll des fruchtigen Roséweines von Bandol, zu einem anspruchsvollen Welterfolg voller Ohrwürmer verholfen. Kreatives *dolce farniente* in Reinkultur.

Blau, so blau, wie die tiefdunklen Indigo-Leinwände eines Yves Klein mit ihren enigmatischen Abdrücken nackter Frauenkörper, die zum visuellen Inbegriff der »École de Nice« bezeichneten Künstlergruppe um ihn, Arman, César, Ben, Niki de Saint-Phalle, Martial Raysse und Sacha Sosno geworden sind. Einer Gruppierung, der man im Kulturviertel Nizzas als Weihetempel das imposant-futuristische MAMAC, ein über Halbmondbögen thronendes Museum für moderne Kunst, errichtet hat. Blau, so blau wie die Himmelsfarben eines Marc Chagall, der im Windschatten der *méditerranée* eine neue Heimstatt fand und auch bereits vor Ort über ein eigenes Museum für seine heiter-verspielten Bibelszenen auf riesigen Leinwänden verfügt. Blau, so blau wie die Hintergründe auf den Nizza verherrlichenden Seestücken und Aquarellen eines Raoul Dufy, dessen frappierendes Talent für Transparenz man früher in der Galerie des Ponchettes in unmittelbarer Meeresnähe bewundern konnte und dessen wie hingehauchte Stimmungsbilder man jetzt ein wenig ins Abseits, ins klassizistische Musée des Beaux-Arts auf dem *Baumettes*-Hügel verbannt hat. Blau, so blau wie die aus dem Stadtbild von Nice nicht wegzudenkenden, weltbekannten blauen Stühle, zu Hunderten nebeneinander aufgereiht an einer der stupendesten Strandpromenaden Europas. In die Betrachtung von Wellen und Wind versunken, lassen sich auf ihnen Badegäste, feinsinnige Faulenzer und professionelle Bummler, herausgeputzte Damen und geschniegelte Gentlemen, sandwichkauende Youngster und sich zu Raï-Hymnen wiegende marokkanische Kleinfamilien nieder – bis tief in die Nacht können sie sich, dem quirligen Stadtleben und nie abreißenden Verkehr den Rücken zugekehrt, nicht sattsehen an einem so einfachen wie beglückenden Spektakel, das sich vor ihren Augen ausbreitet: der Betrachtung des Meeres. Dem ewigen Blau.

Blau, so blau wie die dezent hingetupften, duftigen Wattewölkchen auf dem Deckengemälde der Bahnhofshalle zu Nice, einem Bild ohne Motiv oder Zentrum – einer himmlischen Verewigung über den Köpfen der Reisenden. Blau, so blau auch wie die Abteile und Schlafwagen der Luxuszüge von einst: »Les Trains bleus«, so waren seit jeher die Nachtzüge benannt, mit denen man aus Paris in großem Stil aufbrach, um am nächsten Morgen unter Palmenwipfeln und Olivenzweigen aufzuwachen: mit dem Riviera-Express. »Le Train bleu«, so lautet auch der Name eines üppig dekorierten Nobelrestaurants mit goldverzierten, haushohen Decken, Waggonabteilen als Tischen und pompösen Städtefresken an den Wänden, im Stil der Belle Époque. Eine mythische

Lokalität, die sich noch heute in der oberen Etage des Pariser Bahnhofs Gare de Lyon befindet. Hier soupierte die *haute volée* mit Blick auf ihre abfahrbereiten Züge, bevor sie sich in erlesenen Erste-Klasse-*compartiments* der vielbeschworenen Perlenkettenbucht von Nizza näherte. *Le Train bleu*, so nannten der französische Komponist Darius Milhaud und das Multimedia-Faktotum Jean Cocteau schließlich ihr aufmüpfiges, 1924 von Sergej Diaghilews »Ballets Russes« auf die Bühne des Pariser Théâtre des Champs-Élysées gestemmtes Sport- und Bademoden-Ballett. Im Untertitel zielten sie gar auf eine »opérette dansée«; geplant war ein über alle Stränge schlagender »Flirt mit der Leichtigkeit des Seins«. Der Vorhang, *Zwei Frauen über den Strand laufend*, üppige, halb nackte Gestalten, stammte von Pablo Picasso, Vitalität und rauschhafte Ekstase repräsentierend. Henri Laurens' vom Kubismus inspirierte Requisiten deuteten Firmament und Strand lediglich an. Badekabinen und Zelte rahmten die Bühne ein, auf der sich »Poules« und »Gigolos«, neckische Grüppchen junger Frauen und Männer, in Badeanzügen von unerhörtem Schick tummelten, von Coco Chanel entworfen. Es war bezeichnend für das Selbstverständnis dieser Zwanzigerjahre-Künstler und ihr Faible für Zeitmoden, dass sie artistisches Fingerspitzengefühl besaßen und schon die Reise an die Côte d'Azur selbst zum Gegenstand einer größeren Komposition machten.

Tennisschläger und Sonnenbrillen, Flirts und gymnastische Exerzitien, gebändigte Erotik, Mystifizierung sportlicher Betätigung (heute, im Zeitalter der Fitnessstudios, brandaktuell!), Fotoposen und Sorglosigkeit bildeten das in lockere Nummern aufgelöste Gerüst des Ballettes. Luxuriöse Farce und doppelbödige Parodie zugleich, Zurschaustellung sorglosen Plaisirs – und im selben Atemzug Entlarvung solcher süßen Laster mit ihren eigenen Mitteln. So wurde das perfekte Postkartenbild von einem unbeschwerten Sommernachmittag an der Côte, an dem kein Wölkchen die Urlaubsstimmung trüben durfte, schon im Ansatz wirkungsvoll zerstört.

Subversives Blau, opulentes Blau. Ein Blau, das, mit den Worten von Colette, »anderswo nur in Träumen vorkommt«. Ein Blau voller Finessen …

Man sieht: Die Erwähnung der Côte d'Azur allein reicht schon hin, um ins Schwärmen zu geraten. Ist Synonym für Nostalgie. Hält sämtlichen Klischees selbstbewusst stand. Sesamöffnedich für Eingeweihte, Schlaraffenland für polyglotte Weltbürger, Codewort für das mondäne Selbstverständnis erfolgsverwöhnter Paradiesvögel, die sich hier in Hülle und Fülle nehmen können, was ihnen immer schon zustand. Garant der Exklusivität. Hier will man unter seinesgleichen sein – und es bitte auch bleiben. Sie ringt jedem, den es ab und an in die Ferne lockt und der es sich ganz gerne auch einmal gut gehen lässt, einen wonnigen Stoßseufzer ab. Sie selbst kann sich wie ein mediterraner Ohrwurm im Kopf eines fernwehsüchtigen Reisenden festsetzen und ihn behutsam, aber nachdrücklich in Richtung Südostfrankreich bugsieren – früher mit Kutsche, Dampfer und eben den so komfortablen »blauen Zügen«, heute, etwas prosaischer gewiss, aber auch weitaus geschwinder, per Billigflieger oder im Hightech-Abteil eines schnittigen TGV.

Dieser schmale Küstenstreifen – »die ganze Riviera ist nur ein paar Meter breit«, stichelte 1928 bereits Kurt Tucholsky – zwischen Seealpen und *le grand bleu*, eine durchweg urbane Ansammlung ineinander übergehender Ortschaften ganz unterschiedlicher Größe und Bedeutung mit dem schmucken Zwitter Nizza im Zentrum, verkörpert noch heute den Ewigkeitswert einer unangefochtenen – und mitnichten imaginären – Glücksverheißung. Ihr Rezept? Wie gesagt: Ein bisschen Frankreich, eine Prise Italien, eine Zutat *sophistication*, verfeinert mit einem Hauch altrussischer Aristokratie, abgerundet von einem Kosmopolitentum, das erst hier sein volles Aroma entfalten kann. Gesegnet mit den Ingredienzien eines phantastischen Mikroklimas. Gekrönt von jeder Menge Kultur, einem verschwenderischen Zuckerguss aus Moden, Stilen, Geschmacksrichtungen. Abgeschmeckt mit dem *dernier cri* der jeweils anbrechenden Saison in Literatur, Kunst, Mode, Film, Musik.

Das positive Vorurteil vom Leben wie Gott in Frankreich erfährt scheinbar nur hier seine Berechtigung. Hier, und nirgends sonst, kann man am Dreiklang *journée de neige – profiter du soleil – nuit lyrique* partizipieren, indem man an einem sonnigen Dezembersonntag morgens bergabwärts die Skipisten der vielen die Küste umringenden Hochgebirgs-Stationen unsicher macht, anschließend nachmittags, nur mit Polohemd, Bermudashorts und Segelschuhen angetan, am Kiesstrand der Engelsbucht einen scharlachroten Ramazzotti mit Blick auf die schneebedeckten Gipfel des Mercantour schlürft, um abends, ungleich festlicher gewandet, keinen Steinwurf von der Küste entfernt einer Premiere an der im italienischen Stil errichteten Opéra beizuwohnen.

Und draußen, jenseits der Logen und Zuschauerränge, auf den belebten maritimen Boulevards und in den hell erleuchteten Gassen rund um die für sardische Könige erbaute, stolz in die Abenddämmerung ragende Präfektur von Nice ergehen sich Hunderte von anonymen Selbstdarstellern und Flaneuren in vielfältigen Posen, machen die Nacht zum Tage – und erfinden den langlebigen Mythos Côte d'Azur immer wieder neu.

Doch verschaffen Sie sich, liebe Leser, als Erstes einen Überblick. Besteigen Sie umgehend aus eigener Kraft die *colline du château*, den Schlosshügel von Nizza – das namenstiftende Stadtschloss hatte Louis XIV. im Jahre 1706 dankenswerterweise in einer Strafaktion sprengen lassen, wie um uns den Aufstieg zu erleichtern und eine uneingeschränkte Aussicht zu ermöglichen. Von hier, wo schattige Terrassen und in den Boden eingelassene Steinmosaike die vormalige Zitadelle ersetzt haben, zwischen *port* und *ville nouvelle*, schweift Ihr staunender Blick, begleitet vom Rauschen eines künstlichen Wasserfalles zu Ihren Füßen, über das Hafenbecken von Lympia, das Abfertigungsterminal der Korsika- und Sardinien-Fähren, die bourgeoisen Bettenburgen des feudalen Cimiez, die Festungen von Mont-Boron und Mont-Alban über die berückende *Baie des Anges* bis zu den Gebirgsketten der Maures und zur weißen Kuppel des Observatoire. Atemberaubend – dieses abgedroschene Attribut greift hier überall in seiner ganzen Tragweite. Klettern Sie sodann im *arrière-pays*, im Hinterland der Côte, unweit von Cagnes und Saint-Laurent-du-Var, auf den spektakulären Felsen Baou de Saint-Jeannet, von dem aus sich Ihnen das großartigste Panorama der gesamten Küstenlandschaft bietet: bis zum Capitou. Stacheln Sie Ihren Ehrgeiz an und wandern Sie zum majestätischen Mont-Vinaigre inmitten des Esterel-Massives. Betrachten Sie dort Fréjus mit seinen versprengten römischen Ruinen und seinem für Stierkämpfe genutzten Amphitheater aus der Vogelperspektive. Wagen Sie sich auch auf die Tête de Chien, den markanten Hundekopf-Vorsprung, oberhalb der Principauté de Monaco. Eines Schmunzelns angesichts dieses in eine einzige Bucht gezwängten, mit Möchtegern-Wolkenkratzern, Hotelpalästen und Betontürmen vollgestopften Mini-Hongkongs namens Monte-Carlo werden Sie sich dort nicht erwehren können.

Gönnen Sie sich darüber hinaus einen *espresso* auf der Dachterrasse des Ruhl-Hotels in Nice, an der Schnittstelle von Jardin Albert Premier und Théâtre de Verdure, dem direkt am Ufer gelegenen Freiluft-Amphitheater: ein weiterer Ausblick vom Feinsten. Lehnen Sie sich zurück auf einer *chaise longue* im Chèvre d'Or zu Èze, diesem so wildromantisch gelegenen Adlernest an der mittleren *corniche*, und nehmen Sie von dort das unverschämt elegante Cap-Ferrat ins Visier. Oder genehmigen Sie sich einen Tagesausflug in die vollkommene Stille – zum idyllischen Wallfahrtsort der Madonne d'Utelle, die schwindelerregend hoch über den Canyon-Schluchten der

Gorges de Vésubie thront und Ihnen eine kaum zu überbietende Fernsicht auf Seealpen, Vallée des Merveilles und italienische Blumenriviera verschafft – so weit das Auge reicht. Tun Sie sich selbst einen Gefallen, und unterziehen Sie sich einer letzten Mühe: Vom Mont-Chauve aus, Nizzas Hausberg, erwartet Sie eine unwiederbringliche, unverbaute Rundschau – steht die Sonne im Zenit, ist an diesem Punkt alles, wirklich alles, Süden unter Ihren Augen. Auf diese Weise, gewappnet mit einem unfehlbaren topografischen Koordinatensystem, behalten Sie einen klaren Kopf und kennen die Umrisse der Region bald wie Ihre Westentasche. Gut möglich, dass es Ihnen von Zeit zu Zeit die Sprache verschlägt: vor Begeisterung.

Womöglich waren Sie aber, bevor Sie loszogen, nicht nur dem allein selig machenden Blau auf der Spur, sondern auch dem Siena-Rot an der von Patrizierbauten gesäumten Place Masséna im Herzen Nizzas, dem zarten Orange der streng rechteckig angelegten Place Garibaldi, den zahllosen Gelb- und Ockertönen des von Schaulustigen nur so wimmelnden Blumenmarktes Cours Saleya, dem Grün der Zypressen, Agaven und der hochstellbaren geriffelten Fensterläden, dem Immergrün der Kakteen, dem Rosaweiß der fast reifen Pampelmusen in den Vorgärten mitten in der Stadt, die niemand zu pflücken sich anschickt, den sanften Pastelltönen der Art-Déco-Bauten im von Prosperität strotzenden Quartier des Musiciens, dem Haussmann'schen Pariser Grau am Boulevard Victor-Hugo, dem Bonbonrosa der Dachkuppel über der Luxusherberge des Negresco?

Keine Sorge – Sie werden fündig. Sehen Sie mit Vorfreude dem glühenden Goldbraun entgegen, wie es eine tief stehende südfranzösische Wintersonne in steilem Winkel auf Fassaden und überbordende Bougainvillea-Ranken wirft. Werden Sie Zeuge, wie alljährlich in der letzten Faschingsnacht der gigantische Roi du Carnaval in all seiner Pappmaché-Pracht verbrennt, wie er im rabenschwarzen Meer versenkt und, in einem letzten Aufflackern, von den Wellen verschluckt wird; laben Sie sich am schillernden Kaleidoskop eines prächtigen Feuerwerks, wie es in der lauen Sommernacht des 14. Juli abgefackelt wird.

Erliegen auch Sie dem Magnetismus und dem Fluidum, die schon Hunderttausende von Besuchern vor Ihnen in ihren Bann schlugen. Bekennen Sie sich zu Superlativen und Lobeshymnen. Verfallen Sie einer ganz speziellen Sucht mit Haut und Haar.

Kopfgeburt

Stecken wir zunächst unser Terrain genau ab: Denn von welchem Eckpunkt bis zu welcher Markierung die französische Riviera genau reicht, ob, großzügig gerechnet, von der umtriebigen Industriebastion Marseille, den karibikblauen *calanques* und dem verwunschenen Cassis über das Massif des Maures, den Militärhafen Toulon bis zur Grenze nach Italien bei Ventimiglia oder, einer exakteren Definition folgend, von den Ausläufern des Esterel-Gebirges bei Agay, westlich von Mougins und Mandelieu bis hin nach Beaulieu, Beausoleil und Menton im Osten, wo im Februar die berühmten »Blumenschlachten« und Zitronenfeste abgehalten werden, ist auch heute noch strittig. Wir schließen uns der zweiten Variante an und widmen uns speziell Nizza mit weitaus neugierigerer Anteilnahme, als es sonst üblich ist. Nur hier sind wir »entre nous«. Denn fraglos schließt die vagere, über Landesgrenzen hinweg eingebürgerte Bezeichnung »Riviera« naturgemäß und unwillkürlich die italienische Küste bis hin nach Camporosso, Bordighera, San Remo, Imperia, Alassio und Albenga mit ein. Beckmesser lassen wiederum lediglich die von den drei Küstenstraßen, den *corniches*, eingefasste Wegstrecke voller Privatstrände und Landzungen gelten: die dramatisch platzierten, wildromantischen Felsbuchten zwischen dem Cap de Nice im Westen und den Hanbury-Gärten im Osten. Dagegen steht zweifelsfrei fest, dass die »Côte d'Azur« als Begriff und Kuriosum eine ausgemachte Kopfgeburt darstellt, ein Paradoxon, und das heutige Nizza ihr überwiegend künstliches-kunstvolles, von ausländischen Strategen ersonnenes Zentrum.

Man hat die Côte mutwillig »entdeckt«, wie man Amerika mutwillig »entdeckte«. Zuvor hatte sie nie »existiert«. Aus bloßem »Dasein« – ein argloser, unauffälliger, gänzlich unschuldiger Landstrich, den man nie gesondert beachtet hatte, nun aber auf einmal »vorfand« – wurde mit einem Schlag Inbesitznahme, Usurpation, Aneignung. Benennungen wurden erforderlich, Glorifizierungen gar. Wagemutige Pioniere und talentierte Städtebauer, zahlungskräftige Kurgäste und dekadente Adlige, lichtbesessene Maler, Abenteurer und Glücksritter waren die Ersten, die sich lange vor Ihnen hier einfanden, genau wie Sie des Nordens und des Dauerregens unwirtlicher Breitengrade gehörig überdrüssig, und die Gegend mit Kennerblick in Augenschein und die Küste kurzerhand in Beschlag nahmen. Nicht mehr und nicht weniger als eine handfeste Kolonisierung. Poeten und Romanciers, Mäzene und Musiker, Filmstars und Ausdruckstänzer, Kubisten und Kabarettisten folgten ihnen in Scharen auf dem Fuße. Im Schlepptau arme Schlucker nebst den oberen Zehntausend, beide geneigt, ihre kostbare Lebenszeit nach Strich und Faden zu vertändeln.

Auf wenigen Quadratkilometern versammelten sich die Größten aller Zünfte, erleichtert, dem nervenaufreibenden Dauerstress der europäischen Metropolen glücklich entronnen zu sein, wie unter einem Brennglas und produzierten aufsehenerregende Meisterwerke am Fließband. Einzig und allein angeregt vom inspirierenden Klima dieses neu entdeckten Schlaraffenlandes, von warmer, milder, salzhaltiger Luft, von einer unvergleichlichen Landschaft aus Hügelketten und windgeschützten Buchten, geschmückt mit Pinien und Olivenbäumen. Eine an Perfektion grenzende Topografie schien ihnen recht zu geben: Wenn schon nicht den Nabel der Welt, so hatte man hier doch das berühmte Fleckchen Erde vor sich, das das Leben so lebenswert macht, noch dazu *les pieds dans l'eau*.

Nizza für sich genommen verfügt bereits über eine lyrische Stadtlandschaft sondergleichen, in der sich illustre Persönlichkeiten bei Stippvisiten oder als Dauergäste gegenseitig den Rang abliefen. Napoléon machte hier Station, Queen Victoria ließ sich hier einen hochherrschaftlichen Palast bauen. Und die EU rang sich hier zu einem umfangreichen Vertragswerk durch, das fürderhin den Namen der inzwischen fünftgrößen Stadt Frankreichs trägt. Der Ahnherr des Surrealismus, Guillaume Apollinaire, drückte hier die Schulbank seines *lycée*, und auch der künftige italienische Freiheitskämpfer Garibaldi ließ es sich nicht nehmen, hier 1807 als Sprössling eines Seemanns das Licht der Welt zu erblicken. Der russische Komponist des *Sacre du printemps*, Igor Strawinsky, der belgische Symbolist und Dramatiker Maurice Maeterlinck und der Architektur-Reformer Adolf Loos kamen und blieben. Friedrich Nietzsche war fünf Winter lang zu Gast und feilte im *Vieux Nice,* in der labyrinthisch an das Ostufer des Paillon gedrängten italienischen Altstadt, an elementaren Passagen seines *Zarathustra;* Anton Tschechow verfertigte im Herzen des Croix-de-Marbre-Viertels seine elegischen *Drei Schwestern.* Die unglückliche Tanzdiva Isadora Duncan schließlich ließ sich hier von ihrem meterlangen roten Seidenschal strangulieren, der sich bei einem Ausflug im Cabriolet in den Hinterrädern ihres schnittigen Bugatti verfangen hatte – das Hotel Negresco, in Hörweite ihrer erstickten Todesschreie, war unfreiwilliger Zeuge bei ihrem letzten, tragischen Solo. Der Stummfilmregisseur Gustav Wilhelm Pabst drehte hier 1932 auf dem Mont-Boron seinen unübertroffenen *Don-Quichotte-*

Streifen mit dem Jahrhundertsänger Fjodor Schaljapin in der Titelrolle. Nur nebenbei bemerkt: Vor 1945 verfügte Nice, eine Stadt mit seinerzeit florierender Filmindustrie, zahllosen Drehorten und weitläufigen Studios, darunter jenem von La Victorine, einem Liliput-Hollywood gleich, über die größte Kinodichte Europas. Nizza und die Victorine, wo Marcel Carné *Les Enfants du paradis*, die epochalen *Kinder des Olymp* drehte – auch eine »cine-città« *en miniature* an der Côte d'Azur. Und Romy Schneider planschte mit Alain Delon und Jane Birkin in *La Piscine* – Wellenbewegungen eines magischen Dreiecks, die im Schwimmbecken des Filmsets ihre Fortsetzung fanden …

Pablo Picasso besetzte gleich nach dem Zweiten Weltkrieg in Antibes, eine spontane Offerte nutzend, ein Grimaldi-Schloss und arbeitete sich 1946 fünf Monate lang Tag und Nacht durch einen orgiastischen Schaffensrausch. Ein paar Jahre später folgte ein zweiter. Diesmal in Vallauris, wo er kühne Keramik zur geweihten Kunstform deklarierte. Francis Scott Fitzgerald lieferte mit seiner komplexen Paarstudie *Tender Is The Night* die epochemachende Romanvorlage für den *lifestyle* einer ganzen Generation und verortete die *happy few* für alle Zeiten in der Literaturgeschichte. Vom Cap d'Antibes aus den Blick fest auf die Bucht von Cannes geheftet und am Horizont der Literaturgeschichte bereits die kultivierte Orientierungslosigkeit, die individualistische Nabelschau und den entfesselten Alkoholkonsum der *lost generation* im Visier. Auch Henri Matisse und Cocteau kamen und blieben, residierten in Prunkresidenzen oder ließen sich von Mäzeninnen aushalten, lösten einen Boom unter Kollegen aus und malten später, mit der nötigen Altersweisheit und Frömmigkeit ausgestattet, kleine Kapellen aus, in denen früher todesfürchtige Matrosen handgeschnitzte Madonnen um Schutz vor der Unbill der Meeresfluten angefleht hatten. Heinrich Mann, faschistischen Häschern in buchstäblich letzter Minute in Berlin entronnen, näherte sich hier, mit dem unbezähmbaren

Willen zur Utopie, Schritt für Schritt seinem Meisterwerk, dem doppelten *Henri Quatre*-Roman, bevor er seine große Liebe Nelly Kröger in Nice ehelichte. Die deutschen Exilanten Joseph Roth und Hermann Kesten fanden zwischen den malerischen Ponchettes, ehemaligen Fischerhütten, und dem mythischen Negresco im Quartier des Musiciens, einer Hochburg des Art-Déco, länger währende Zuflucht vor dem Naziterror. Gottlob war es ihnen vorübergehend vergönnt, auch weiterhin mit spitzer Feder Glossen und beißende Polemiken verfertigen zu dürfen. Sie sollten freilich nicht die einzigen Emigranten bleiben: Prominente Vertreter der Résistance wie Louis Aragon und Elsa Triolet kamen als Vertriebene ebenfalls hier unter, eine Zeit lang wenigstens vorerst in Sicherheit. Walter Benjamin machte in Nizza Zwischenstation auf seinem Irrweg nach Ibiza, damals ein absoluter Geheimtipp, wo man in den 1930ern anfangs noch gegen die Nachstellungen durch unbarmherzige Schergen totalitärer Systeme gefeit war. Wie eben hier in Nice.

Geborgenheit, Inspiration, Müßiggang und gepflegter Zeitvertreib lagen hier, im Schatten der italienischen Barockkathedrale Sainte-Réparate und zu Füßen des römischen Amphitheaters von Cimiez, dicht beieinander. »In den Gläsern wird die Orangeade allmählich warm / an einem Augustabend / ganz egal an welchem«, schwelgte Raymond Radiguet, *enfant terrible* der glorreichen »entre-deux-guerres«-Ära und außerdem Schützling von Cocteau, in seinem Kurzgedicht *Côte d'Azur.* Die Lokalmatadoren Le Clézio oder Raoul Mille spannen und spinnen, jeder auf seine Weise, heutzutage die Saga aus Verklärung und Heimatliebe weiter. Und Jules Romains hatte es ihnen bereits vorgemacht, als er die sagenhafte Sanftmut der Großstadt am Mittelmeer in einem Nizza-Roman mit dem vielsagenden Titel *La Douceur de la vie* pries: Er handelte, wovon auch sonst, von der Süße, Zartheit, Sanftheit und Unbeschwertheit des Daseins. Vom Himmel auf Erden.

Die Côte: zuallererst eine vielzüngige Langzeit-Inszenierung. Den Anfang machte ein ziemlich griesgrämiger Ausländer: der britische Arzt und Reiseschriftsteller Tobias Smollett, ein Schotte, dessen als Mirakel erlebte Rekonvaleszenz vom Dezember 1763 an der Côte in ausführliche Detailbeschreibungen von Land und Leuten mündeten, in seine vier Jahre später publizierten und bald auch auf Deutsch vorliegenden *Reisebriefe*. Smollett, ein komischer Kauz, dem es niemand recht zu machen schien, stand am Ausgangspunkt der künftigen kollektiven Ekstase. Er schwamm täglich, von kopfschüttelnden *nissards* – damals waren das die am Hungertuch nagenden Altstadtbewohner – argwöhnisch beobachtet, selbst an bitterkalten Tagen; er zeichnete mit akribischer Sorgfalt den wohltuenden Effekt der sonnendurchfluteten Ortschaft auf seine Lungen und Körperglieder auf; er beschrieb, dass Nizza wie Balsam auf seinen geschwächten Leib gewirkt habe. Und er erklärte den gesamten Landstrich unversehens zu einer Art exotischem Kurort: zu einem Wiesbaden des Südens. Wohlgemerkt: zu einem *Winter*-Kurort. Seine Schilderungen, obschon mit oftmals kritischem Zeigefinger und kolonialistischer Attitüde versehen sowie mit galligem Unterton vorgetragen, erregten ungeheures Aufsehen, stießen, mehrmals aufgelegt, auf eine enthusiastische Leserschaft, wurden übersetzt und gaben den Startschuss für ein – auf lange Sicht – groß angelegtes touristisches Unternehmen des Frühkapitalismus: Die in der Stadt bereits ansässigen ausländischen Staatsbürger sammelten alsdann, angeführt vom englischen Reverend Lewis Way, Geld für einen Ausbau des kümmerlichen, unansehnlichen Strandwegs Camin dei Anglès in eine prächtige, von Villen gesäumte Flaniermeile, die noch heute, ihnen zu Ehren, den Namen »Promenade des Anglais« trägt. Palmen wurden gepflanzt, Sümpfe trockengelegt, unwirtliche Küstenabschnitte zugänglich gemacht, Flüsse überquert und teilweise überdacht, hie und da Sand aufgeschüttet und Kieselanhäufungen geglättet.

In einem ans Absurde grenzenden Wettbewerb rühmte sich bald jedes Dorf mit stolzgeschwellter Brust, das wärmste, mildeste, heilsamste Stück Land inmitten dieses gesegneten *coin perdu* zu sein. Offenbar mit Erfolg. Beflissene Kulturtouristen der ersten Stunde und Reiseliteraten aus aller Herren Länder verfügten, hier sei ab jetzt eine weitere Station auf der bis dato so italienlastigen »Grand Tour« einzufügen. Stadt und Gegend fanden Eingang in Korrespondenzen und *travel guides*. Nizza wurde Diskussionsstoff wie zuvor nur Florenz, Bologna, Padua; ein kulturelles »Muss«. Mit dem Plebiszit von 1860, als sich die bei Weitem dominierende Mehrheit der Einwohner von Nizza nach langem historischen Hickhack zwischen napoleonischen, italienischen Besatzern und Machtansprüchen der Savoyer endgültig für eine Zugehörigkeit zu Frankreich und für den Namen »Nice« entschied, erfolgte eine noch markantere Zäsur. Die zweisprachig geprägte, janusköpfige Ansiedlung verabschiedete sich auf immer von ihrem bisherigen Los, als Spielball kleinkarierter Kleinstaaterei mal dieser, bald jener politischen Parzelle zugeordnet zu werden. Dieses neu erfundene Nice hatte es gründlich satt, alle paar Jahre verschachert zu werden. Und zugleich setzte sozusagen eine urbane »Gründerzeit« ein. Die Stadt verwandelte sich für mehrere Dezennien in eine Großbaustelle. Ausgedehnte, gepflegte neue Wohnviertel wie das *Newborough*, Chambrun, Saint-Maurice oder die *Musiciens* wurden aus dem Boden gestampft, der Hafen erweitert, die Bahnlinie verlängert, die historische Altstadt partiell überholt, Luxushotels, Luftschlösser und Kasinos errichtet. Allwinterlich machte das britische Staatsoberhaupt Queen Victoria dem neugeborenen Nice, wie es von nun an hieß, seine Aufwartung und residierte in einem eigens dafür konzipierten, überdimensionalen Prunkbau, dem imperialen Hotel-Flaggschiff »Excelsior Regina«.

Als dann der Schriftsteller Stéphen Liégeard in der vorletzten Dekade des 19. Jahrhunderts schließlich den poetischgriffigen Ausdruck »Côte d'Azur« erfand und einen in Windeseile vergriffenen Reiseführer über die Vorzüge der Gegend verfasste, waren die Grundsteine für den Mythos gelegt. Die Wiederbelebung einer traditionsreichen Karnevalsbewegung tat ein Übriges. Wie Zugvögel fielen prosperierende Nordeuropäer mit Anhang und Domestiken für vier bis fünf Monate zwischen den Gebirgsströmen Var und Paillon ein und verhalfen der mit vereinten Kräften ins Werk gesetzten Agglomeration zu Ansehen und Reichtum. Aus dem verschlafenen Nizza in Randlage, um dessen territoriale Einverleibung sich seit Menschengedenken die Savoyer, Sarden und Piemontesen in die Haare geraten waren, war *ex nihilo* das Nice einer nordischen Großbourgeoisie geworden. Im Herzen einer mehrsprachigen Kulturlandschaft, in der Idylle und Vergnügungstempel, absolute Ruhe und hektische Eleganz dicht beieinanderlagen – nur noch eine Halbtagesreise von Marseille, Genua oder Turin entfernt.

Musste man vorher wohl oder übel mit einem beschwerlichen Eselsritt über steil abfallende Bergpfade vorliebnehmen, sich von kräftigen Männern samt Gepäck huckepack über den reißenden Var tragen lassen und kaltblütig den allgegenwärtigen Überfällen von streunenden Wegelagerern ins Auge sehen, die Plünderungen, Verletzungen und Schlimmeres nach sich zogen, so fand man sich mittlerweile aufs Bequemste, mitsamt allen Accessoires, die das stilvolle Überwintern so überaus angenehm gestalten, in Nizza ein. Vor der neu errichteten Gare warteten schon Träger und Chauffeure und schwärmten in alle Himmelsrichtungen aus, um die Logiergäste unverzüglich in ihre Nobelherbergen zu geleiten. Die Zahl der Hotelbetten übertraf im ausgehenden 19. Jahrhundert diejenige Baden-Badens; wen es früher nach Brighton oder an den Lido von Venedig gezogen hatte, der erklärte nunmehr den Lieblingsort der russischen Aristokratie, die sich hier mit eigener Kathedrale und Kirche, mit Friedhof und Wohnviertel, Lyzeum und Patisserien installiert hatte, auch zu seinem Favoriten. Hasardeure, Adlige und Magnaten stimmten hinsichtlich eines Zeittrends überein: Nice war *»en vogue«*.

In ihrem Gefolge pilgerten die Künstler in das südliche Mekka. Eine Wiege der Moderne, für die Fremdenverkehrswerbung in großem Stil betrieben wurde. Plakate priesen europaweit die hiesige Orangen- und Zitronenblüte, an Wunder grenzende Effekte für Gesundheit und Wohlbefinden und eben auch musikalische Zerstreuung. Konzertgesellschaften und Kammermusik-Vereinigungen wie Cercle Philharmonique oder Cercle Artistique wetteiferten miteinander in Sälen und Privatsalons um die Gunst des Publikums. Sie musizierten auf den Spuren von Hector Berlioz, der die Stadt gleich dreimal bereiste. 1831 gewährte ihm eine englische Familie Unterschlupf in der Tour Bellanda, einem Wahrzeichen der Region, unterhalb der Schlossruine mit Blick auf die Engelsbucht. Seinerzeit war hier, in der Nähe des Marktes am Cours Saleya, seine *Roi-Lear*-Ouvertüre entstanden; der ebenfalls ansässige Paganini unterstützte ihn finanziell. Ferner verfasste Berlioz vor Ort die Ouvertüre zum *Corsaire* und war sowohl 1844 als auch 1868, kurz vor seinem Lebensende, von Neuem zu Gast, um in seinen *Mémoires* mit Pathos zu notieren: »In Nizza habe ich die schönsten zwanzig Tage meines Lebens verbracht.«

Ein irdisches Arkadien in seiner vollkommensten Ausprägung, Berlioz für seinen Teil hatte es gefunden. Der dadaistische Bilderstürmer und Mona-Lisa-Verballhorner Marcel Duchamp pflichtete ihm Jahrzehnte später überschwänglich bei, als er im September 1931 seinen Bildhauer-Kollegen Constantin Brancusi erneut nach Villefranche einlud: »Die Sonne ist wahrhaftig paradiesisch hier. Lass all Deine Sorgen hinter Dir, lass den Regen in der Ecke stehen, und komm sofort hier runter.« Was im deutschen Wortlaut fast schon wieder klingt wie ein trivialer Schlagertext! Brancusi ließ sich nicht lange bitten, hatte er doch schon zuvor seinen rätselhaften Krokodiltempel in Saint-Raphaël installiert. Henri

Matisse, der sich am melancholischen Meerblick vom Balkon seiner Suite im Beau-Rivage nicht sattsehen konnte und bei Tagesanbruch in Hemdsärmeln durch den kleinen Hafen von Lympia zu rudern pflegte, stieß in dasselbe Horn, als er so überrascht wie beglückt ausrief: »Wir haben hier scheinbar wirklich das Paradies vor uns, wir haben daher nicht das Recht, es zu hinterfragen, und dabei ist man schließlich doch Maler, um Himmels willen!« Riechen kann man es übrigens auch, jenes Paradies: nachzulesen in Patrick Süskinds deftiger Romangroteske *Das Parfum*, wo jeder Buchseite betörende Aromen entsteigen und wo die überempfindliche Nase seines monströsen Helden Grenouille, in Grasse vervollkommnet und der dortigen Riechwasserindustrie zugutekommend, unerwartet auch zum Vehikel seines ekelerregenden Todes wird.

Viele, auch die unwahrscheinlichsten Vertreter der jüngeren Literatur-, Musik- und Kunstgeschichte, gingen an dieser Pforte zur Glückseligkeit ein und aus und hinterließen zahlreiche künstlerische Fingerabdrücke. Nehmen wir nur die Maler: Pierre Bonnard und Francis Picabia, André Derain und Claude Monet, George Grosz und Paul Gauguin, Alexander Archipenko und sogar Max Beckmann. André Masson rekelte sich halbnackt und durchaus fotogen auf den gischtumtosten Felsen von Le Canadel wie eine an Land gespülte *dorade*; Paul Klee überquerte mit hell getöntem Sombrero und Straßenschuhen trittfest das windgebeutelte Eiland von Porquerolles. Jacques-Henri Lartigue, extravaganter Fotografiepionier, lichtete die Schönen und die Sonnengebräunten als edle Geschöpfe in ihren aparten Talbots und protzigen Cadillacs ab: Windpfeile der Goldenen Zwanziger. Alle Ikonen der Moderne, so scheint es, hatten irgendwann einmal der französischen Riviera ihren Stempel aufgedrückt, virtuelle Visitenkarten hinterlassen, den pittoresken Uferstreifen mit ihrer Anwesenheit beehrt.

Nur der knurrige Ex-Normanne Fernand Léger, zu dessen

Museum im Töpferdorf Biot, in unmittelbarer Nachbarschaft der Technopole Sophia-Antipolis positioniert, sich heute jeder Verehrer moderner Kunst zu wallfahren vornimmt, hatte etwas zu murren: »Diese anwidernde Côte d'Azur macht mich krank – ich für meinen Teil habe mein gerüttelt Maß an pyjamablauem, ja *nachgemacht blauem* Singen und Tanzen gehabt!« Und Somerset Maugham, einer, der es als eremitischer Resident des Cap-Ferrat beurteilen konnte, spottete zynisch: Die Côte sei nichts als »ein sonniger Platz für anrüchige Leute...« Aber im Halbrund der *Baie des Anges* standen Hunderte von Neidern und Gaffern bereits mit schmachtenden Blicken Spalier, die, wäre es auch nur für eine Minutenspanne gewesen, liebend gern mit ihm getauscht hätten. Mit einem vom Schicksal Auserwählten – und letztlich, wie alle Gäste der Côte über kurz oder lang: mit einem Privilegierten.

Der bislang größte *run* auf die Côte d'Azur setzte ein, als die halbe Welt in Trümmern lag. In den letzten Jahren des Ersten Weltkriegs, insbesondere aber in der Zwischenkriegszeit 1918–1939, in den turbulenten Zwanzigern (deckungsgleich mit den *années folles*) und bis in die Phase von Exil und Widerstand übte dieser Abschnitt der französischen Mittelmeerküste eine besonders intensive Attraktivität auf Künstler sämtlicher Disziplinen aus. Für die Sommermonate, zum Überwintern oder auch auf Dauer siedelten sich Filmemacher, Pamphletisten, Tonschöpfer, Theaterschauspieler und Intellektuelle ganz unterschiedlicher Provenienz an der Côte d'Azur an. Eine willkommene Fluchtbewegung weg von oftmals prekären Schaffensbedingungen in Paris und anderen Metropolen hin zu willkommener Isolation, die Konzentration auf Einzelprojekte und neue Inspiration fernab großstädtischer Aktivitäten mit sich brachte – eine exotische Alternative zu den Einengungen des streng zentralistisch organisierten »Kulturbetriebs« an der Seine, an der Moskwa, an der Spree oder an der Themse.

Begünstigt von der spürbaren Nähe zu Italien – mithin einer, im Gegensatz zu Frankreich, von Grund auf mediterranen Kultur –, verführt von jahraus, jahrein barmherzigen Temperaturen und magisch angezogen nicht zuletzt von der Großzügigkeit wohlhabender Gönner wie Marie-Laure de Noailles (in Hyères) oder Francine Weisweiller (auf dem Cap-Ferrat), bildeten Ex-Pariser, Dandys und freiwillige Exilanten sowohl der anglophonen als auch deutschsprachigen und osteuropäischen Kultursphäre neue, bunt gemischte Zirkel, die ihrerseits wieder auf die Avantgarde-Bestrebungen in den Hauptstädten latenten Einfluss ausübten beziehungsweise sich nur sehr bedingt als deren »Satelliten« auffassen ließen. Inspiriert vom Vorbild russischer Emigranten der Jahrhundertwende sowie von illustren Vorgängern wie Nikolai Gogol, ließen sich der tschechische Tonsetzer Bohuslav Martinů und der Ausnahme-Cellist Paul Tortelier in Nizza nieder. Voller Überschwang hatte Gogol im Dezember 1843 seinem Freund Joukowski anvertraut: »Nizza ist ein Paradies. Die Sonne erstreckt sich über alles und jedes, wie eine Ölschicht; die Schmetterlinge und Fliegen sind hier in unzählbaren Mengen vorhanden, die Luft ist sommerlich. Hier herrscht absoluter Frieden …« Und im Jahre 1931 seufzte die blutjunge Philosophielehrerin Simone de Beauvoir, nicht in erster Linie dafür bekannt, ohne Skrupel über die Stränge geschlagen zu haben, voller Wonne in ihrem Dachzimmer an der Place Masséna auf: »Ich strahlte förmlich. Jeden Abend trieb ich mich in den Cafés herum, in den kleinen Tanzbuden am Meeresufer, und es machte mir nicht das Geringste aus, wenn mir völlig Unbekannte sich einfach an meinen Tisch setzten …«

Als eine Art Dauersalon stand die Côte d'Azur nunmehr etablierten Berühmtheiten und aus einem jahrhundertelangen Dornröschenschlaf wachgerüttelten Einheimischen gleichermaßen offen, die wie Strandgut bei ihr einfielen und oft über Gebühr ihre Gastfreundschaft missbrauchten. Dies geschah allerdings stets zu ihrem Besten. Kam es doch 1913 beispielsweise hier in Nizza endlich zur Premiere von Manuel de Fallas Opernerstling *La Vida breve*, einem Zweiakter, dem man anderswo, vor allem in Spanien selbst, lange die kalte Schulter gezeigt hatte. Hier, in Nice, traten der italienische Violinvirtuose Niccolò Paganini (1840), der französische Opernkomponist Jacques-Fromental Halévy (1862) und der britische Reiseschriftsteller Bruce Chatwin (1989), um nur drei Kandidaten zu nennen, von der Lebensbühne ab. Denn an die Riviera kam man zu allen Zeiten auch zum Sterben.

Tummelplatz einer leichtlebig-unbefangenen *jeunesse dorée?* Nicht für alle Akteure. Auch den stets suizidgefährten Maler Nicolas de Staël, einen treuen Bewohner von Antibes, hielt es irgendwann nicht länger auf diesem Globus. Obschon er innerhalb der Stadtmauern des antiken Antipolis doch ideale Arbeitsbedingungen und eine märchenhafte »Staffelei« in Gestalt dieses lichtdurchfluteten Hafenstädtchens vorgefunden hatte. Ein schmachvoll aus dem Kerker von Reading entlassener, seines Lebensmutes beraubter Oscar Wilde bekam, fünfzig Jahre zuvor, noch einmal eine letzte Chance, als ihn sein Freund und Gönner Frank Harris 1898 nach La Napoule, ins Grand Hôtel des Bains, einlud. Wilde, *persona non grata* in Nice, trollte sich in Richtung Italien. Der Appetit auf Kreativität wollte einfach nicht wiederkehren, der Musenkuss blieb aus. Nizza – für ihn kein Platz zum Weiterexistieren.

Und dann war da noch das junge Mädchen Mercedes aus dem Umfeld der Daimler-Benz-Dynastie, nach dessen spanischem Vornamen wir seit einer Ewigkeit die luxuriöse Automarke benennen. Es hauchte im provenzalischen Süden ihr Leben aus und wurde nahe des *château* in Nice auf dem idyllisch schönen Altstadt-*cimetière* unter Zypressen bestattet. Jedes Kind weiß zwar – oder glaubt zu wissen –, dass die Markenbezeichnung auf eine »Spanierin« zurückgeht. Doch nur in Nice löst sich das Rätsel, wer hinter der Taufpatin steckte: Mercedes war die Tochter des autobesessenen Geschäftsmannes Emil Jellinek, der bereits 1897 ein Daimler-Automobil erworben hatte und bei seinen meist siegreichen Rennen als »Monsieur Mercedes« antrat. Seine dauerhaften Erfolge, seine immer teureren fahrbaren Untersätze und sein sympathischer, mitreißender Größenwahn wurden schnell so legendär, dass man sich im Juni 1902 dafür entschied, »Mercedes« auch als Warenzeichen anzumelden. Der stolze Vater selbst entschloss sich gleichfalls zur Namensänderung und ließ sich fortan nur noch mit »Emil Jellinek-Mercedes« anreden. »Ich bin wohl der erste Vater, der den Namen seiner Tochter trägt«, ließ er sich amüsiert vernehmen. Die halbwüchsige Mercedes selbst, unschuldig an dieser bizarren Taufaktion, wurde von einer tückischen Krankheit verzehrt und starb 1929, ohne jemals eines dieser Autos gefahren zu haben, die noch heute ihren Namen tragen. Aber warum sollte sie auch? Damals ließen sich junge Damen der besseren Gesellschaft ohnehin lieber von Untergebenen chauffieren. Ihr monumentales Grabmal krönt jedenfalls seit mehr als 75 Jahren einen der berückendsten Totenäcker zwischen Marseille und Genua, und die steinernern Skulpturen genießen einen – jawohl, atemberaubenden! – Blick über die Engelsbucht. Man starb hier folgerichtig in Schönheit. Man starb, wie man es zu leben verstanden hatte.

Schon Guy de Maupassant beschrieb die faszinierende, eigentlich so ungemein lebensbejahende Gegend um die Îles de Lérins in seinem Buch *Sur l'eau* von 1888, Reportage einer Mittelmeer-Kreuzfahrt auf seiner Jacht »Bel-Ami«, nicht ohne Grund als »Hospital« auf Erden oder auch als »Vorzimmer des Todes«.

Zurück zu den Lebenden oder, besser gesagt, zu denjenigen, die ihr Leben hier in vollen Zügen genossen und täglich weiter aufblühen ließen: zum Tausendsassa Cocteau und seinem weltberühmten musikalischen Mitstreiter Strawinsky etwa, an dessen Schreibtisch zu Nizza bahnbrechende Werke wie *Œdipus Rex* und die *Psalmensymphonie* aufs Papier gebannt wurden. Beide fanden sie, von den Annehmlichkeiten der Witterung, kulinarischen Genüssen und – in jenen Jahren – günstigen Tarifen für Unterbringung und Verköstigung einmal abgesehen, an der Riviera nachgerade ideale Arbeitsbedingungen vor. Unbehelligt vom Termindruck, wie er in der Pariser Theatersaison an der Tagesordnung war, einem sich unablässig drehenden Karussell aus Proben, Verlagsverhandlungen, Aufführungsserien, zu absolvierenden Pflichteinladungen und prätentiösen Soiréen, ließen sich hier in Gärten oder auf Terrassen stunden-, ja tagelange Sitzungen in intimer Runde durchführen; die Nonchalance der Ferienatmosphäre ermöglichte ungezwungenes Auftreten und Befreiung von sozialen Ritualen und künstlichen Hierarchien. Introspektion und Meditation auf ausgedehnten Spaziergängen, Bootsfahrten und Wanderungen stießen so manches neue Projekt an, für das jetzt endlich die Zeit war, ins Detail zu gehen. Mit Gleichgesinnten konnte man wiederholt über stimulierende Konzepte ins Gespräch kommen und neue spirituelle Wellenlängen erproben; Annäherungsversuche gelangten in Reichweite, für die im großstädtischen Alltagsstaccato weder Zeit blieb noch der erforderliche Abstand zur eigenen Projektplanung. Zudem kamen einzelnen Künstlern, endlich einmal außerhalb ihres eingespielten Kontextes und festgefahrener Gruppierungen, Zufallsbegegnungen zu Hilfe – hier liefen sie Widersachern aus anderen Sparten und ideologischen Zusammenhängen über den Weg, die sie, relativ vorurteilsfrei, unter die Lupe nehmen und auf etwaige Verwendbarkeit hin untersuchen mochten.

Eine Meeresbiegung weiter wartete schon die nächste Koryphäe, lag schon das nächste spannende Vorhaben zu zweit, zu dritt, zu viert, regelrecht in der Luft. Es musste letztlich nur noch »gepflückt« werden. »Es ist mehr und mehr üblich geworden, an die Riviera ›zum Arbeiten‹ zu fahren«, wussten schon Erika und Klaus Mann in ihrem großartigen Reiseführer von 1931. »Das ist eigentlich auch das Schönste, was man dort unten tun kann, wenn man das geeignete Nest findet. Die Vergnügungen der [Côte] sind nur selten noch ungewöhnlich. Aber ungewöhnlich ist die Kraft dieser zugleich beruhigend sanften und bunten Landschaft, konzentrierend zu wirken, wenn man Konzentration und produktive Sammlung sucht.« Eine gelungene Definition dessen, was man unter »Wahlheimat« versteht.

»Die präzisen oder veralteten Bezeichnungen wie ›mediterraner Küstenstreifen‹, *corniche*, Riviera, ›Ligurische Strände‹, sie sind allesamt wie Schnee in der Sonne dahingeschmolzen! Und auf ihrem verwaisten Platz hat sich, mit dem Besitzanspruch des Eroberers, jene imaginierte und rasch einprägsame Vokabel eingenistet, eher zutreffend und wahrhaftig als rein poetisch: die Côte d'Azur! So bezeichnet man von nun an, vom Château d'If bis hin zu den Palästen von Genua, jenes Land des blauen Meeres, der Sonne und der Blumen... Die Nachschlagewerke sind um einen Begriff reicher geworden«, prahlte Liégeard mit dem vermessenen Stolz eines Patentinhabers. Und auch eine grundlegende Verlagerung hatte inzwischen stattgefunden: Kam man früher nur für den Winter, so wurden jetzt auch die Sommermonate attraktiv. Oder man blieb gleich ganzjährig. Die bessere Verkehrsanbindung der Region an die Hauptstädte, aber auch unterhalb der Refugien erleichterte die Kontaktaufnahme und den Ausbau einmal geknüpfter Beziehungen beträchtlich. Denn wem es aus heiterem Himmel gar zu einsam, zu provinziell und zu beschaulich werden sollte, der durfte aufatmend konstatieren, dass Nizza sämtliche infrastrukturellen Bequemlichkeiten, Ablenkungen und nützliche Einrichtungen einer »normalen« Metropole zur Verfügung standen. Verstärkt durch das, was die Mann-Kinder in ihrem Führer als »die großen Reize« einer »Königin« aufzuzählen wussten: »Der große Reiz, den wir meinen«, führten sie aus, »besteht eben darin, dass Nice kein Badeort ist, kein ›idyllisches Fleckchen Erde‹, sondern eine

Großstadt mit einem alten, historiebeladenen Viertel (das italienische hinterm Hafen), mit breiten Boulevards voller Geschäfte, die nicht nur für Fremde sind; mit einem Leben, das sich nicht nach der ›Saison‹ richtet und während einiger Monate plötzlich still liegt, sondern sich organischer und kontinuierlicher entfaltet, unabhängig von den Moden des internationalen Publikums. ›Cannes ist englisch, aber Nice ist russisch‹, sagt Paul Morand. Aber nein: Nice ist französisch.«

Man stutzt: Ja, wie denn nun? Französisch, russisch oder italienisch? Nice oder Nizza? Nizza oder »Nissa«? Nissa, wie es die auf sprachliche Autonomie zielenden Stadtväter vor einigen Jahren erst auf die Schilder an den Ortseingängen prägen ließen, um uns darauf hinzuweisen, dass hier auch weiterhin eine eigenständige, dem Okzitanischen verwandte Sprache gepflegt wird, das *nissard*, weit über einen bloßen Dialekt oder eine Mundart hinausgehend? Kosten wir die reizvolle, ambivalente Doppelbödigkeit des Städtenamens – ob französisch oder italienisch, spanisch gelispelt »Niza« oder »Nissa«, gezischt, mit lokalem doppel-S – also ruhig aus. Gestehen wir uns den von uns Deutschen gehegten, italophilen Anachronismus ein. Geben wir zu, dass »Nice!« für uns eher nach einer Aufforderung zu einer sich konvulsivisch entladenden Reiz-Summation klingt (nach der man höflich »Gesundheit!« ausrufen möchte!), und verschweigen wir keinesfalls die treffliche Wortspiel-Replik der englischen Besucher – ihnen zufolge heißt es schließlich stets, auf T-Shirts und Badelaken: »Nice is nice!« Sie haben es, mit einer simplen Lautverschiebung und einer einzigen Silbe, mit Abstand am leichtesten. In einer Gegend, die es allen, die zu *the good life* wild entschlossen sind, leicht macht. *Living in Nice is easy living…*

»Hinreißend – und anregend wie Champagner!«, entfuhr es einer alten Berliner Freundin, als wir uns wenige Tage nach Weihnachten bei Windstille und kaum glaubhaften zwanzig Grad auf der Terrasse des Privatstrandes Blue Beach am Spiel der gekräuselten Wellen zu unseren Füßen delektierten. Es war als Kompliment an eine weltläufige Stadt gemeint, die sich allen Klischees gegenüber als bemerkenswert widerstandsfähig erweist. Postkartenschöne Tage, bilderbuchartige Nachmittage, prospektkonforme Promenaden – hier ausnahmsweise wird die Realität dem Ruf des Landstrichs vollauf gerecht, ist gegen Stereotypen gefeit, befindet sich auf gleicher Höhe mit all den Qualitäten, die man ihr unbesehen zuschreibt.

Alles also nur eitel Sonnenschein oder, als Nestbeschmutzung, bereits dessen Kehrseite? Klagen über den Niedergang der Region, Beschwerden über fehlgeleitete touristische Entwicklungen und notorisches Naserümpfen in Sachen Überteuerung, fehlenden Umweltschutz, empörende Immobilienspekulationen sowie über die willentliche Zerstörung einer »heilen Welt« sind fast so alt wie die Geschichte der Côte selbst. Bereits 1913 verbreitete sich Robert de Souza in seinem 500-Seiten-Wälzer *Nice, capitale d'hiver,* einer Art Pionierschrift der noch identitätslosen Ökologiebewegung, lamentierend über die »falschen Tropen«. Warnte vor der schamlosen Wucherei der Gastronomen, malte in dicken Lettern das Omen einer desaströsen *Sommer*-Euphorie an die Wand, vor der es Nizza zu schützen gelte! Selten nur verhallten Kassandrarufe ungehörter, selten nur schlugen düstere Prophezeiungen dermaßen fehl. Und doch fand er Nachfolger: Schon Tucholsky machte sich, fünfzehn Jahre später, über die schrankenlose Begeisterung und zügellose Kulturbesessenheit des vollkommenen Gegenteils ausgiebig lustig: nämlich über die frivolen Sommerfrischler, zugereisten Promeneure, bemitleidenswerten Spielernaturen und – damals eine Novität – bewegungsstarr dem Sonnenbad huldigenden Badegäste. Vollmundig trug er seine Suada, die den überproportionale Auswüchse zeitigenden Amüsierbetrieb und den vermeintlichen Garten Eden in der Südostecke Frankreichs aufs Korn nahm, in einer augenzwinkernden, aber scharfen Polemik vor. Die soeben erwähnten Mann-Wahl-»Zwillinge« Klaus und Erika, Vorreiter eines kosmopolitischen Globetrottertums, das sich alsbald zu einer veritablen Mode auswachsen sollte, hingegen legten hemmungslos Zeugnis ihrer zärtlichen Zuneigung zu diesem Eldorado ab: Zungenfertig (und keineswegs kritiklos!) verfassten die beiden Geschwister 1931 mit ihrem sarkastischen *Buch von der Riviera* einen der ersten literarischen, ungemein witzigen und selbstironischen Reiseführer – für die Reihe »Was nicht im Baedeker steht« – über diese Region mit ihren vielen kleinen und großen Enklaven. Die Côte fassten die beiden, zu Recht, in mancherlei Hinsicht als einen Gegenpol zum Paris der Dadaisten und Surrealisten, einer im Grunde auf einige wenige Schauplätze fokussierten Drehscheibe, bestehend aus Cafés, Kabaretts und Experimentaltheatern, auf. Und sie erkannten hellsichtig: Hier wie dort, nur an der Küste ungleich angenehmer, wohnte man gerade der Emanzipation des Trivialen in subtiler Vollendung bei.

Wer heute hierher kommt, gehört nur noch selten einer Elite an. Er oder sie begibt sich unweigerlich stets auf die Spuren legendärer Vorgänger, in der Hoffnung, dass von deren Glamour und Aura ein wenig für ihn abfällt. Mit der Zuversicht, sich bescheiden im Glanz zwar vergangener, doch stets präsenter Kulturleistungen und Errungenschaften sonnen zu dürfen. Er oder sie tritt in die Fußstapfen gleichermaßen von Film-Dandys wie David Niven, der am Cap-Ferrat residierte, und dem Epiker Roger Martin du Gard, der aus seiner Schlossresidenz im Perche hierher pendelte. Von Françoise Sagan und Colette, jenen *femmes de lettres*, deren Namen jedermann unauslöschlich mit Saint-Tropez verbindet. Von Grace Kelly, der monegassischen »Gracia Patricia«, und Sidney Bechet, dem frankophilen Jazzer. Von Kaiserin Sissi mit ihrem feudalen Pavillon am Cap-Martin, von Brigitte Bardot, dem ewig lockenden Weib, und von James Baldwin, dem Einsiedler von Saint-Paul. Von Curd Jürgens, dem um eine späte Liebe trauernden Draufgänger und Schwerenöter von Vence, und Elton John, dem stolzen Villenbesitzer unserer Tage. Und macht doch, notgedrungen, ganz andere, womöglich weit weniger glamouröse Erfahrungen. Auf ein Quäntchen Desillusionierung sollte er sich getrost gefasst machen. Auch zwischen Villefranche und Cagnes-sur-Mer ist nicht mehr alles Gold, was glänzt. Er oder sie wird sich auf einen reichlich kostspieligen Ferienaufenthalt einstellen müssen, wird die Schattenseiten der Globalisierung auch hier mit Wehmut in Kauf nehmen und erkennen, dass er nicht zu den wenigen Auserwählten zählt, die die Côte zu ihrem Reiseziel auserkoren haben, sondern sich den kaum verfügbaren Platz mit Abertausend anderen Durchschnittstouristen teilen muss. Er wird unschwer bilanzieren, dass der *jet set*, wenn er denn je hier residierte, sich längst aus dem Staube gemacht oder noch abgeschirmtere Treffpunkte gesucht hat. Indirekt wird auch er den Preis der Demokratisierung zahlen, die hier im Jahre 1936 einsetzte, als Frankreich, mitten in der revolutionären Volksfront-Ära, seinen Arbeitnehmern zum allerersten Mal *congés payés*, bezahlten Urlaub, verordnete. Worauf alle gesellschaftlichen Schichten, mithilfe verbilligter Zugbillets, in die Lage versetzt wurden, ihren bislang den noblen Fremden vorbehaltenen Uferstreifen wenigstens für ein paar Tage höchstpersönlich zu genießen. Einst ein gewaltiger gesellschaftlicher Fortschritt – inzwischen der Normalfall. Nice 2007 steht im Prinzip allen Normalverdienern des *hexagone*, den Angestellten und Freiberuflern des gesamten Rest-Frankreichs offen. Wenn sie denn bereit sein sollten, tief in die Tasche zu greifen.

Nice, *la perle de la méditerranée*: Ein flüchtiger Blick aus dem Flugzeugfenster reicht für unseren Pauschaltouristen hin, um der Tatsache ins Auge zu sehen, dass diese Region längst aus allen Nähten platzt. Die weitläufig sich entfaltende Kulturlandschaft von einst ist einem manischen Bauboom gewichen, einem städtebaulich katastrophalen Wildwuchs, der kaum einen Hügel im Hinterland, kaum einen Meter Felsküste verschont hat. Rasch wird er einsehen, dass es sich hierbei, zu Beginn des 21. Jahrhunderts, nicht gerade um ein ideales Reiseziel handelt, wenn man mit Kleinkindern unterwegs ist. Am Strand, entweder einer Siesta frönend oder beim ausgelassenen Wellenbad, werden solche *newcomer* gezwungen sein, ein scharfes Auge auf ihre Habseligkeiten zu werfen, um nicht Taschendiebstählen und Überfällen, die inzwischen an der Tagesordnung sind, zum Opfer zu fallen. Unschuldige Parvenüs werden über die scheußlichen Fußgängerzonen und die gesalzenen Preise in den Abzockrestaurants den Kopf schütteln oder die dreisten Taxifahrer verfluchen, die ihnen für die Fahrt zum Flughafen, ohne mit der Wimper zu zucken, einen halben Wochenlohn abverlangen. Sie werden ferner, wenn sie sich verhängnisvollerweise als Automobilisten für einen *séjour* in den Monaten Juli oder August entschieden haben sollten, stundenlang im Stau stehen, nur im Schneckentempo vorankommen und bei ihrer schweißtreibenden, ergebnislosen Parkplatzsuche Land und Leute gebührend verwünschen. Wenn sie gar die Entscheidung treffen sollten, länger oder für immer hier leben zu wollen, werden sie feststellen, dass das System der öffentlichen Nahverkehrsmittel im Prinzip funktionstüchtig sein könnte, wenn es nur nicht von notorischen Verspätungen und aberwitzigen Streiks regelmäßig ausgehebelt würde. Sie werden konsterniert konstatieren, dass die Mehrzahl der Einheimischen geschlossen für die rechtsextreme Front National stimmt, dass eine winzige Anzahl von Ordnungshütern Vandalismus, Kleinkriminalität und Einbrüchen relativ hilflos gegenübersteht. Dass die Graffiti-Epidemie auch hier seit Langem weit um sich gegriffen hat. Dass sich der Müll (in deckellosen Tonnen, ungetrennt, jeglichem Ungeziefer dargeboten) allabendlich an den Straßenecken auftürmt oder vom kühlen Ostwind, der zum Glück nur selten sein Unwesen treibt, durch die Straßen gefegt wird. Dass beim Immobilienkauf und bei administrativen Vorgängen tatsächlich die sprichwörtlichen mafiösen Zustände herrschen, die man mit ebenso stererotyper Häme den Mittelmeervölkern so gern nachsagt. Und dass sich Wartezeiten im Grunde genommen banaler Natur (ausbleibende Post, nicht nachlieferbare Ersatzteile, ausstehende Dienstleistungen) hier im Handumdrehen in lähmende Sperrfristen verwandeln können. Dass im Monat August hier wirklich absolut *nichts* geht! Dass die seltenen Regenfälle, wenn sie denn mal loslegen, sich in ergiebige, ja sintflutartige Dauergüsse verwandeln, die tagelang anhalten (besonders im April oder November). Worauf man an der althergebrachten Berechtigung, diese Küste als ewig blau und sonnendurchglüht zu bezeichnen, zu verzweifeln beginnt. Und dass das vielfältige Sprachgewirr, das einen auf Spaziergängen als akustische Kulisse begleitet, nicht etwa, wie erhofft, von den Unterredungen ehrwürdiger Nachkommen eines verblichenen europäischen Altadels herrührt, sondern schlicht und ergreifend von Reisegruppen in Rudeln.

Wer sich heute für einen Kurz- oder Daueraufenthalt entscheidet, jedoch bereit ist, sich wirklich auf die besondere Mentalität der Menschen »hier unten« einzulassen, wird allerdings nicht nur entschädigt, sondern auch belohnt: Entgegen den Vorbehalten und Warnungen der Pariser und Provinzfranzosen wird er schnell mit den Einwohnern der Agglomeration in Kontakt treten, Freundschaft schließen, integriert, mit Einladungen überschüttet werden, um genauso schnell wieder in Vergessenheit zu geraten – denn es handelt sich hier um ein schnelllebiges *département*. Niemand ist wirklich von hier. Die sogenannten Einheimischen sind mit Fug und Recht Zugereiste, selbst Ex-Pariser, Durchreisende, Kosmopoliten. Wie die Avantgardekünstler vergangener Jahrzehnte flatterhafte, unbeständige Gesellen mit Neugier auf Neues und anderes anderswo. Auf Schritt und Tritt wird hier Lebensqualität verglichen, werden Trends ab- und aufgewertet. Man denkt in Optionen, nichts ist festzementiert. Hohe Fluktuation und mangelnde Bereitschaft zur Sesshaftigkeit sind womöglich die beiden vorherrschenden Ausnahmeerscheinungen, die die Côte vor anderen französischen Regionen auszeichnet, ja deren genaues Gegenteil sie hinsichtlich ihrer Wesenhaftigkeit darstellt. Das Grenzgängertum, das Gefühl, nirgends »echten Eingeborenen« zu begegnen, dominiert. Und genau wie in Paris will man solche Zeitgenossen, abgesehen vom Gang zum *boulanger* oder *épicier*, auch gar nicht so genau unter die Lupe nehmen oder gar von ihnen »akzeptiert« werden. Andere Landstriche Frankreichs sind sicherlich gemütlicher, bieten Geborgenheit, Verschworenheit, ein unverbrüchliches Zusammengehörigkeitsgefühl. Der krasse Unterschied diesbezüglich zur italienischen Riviera gleich nebenan verdeutlicht dies besonders!

An diesem Durchlauferhitzer Côte d'Azur, der als urbane Suite von Küstenorten alle Annehmlichkeiten einer Metropole mit der Übersichtlichkeit einer mittelgroßen Residenzstadt verknüpft, ist viel Lebenswertes und Liebenswertes, aber nicht unbedingt immer derselbe Anteil an Liebens*würdigem*. Für Zartbesaitete wahrscheinlich ein raues Pflaster. »Geschenkt« wird einem hier nichts. Von duftenden Lavendelfeldern und behaglichen Kaminfeuern, von rotweinbeschwerter Landseligkeit und knorrigen Bergbauern wird (obwohl es das alles hier auch gibt) in diesem Buch denn auch nicht die Rede sein. Verhandelt werden soll das jeden Tag wieder neu zu erobernde Privileg, hier leben zu dürfen – die meisten Einwohner haben alle einen langen Parcours hinter sich, bis sie das »geschafft« hatten: das Erstrebenswerte, das Beneidenswerte dieser so spezifischen *art de vivre*. Und es mag auch als Erklärungshilfe aufgefasst werden, worum hier jeder ein wenig wie ein Snob wirkt – und sich dessen auch nicht im Mindesten zu schämen braucht.

Wer heute kommt, ist automatisch Nutznießer einer sich ins Endlose perpetuierenden Sommerfestival-Tradition, die nach 1945 mit nachhaltigem Erfolg neu eingeläutet wurde. Denn wer 2007 einen *open-air*-Sommer zwischen Fréjus und dem Cap d'Ail verbringt, hat die Qual der Wahl zwischen Dutzenden von hochkarätigen, turnusmäßig abgehaltenen Veranstaltungen der Sonderklasse: Jazz und *world music* in Cimiez, Swing und Bebop in Juan-les-Pins, Klassik in Menton, Kammermusik in den Kloster-Innenhöfen der *monastères*, Privatopern im fabelhaften Garten der Rothschild-Villa auf dem Cap-Ferrat, *modern dance* in Cannes und darüber hinaus, gratis obendrein, einem spektakulären Wettbewerb von *feux d'artifice* inmitten von Croisette, Vieux Port und Le Suquet. Eine einmalige Museumsdichte – asiatische Kunst, naive Kunst, Belle-Époque-Malerei, Klassiker der Moderne, Fluxus und Figuratives, das »Théâtre de la Photographie«, die »Nuit des Galeries« mit ihren Happenings und Performances, die beiden herausragenden Privatsammlungen der Fondation Maeght in Saint-Paul und der Espace de l'Art Concret in Mouans-Sartoux – verschafft der Region, neben zahllosen Privatgalerien und einzelnen Persönlichkeiten (Léger, Matisse, Chagall, Picasso, Cocteau, Renoir) gewidmeten Andachtsstätten, Schreinen der Abstraktion und des Experiments, den ihr seit jeher zugeschriebenen Weltrang. Mit drei Opernhäusern (Monaco, Nizza, Toulon), einigen staatlichen Orchestern der Sonderklasse, mehreren durchaus vorzeigbaren Ballettkompagnien, einem Herbst-Festival für zeitgenössische Musik namens MANCA in Nice und einem weiteren für geistliche Musik im Juni in den Kirchen der Altstadt kommt auch der an Klassischem und Avantgardistischem interessierte *mélomane* nicht zu kurz. Das Zirkusfestival in Monte-Carlo, das an unkonventionellen Inszenierungen orientierte Nationaltheater in Nice, der Pop-Palast Nikaïa, der Kongress-Tempel Acropolis und jede Menge Freilichtveranstaltungen im Théâtre de la Verdure, in La Palestre, auf Kaps und Hügeln, in Bergdörfern und Amphitheatern, runden das opulente, facettenreiche Angebot ab. Allein Nizza verfügt über ein jährliches Kulturbudget von sage und schreibe dreizehn Prozent des städtischen Gesamtetats. Selbstverständlich ist davon nichts. Die gewaltigen Anstrengungen der Kulturverantwortlichen sind indessen unübersehbar und zahlen sich, was das Renommee der Gegend und die nicht zufällig prall gefüllten Geldsäckel aller auf intensiven Kulturtourismus angewiesenen Gemeinden an der Küste angeht, auf lange und kurze Sicht aus. Derzeit scheut man keinerlei Mühen, um aus der Bewerbung, das Label »Kulturhauptstadt Europas« tragen zu dürfen, in einem der nächsten Jahre auch als Sieger hervorzugehen.

Zum Abend hin können Sie hier beispielsweise gleich zwei Theaterbesuche hintereinander absolvieren, ohne dabei auch nur ein Drama oder eine Komödie aussitzen zu müssen – im Théâtre de la Photographie, der ehemaligen Bühne eines Künstlerclubs, die mittlerweile in ein hervorragend ausgestattetes Fotomuseum verwandelt worden ist (vermutlich die einzige Ausstellungsfläche auf der Welt, wo ein großer Zuschauerraum als Vitrine für engagierte Fotokunst dient). Sowie in der Brasserie Flo, wo sich im Zentrum des riesigen Esssales, dekoriert im Stile Pariser Gastronomietempel, ein roter Samtvorhang hebt und Ihren erstaunten Blick auf eine Glasvitrine im Panoramaformat freigibt. Hinter ihr, auf offener Bühne, wird live vor den schmausenden Gästen gekocht, gegrillt, gebraten, gedünstet, was das Zeug hält. Ein Ausnahme-Restaurant, das mit offenen Karten spielt!

So viel *plaisir* schafft ebenso viele Neider. Ginge es etwa nach dem Willen von Paris, würde die gesamte Region »PACA«, das heißt »Provence-Alpes-Côte d'Azur«, am liebsten bis in alle Ewigkeit ein Schattendasein fristen. Würde die geplante, aber auf Eis gelegte Verlängerung der TGV-Linie in Richtung Nice und Menton, von deren fertiggestelltem ersten Teilstück Marseille schon seit langem profitieren darf, am besten nie oder erst in ferner Zukunft zustande kommen. Doch weit gefehlt – gegen behördlichen Schlendrian und offenkundige Benachteiligungen wird lautstark aufbegehrt. Die Rivalität zwischen dem zentralistischen Wasserkopf der Île-de-France und dem sanften Südosten ist groß. Die Eifersüchteleien sind lächerlich, der beiderseitige Stolz und die Vorurteile enorm. Und in den Köpfen sogar der allermeisten Hauptstadtfranzosen geistert auch heute noch die seltsam wirklichkeitsfremde Vorstellung von Nizza als einer gemächlichen, verschlafenen Kurstadt herum, in der sich klapprige Senioren aus ihren am Meer gelegenen Hotelpalästen zu einem Thalasso-Bad schleppen – eine völlig verkorkste Beschreibung, die viel besser auf Biarritz passen würde. Entpuppt sich ihr Reiseziel dann nicht etwa als Rentneroase, sondern als quirlige, stinknormale Riesenstadt mit 400 000, den Großraum, die *banlieue* und die Dörfer des *arrière-pays* mitgerechnet mit sogar knapp 700 000 Einwohnern, einschließlich einer großen Universität, Zehntausenden von jungen Sprachschülern und Frankreichs (mit Abstand) zweitgrößtem Flughafen, sind Erstaunen – und anschließende anerkennende Bewunderung – umso größer.

Gehen wir solcher nicht auszurottender Wahrnehmungsverzerrung also auf die Spur und weisen wir darauf hin, dass Nizza im Grunde mehrere Städte in einer darstellt: das russische Viertel, das Quartier des Musiciens, das *Vieux Nice*, der Hafen, Lympia, Mont-Boron und Mont-Alban, die *Baumettes*, Cimiez, die *collines*, die westlichen Hänge bei Fabron, Magnan, Arenas, das antike Nikaïa.

Und leihen wir noch ein weiteres Mal der koketten Formulierungskunst der frechen Mann-Geschwister unser Ohr: »Welche Überraschung«, jubilierten sie ohne Scheu, »wenn man die Avenue de la Victoire« (heute: Avenue Jean-Médecin) »hinunterkommt – eine Geschäftsstraße, wie es in der Welt Tausende gibt –, die Place Masséna überquert, und plötzlich auf der Promenade des Anglais steht; plötzlich auf dieser herrlichsten Promenade der Küste. Ich weiß keine, die mit solchem Schwung und solcher Grandezza dem Meer entlangführte. Wenn man abends, von Villefranche her, auf der großen Autostraße sich Nizza nähert, leuchtet einem diese pathetische Lichterkurve der Promenade entgegen wie ein riesiger Schmuck, der hinaus ins schwarze Meer geworfen ist. Diese einzigartige Straße hat, scheint mir, die Kraft, noch dem Gleichgültigsten etwas von ihrem Zauber abzugeben.«

Die azurne Weite, in der Horizont, Firmament und Mittelmeer in einem einzigen Blau aufzugehen scheinen, das von Luc Besson ein halbes Jahrhundert später kinematografisch besungene *Le grand bleu*, war somit schon damals das ausschlaggebende Synonym jener oben beschriebenen, zu unser aller Glück nicht totzukriegenden Verheißung erfüllbarer Wünsche, die jeden aus dem Norden Anreisenden noch heute, beinahe physisch, bei der Ankunft erfasst.

Engelsbucht

Lieben Sie – wie ich – kuriose, schon leicht angestaubte Kultfilme, die sich allen vernünftigen Geschmacksurteilen entziehen, deren Magie man dennoch einfach erliegen muss? Erinnern Sie sich also noch an den mythischen Hitchcock-Klassiker *Über den Dächern von Nizza*, eine eher romantisch-naive als spannende Verfolgungsjagd aus den Mittfünfzigern? Mit Cary Grant als abgehalftertem Juwelendieb und einer erotisch unterkühlten Grace Kelly, schon im Begriff, sich an ihre künftige, lethargische Residenz inmitten von Casinos, Luxus und steriler Hotelpracht zu gewöhnen. Als ich mir den Film vor Kurzem einmal wieder zu Gemüte führte, vor Ort in der ausgezeichneten Cinémathèque de Nice mit ihren thematisch überzeugenden Retrospektiven, fiel mir nicht nur auf, wie altmodisch und hausbacken aus heutiger Sicht die Verführungsszenen daherkamen, wie hölzern die Dialoge klangen, wie trivial die Repliken konstruiert waren, wie blutarm der *plot* wirkte, sondern mir stach sofort ins Auge, dass keine einzige Szene darin wirklich die Dächer von Nizza zum Schauplatz hat. Wenn schon Originaldrehorte verwendet wurden, dann handelte es sich überwiegend um Cannes und Monte-

Carlo. Ins Bild gerieten die Croisette mit ihren feudalen Bettenburgen, eine öffentliche Badeanstalt, in der Grant und Kelly angestrengt herumturteln, oder der Hügel von Beausoleil, auf dem das junge Glück picknickend den Zauber Monacos preist. Das Privathaus des vormaligen Meisterkleptomanen und eingefleischten Junggesellen liegt offenbar in der Nähe von Èze, das man im Hintergrund erahnt, palavert wird auf dem Wochenmarkt, und die Villa, auf der Grants Nachahmerin hilflos auf Drachschrägen herumturnt, während zu ihren Füßen müßige Maskenball-Scharaden gespielt werden, ist auf dem Cap-Ferrat verortet – wenn nicht überhaupt vieles im Studio gedreht wurde. *To Catch A Thief* heißt die belanglose Nettigkeit weit bezwingender im Original. Auf Französisch hat man daraus *La Main au collet* gemacht – »die Hand am Kragen« (eine Anspielung auf die begehrte Beute: Perlenketten, Halsschmuck, Geschmeide) oder, idiomatisch treffender, »jemanden am Schlafittchen packen«. Prophetisch mutet auf der Kinoleinwand einzig die Ankündigung des baldigen Loses einer Kleinstaatenmonarchin an: bei Grace, geadelt von ihrem so aristokratischen Profil, schimmert schon die Fürstin *in spe*, die gravitätisch schreitende »Gracia Patricia« an der Seite ihres Gemahls Rainiers, zu uns durch. Die Promenade des Anglais oder die Baie des Anges hingegen bekommen wir Zuschauer nur in einer winzigen Einstellung zu Gesicht: eine behandschuhte Faust, in der das Diebesgut verschwindet, ein Hotelfenster, ein Stückchen Meer und einige Palmenwipfel blitzen auf wie Talmi. Etikettenschwindel? Falsche Brillanten? *Fake*? Begeistert war ich natürlich trotzdem wieder.

Mit weit mehr »suspense«, lokalem Ambiente und auratischer Dichte konnte, fast ein halbes Jahrhundert später, ein weiterer Riviera-Film aufwarten: Unter dem Titel *The Good Thief*, einer Art Hommage an den Hitchcock-Vorgänger, schickte Neil Jordan im Jahre 2002 einen witzelnden, von Exzessen gezeichneten Nick Nolte in die Arena der Côte d'Azur, um ihn am Lebensabend seinen größten *coup* landen zu lassen – einen raffiniert ausgetüftelten Casinoraub. Assistiert von einer lasziven Georgierin, taucht dieser Anführer wider Willen und mit ihm der Betrachter in eine blau getönte, jazzige Unterwelt ein, *les sous-sols* von Nizza: schummrige Altstadtgassen, Morgengrauen über der Engelsbucht, das Milieu der kleinen und großen Ganoven. Ein schmuddlig-atmosphärisches Nice wird in bestechenden Bildern eingefangen, in dem Sex, Verbrechen, Lebensweisheit zu einem visuellen Taumel, von sehnsüchtigen Saxophonklängen unterlegt, verwoben werden. Mehr als einmal erhascht die Kamera das charakteristische Halbrund der Metropole bei Tagesanbruch, lässt uns am Kreischen der Lachmöwen teilhaben, wie es in Nice allmorgendlich den Rhythmus aus vergeblichem und erfolgreichem Handeln einläutet, entführt uns in die billigen Kneipen rund um die rue Rossetti, wo Ukrainer und Tunesier ebenso zu Hause sind wie reiche Nichtstuer, arrogante Amerikaner und korrupte Kleinkriminelle. Ein unbarmherziger, aber zärtlicher Blick auf das Nizza von heute – die Stadt mit ihren Clans und Klüngeln bleibt nicht Staffage, sondern mausert sich zum heimlichen Hauptakteur. Hier, so lautet die lebenskluge Botschaft, ist alles doppelbödig und trügerisch, basiert das Dasein auf Taschenspielertricks und Täuschung. Hier hangelt man sich abgeklärt mit Chuzpe, radebrechendem Aneinandervorbeireden und dem Lachen der Verzweiflung durch. Mithilfe jeder Menge Alkohol und eingedenk der Gewissheit, noch heute auf der Strecke bleiben zu können. Authentizität zählt nichts in einem Universum aus faszinierenden Fassaden; schiere Überlebenskunst ist der einzige Trumpf, der sticht.

Und dann gibt es da noch den – zu Unrecht – vergessenen Streifen in kontrastintensivem Schwarzweiß, der expressis verbis *La Baie des Anges* tituliert ist. Nie lagen Licht und Schatten dichter beieinander als in diesem zwischen Neorealismus und Sarkasmus changierendem Porträt einer Bucht, wo sich Halbwelt und Hoffnung, Illusionen und Irrwitz auf einer herausgeputzten Ufergeraden begegnen. Jacques Demy, der Meisterregisseur von Filmoperetten wie *Les Parapluies de Cherbourg*, stellte 1962 eine platinblonde, in weißem, tailliertem Chanel-Kostümchen vor den Casinos auf- und abstolzierende Jeanne Moreau ins Zentrum seiner Nizza-Studie. Als Sirene der Spielsucht (deutsch: *Die blonde Sünderin*!) schlägt sie listig einen ahnungslosen Bankangestellten in ihren Bann, aus dem Norden eingetroffen, um einmal vom leichten Leben und vom großen Glück zu kosten. Als launische Riviera-Monroe führt sie ihn nach Strich und Faden an der Nase herum, gibt sich ihm in Absteigen hin, gibt auch sein Geld in vollen Händen aus, verliert mehr, als sie gewinnt, inszeniert mit Charme und beträchtlichem *sex-appeal* dramatische Abgänge, abgeschmackte Liebesszenen und unglaubwürdige Treueschwüre. Aus einem anständigen jungen Mann, noch grün hinter den Ohren, wird binnen Tagen ein abgebrühter Lebemann und Hasardeur.

Selten wurde der abgetakelte Glanz, auf dessen Fundamenten Grenzstadt und Region wie ein einsturzgefährdetes Spielkartengebäude errichtet sind, schonungsloser und zugleich sinnlicher vorgeführt. Demy lässt nichts aus: die Schäbigkeit des *Vieux Nice*, den Rausch hastiger körperlicher Vereinigung, die Badefreuden auf vor Hitze glühenden Kieseln am Endlosstrand, die gelangweilte Pose abgewinkelter Hände, Zigarettenspitzen haltend, die morbide Grandezza der Spielbankfoyers, gefährliche Glückssträhnen und am Boden zerstörte Süchtige. Das Wechselspiel fragiler Emotionen, den Magnetismus des Landstriches. »Ich wollte etwas extrem Schwarzes und extrem Weißes fotografieren«, legte Demy seine Intentionen offen. »Die Côte d'Azur hat für mich immer eine Art Perversion dargestellt. Nur dort gibt es jene besondere Mischung aus Reichtum und Armut. Nur hier spürt man die Allgegenwart des Lasters ›einfach so‹, in all ihrer Natürlichkeit, das ist schon sehr seltsam.« In einer virtuosen, rasanten Einstellung des Filmes, die sich mir tief ins Gedächtnis eingegraben hat, rast die Kamera, die anfangs statisch auf Moreaus Gesicht verharrte, zu lauter, aufgeheizter Salonmusik mit unfassbarer Geschwindigkeit die gesamte Promenade des Anglais rückwärts entlang, vom Cap Rauba-Capeu an den großen Hotels vorbei, das Negresco links liegen lassend bis fast zum Flughafen, so lange, bis ihre winzige Gestalt nur noch ein nicht mehr zu ortendes Lichtpünktchen unter vielen am Ende der Strandmeilen ausmacht – eine Namenlose mit einem Schicksal unter Tausenden. Eine Täterin, eine Gestrandete. Eine kleine Nummer, aber kein Opfer.

Geben Sie sich deshalb besser erst gar keine Mühe, vor Ort, vor der Kulisse der sichelförmig ausladenden, mehrere märchenhafte Meilen langen Engelsbucht, den Unschuldsengel zu mimen. Denn selbst wer es faustdick hinter den Ohren hat, findet hier an der Côte, wo das Aufeinanderprallen von Macht, Glücksspiel und Geld einem fortwährenden kollektiven Erdbeben gleichkommt, als menschliches Strandgut noch seine ganz persönliche Nische. Und Sie dürfen es auch ruhig ein wenig gemächlicher angehen lassen als jener vom überhitzten Tempo der *nouvelle vague* angetriebene Kameramann, wenn Sie vorhaben, die lockende, mit den Wunschvorstellungen und Begierden ihrer Besucher launenhaft spielende Baie des Anges nunmehr selbst in Augenschein zu nehmen. Wenn Sie Erkundungen in Zeitraffergeschwindigkeit vorziehen, bietet sich Ihnen das gesamte Panorama am wirkungsvollsten beim Lande- oder Startanflug Ihres Ferienjets dar – kleiner Tipp am Rande: jeweils auf der in Flugrichtung linken Seite Platz nehmen, damit Ihnen nichts entgeht! Spektakulärer wird Ihnen der grandiose Halbmond, unwirkliches *land's end* zwischen Ligurien und Provence, nun nicht mehr dargeboten, es sei denn, Sie halten es wie die Mehrzahl der vom Terminstress geplagten *very important persons*, die sich vom Aéroport de Nice, in nicht einmal zehnminütiger Flugzeit, gleich per exklusivem Helikopter in Richtung Monte-Carlo weitertransportieren und dabei die *swimming pool*-umkränzten Villen auf den mit knatterndem Flügelschlag in Baumhöhe überquerten Landzungen nur eine Handbreit unter sich lassen.

Doch wozu einem virtuellen Weichbild hinter Glasscheiben den Vorzug geben, wenn sich eine traumhaft schöne, ausgiebige Flanerie förmlich aufdrängt? Steuern wir lieber in umgekehrter Bewegungsrichtung, von Westen kommend, mit wohltuender Langsamkeit auf das eigentliche Zentrum der Côte d'Azur zu – auf die Promenade des Anglais, ihr Herzstück. Dorthin, wo sich alle Wesensmerkmale der Riviera wie unter einer Lupe verdichten. Das Cap d'Antibes im Rücken, können wir die wenig attraktiven, ja zum Teil abstoßend hässlichen Vorortsiedlungen von Saint-Laurent-du-Var, Villeneuve-Loubet, Cagnes-sur-Mer und das dortige Hippodrome, beliebte Begegnungsstätte für wettsüchtige Pferdefreunde, getrost an uns vorbeiziehen lassen, ohne ihnen größere Beachtung zu schenken. Unser Parcours nimmt nämlich hinter den eleganten, palmenumstandenen Abfertigungsterminals des Flughafens seinen Ausgang, wo die von den Einheimischen zärtlich verstümmelnd »Prom« genannte Prachtavenue noch achtspurig verläuft und, einer futuristischen Autobahn nahe Miami gleich, den brandenden und auch während der Nachtstunden nicht aufzuhaltenden Großstadtverkehr allmählich ostwärts kanalisiert. Solange, bis diese »Prom«, mit dem rechtsseitig wohl breitesten Trottoir Europas, sich auf pro Fahrtrichtung je zwei Spuren verengt und somit nahezu vollständig Ihnen gehört: Reihen Sie sich diszipliniert ein, und mischen Sie sich unter die unwahrscheinlichen Akteure, die sich auf mehreren parallelen Bürgersteig-Streifen diesen gigantischen Laufsteg teilen: unter die unermüdlichen Flaneure, unter die virtuos um aufgestellte Plastikhütchen herum ihre Pirouetten drehenden Inline-Skater (französisch: »rol-*lers*«), unter die flitzenden Fahrradfahrer, die verbissenen Jogger, unter die fotografierenden Touristengruppen, die gestylten Schönlinge und die langbeinigen, Fotomodellen gleichenden menschlichen Barbiepuppen. Unter ihr Gegenstück, die tiefbraunen Uraltblondinen, lederhäutig, systematisch geliftet und ihre winzigen Schoßhündchen ausführend, unter die italienischen Rentner, die russischen Muskelprotze, die Punks und unter die zahllosen fliegenden Händler. Sonnenbrillen, lässig in die getönte Mähne zurückgeschoben, zählen hier sommers wie winters zur Standardausrüstung; nach der Exklusivität der Marke bemisst sich die Länge der ihren Trägern gewidmeten Seitenblicke. Alle paar hundert Meter stellen alteingesessene wie unvermeidliche Zeitgenossen Fixpunkte oder *landmarks* dieses Jahrmarkts der Eitelkeiten dar – Sie werden auf diesem sich scheinbar ins Unendliche weiterschlängelnden, steinernen roten Teppich notgedrungen um den abgezehrten Michael-Jackson-Imitator einen Bogen machen, dessen unbeholfener *breakdance* auch nicht mehr als Parodie durchgehen kann, um den unaufhörlich häkelnden *grand-père*, der unter den Segeltuch-Arkaden stolz seine fertiggestellten Topflappen darbietet. Um Gitarristen, Panflötenspieler, Stilllebenmaler, um einen jungen Pianisten mit fahrbarem Klavier-Untersatz auf Rädern, um einen unter Einsatz einer irritierenden Fistelstimme frivole Liedchen trällernden Asiaten mit Strohhut, um die hippen Haarbändchenflechter, um ausgelassene Salsatänzer, um die Poster-, Crêpe-, Merguez-, Konfekt- und Eisverkäufer. Um quicklebendige *clochards*, die ihre vierbeinigen Lieblinge, wahlweise ausgewachsene Stallhasen und apathische Kampfhunde, frech den Passanten präsentieren – zum richtigen Betteln zu faul, recken Ihnen diese auf Bänken hockenden Lebenskünstler an Holzstöcken befestigte Bratpfannen zum Ablegen einer kleinen Spende entgegen. Wandern und staunen Sie weiter, an den bunt gemischten Menschentrauben vorbei, die sich in Sekundenschnelle, auch noch spätabends, um all solche Sonderlinge, zusammengewürfelte Selbstdarsteller und narzisstische Solisten bilden. Paradieren Sie einfach mit, als Teil der Show.

Parallelwelten tun sich auf: oben die Bekleideten oder oft

nur notdürftig Angezogenen, unten die (fast) Nackten. Oben schickstes *outfit*, Spazierstöcke, Pelzkragen, Hermès-Halstücher, unten Strings, Bikinis, Einteiler, Shorts, Fußkettchen. Parallelaktivitäten auch: oben Körper in Aktion, schlendernd, eilend, stehend, unten lagernde, faulenzende, schlummernde, duschende, mit gebräunter Haut protzende Leiber. Zweieinhalb Meter unterhalb der Flanierfreaks zieht sich tatsächlich flächendeckend und vom Autolärm abgeschirmt der Stadtstrand hin – wie viele Großstädte in Europa kennen Sie noch, die einen sieben Kilometer langen, bis zu fünfzig Meter tiefen, zum Baden und Sonnen geeigneten Hausstrand mit größtenteils sauberem Meerwasser vorweisen können, genauso weit ausgedehnt wie die gesamte Südseite des Stadtgebiets? Begehrliche, gleichgültige, voyeuristische Blicke werden hin- und hergeworfen; man beugt sich von oben über Brüstungen zum Hades der Sonnenhungrigen hinab; von unten stellt man den Dauerglotzern Silhouetten zur Schau, im Extremfall Speckschwarten oder Designer-*bodies*. Nur selten vermischen sich beide Ebenen. Die da oben – wir hier unten. Alle Augenblicke wenden sich Tausende von Augenpaare beiderseits dem Himmel zu, um zu erspähen, zu welcher Flotte das soeben seitlich vorbeidonnernde, zur Landung ansetzende Flugzeug wohl gehören mag. Eine diskrete Sicherheitsdistanz zu Küstenlinie und Publikum wird jedoch seitens der Piloten gewahrt, wenn sie von oben neue Engel einschweben lassen in dies so überaus heterogene Los Angeles des Mittelmeers.

Etymologisch ist übrigens noch gar nicht einmal gesichert, ob je ein Unterschied bestand zwischen »anges« und »anglais«, zwischen »Engeln«, »englisch« und »Engländern« – waren nach dem Dafürhalten der angestammten »Ureinwohner« seinerzeit, und noch im 19. Jahrhundert, doch sämtliche Ausländer unterschiedlos »des anglais«. Alexandre Dumas berichtete, wie seinerzeit ein Herbergsvater, außerstande zu sagen, ob es sich nun um Franzosen oder Deutsche handelte, sämtliche Neuankömmlinge einfach unter dem Oberbegriff »certi inglesi« subsumierte. Ließ sich durch das Verschleifen von einem oder zwei Buchstaben doch leicht eine Verwechslung herbeiführen! Zumal der Ursprungsweg beide Namen trug, beim jungfräulichen »Camin« (Weg, Pfad) die »anges« und »anglais« in gleichem Maße im Umlauf waren. Einer anderen Theorie zufolge geht der Terminus »anges« darauf zurück, dass sich auf dem Meeresboden der Engelsbucht eine seltene Haiart befindet, von örtlichen Fischern seit jeher an Land befördert und mit merkwürdigen, seitlich angebrachten Flossen ausgestattet, die Engelsflügeln ähneln sollen, eben »squatina angelus« benannt. Ein prächtiges Hôtel des Anglais krönte einstmals die Uferfront, ein Hôtel des Anges gab und gibt es. Nimmt man außerdem noch die Information hinzu, dass vor anderthalb Jahrhunderten auf Stadtplänen und Landkarten eine Brücke über den Paillon, unweit seiner Einmündung ins Meer, namens »Pont des Anges« neue und alte Stadthälfte verbunden haben soll, so hat man es mit dem schönsten Herkunftsverwirrspiel zu tun, wie es im Grunde nur himmlische, gottgesandte Wesen in Umlauf bringen können, um uns noch im Jahre 2007 damit an der Nase herumzuführen.

Bummeln wir daher unverdrossen weiter: die Boulevards Gambetta und Grosso bilden feine soziologische Grenzlinien, jenseits derer sich die Spreu vom Weizen scheidet. Westlich der Traditionsherbergen Negresco, Royal, Westminster, West-End und der schmucken Akademie des Centre Universitaire Méditerranéen, westlich der anmutigen *Baumettes* und den Museen für Schöne Künste, Masséna und Art Naïf, westlich der türkisblauen Fensterquadrate des Krankenhausgiganten Lenval, westlich schließlich der von Sosno 26 Meter hoch in eine Hotelglasfassade verkeilten Venus-Zwillingsschwestern aus Bronze, wie sie schutzengelgleich über die friedliche Eintracht in der Engelsbucht wachen, geht es einkommensschwächer, proletarischer, populärer zu – hier tummeln sich Arbeiter, Angestellter, Einwanderer, die Bevölkerung aus der Plaine du Var, die Bewohner der einfacheren, nach dem

Zweiten Weltkrieg hochgezogenen Viertel Californie, Saint-Philippe, La Lanterne und Fabron. Hierher schwärmen die Studenten der nahe gelegenen Fakultäten aus, die Leute aus den Sozialbauten der *collines*. Östlich davon badet, spaziert, defiliert, delektiert sich eine *mélange* aus Geschäftsreisenden, *bonnes familles*, noblen Honoratioren, Begüterten der *beaux quartiers* und touristischen Eintagsfliegen. In regelmäßigen Abständen wechseln aber die gesamte »Prom« entlang exklusive Privatbadeanstalten mit angeschlossenen Feinschmeckerrestaurants, oftmals Satelliten zugehöriger Luxushotels, wo Betuchte sich auf gemieteten Liegen aalen, mit basisdemokratischen, nicht gebührenpflichtigen *plage*-Abschnitten, für jedermann zugänglich, mit Kiosken, improvisierten Strandbars, Plastikklos, Beachvolleyballfeldern, auf Schiedsrichterstühlen thronenden *maîtres-nageurs*. Voneinander abgetrennt sind sie mit niedrigen, locker in die Kiesel gerammten weißen Holzzäunen. Parallelwelten auch hier, Seite an Seite, *côte à côte*. Florida, Magnan, Carras, Bambou, Sainte-Hélène, Forum, Blue Beach, Sporting, Ruhl, Lido, Centenaire, Beau Rivage, Opéra und, schon in der Ostkurve, Castel heißen die Stationen, die im Zweihundertmeterabstand die »Prom« rhythmisieren; die von Grünanlagen, Amphitheatern, Musik-Odeons, Karussellen und einer sich tief ins Landesinnere ziehenden Kulturmeile überbaute Paillon-Mündung setzt dann, kurz bevor linker Hand die Altstadt einsetzt, eine größere Zäsur. Erst am Cap Rauba-Capeu ist Schluss mit der Badeseligkeit, machen meterhoch aufragende Felsen den Badefreuden auf Kieselsteinen und der omnipräsenten *boules*-Passion einstweilen ein Ende. Wir lassen uns dort für einen Moment nieder, auf der neu gestalteten, von einer riesigen, in die Erde eingelassenen Sonnenuhr verzierten Aussichtsplattform angesichts dieses phantastischen Rundumpanoramas, das sich zu unseren Füßen ausstreckt.

Rauba-Capeu, auf den diesen Vorsprung zuverlässig umtosenden Wind gemünzt, warnt vor lauernden Gefahren und bedeutet so viel wie »einem die Kappe vom Kopf reißen« oder eben dem Mützenträger »rauben«. Jahrelang hielt ich diese dem Volksmund geschuldete Bezeichnung für eine nette, wenn auch übertriebene Anekdote. Bis es mich im vergangenen Winter, wider besseres Wissen, endlich auch erwischte: An einem sonnig-stürmischen Dezembertag, als sich die sonst so friedliche, jahraus jahrein harmlos vor sich hin glitzernde *méditerranée* in eine tobende Gischthölle verwandelt hatte, grauschwarze Steine wie Wurfgeschosse auf die »Prom« geschleudert wurden und hohe Wellen zornig an den eng die Uferstraße säumenden Häuserfassaden leckten, bekam ich dort, im Verlauf einer unbedachten Exkursion zu Fuß, unversehens eine Ladung eisigen, übelriechenden Schaums aufs Haupt. Mir riss es nicht nur meine nicht vorhandene Kappe vom Kopf, es riss mich von den Füßen. Das aus den Fugen geratene, ungewöhnlich schmutzige Meerwasser prasselte sturzflutartig auf mir nieder und schmetterte mich regelrecht – sehr unsanft – zu Boden. Begossen wie ein Pudel begann ich damals den tieferen Sinn des *genius loci* zu erfassen.

Apropos Genius – auch James Joyce lässt hier schön grüßen: Im Hotel Suisse, direkt an der Rauba-Capeu-Eckkurve, soll er die ersten Zeilen seines *Finnegans Wake* zu Papier gebracht haben. Sicher entriss ihm das »Sturmgebrus« so manche Manuskriptseite und verstärkte so, auf ziemlich handgreifliche Weise, noch den experimentellen Charakter des Jahrhundertwerks …

Andere Städte haben Kerne, Zentren, Mittelpunkte; Nizza dagegen, sich dem Meer mit lustvoller Hingabe öffnend, besitzt die »Prom«. So einmalig, dass die Croisette von Cannes und der sich an postviktorianischen Villen entlangziehende Boulevard de Garavan von Menton nur sehr bedingt, nur sehr eingeschränkt mit ihr mithalten können. Die »Prom« ist sozusagen gleichwertig mit den Pariser Champs-Élysées. Sie gibt die Bühne ab für den allsommerlich hier abgehaltenen Ironman, bei dem sich im Morgengrauen Tausende von Triathleten in die noch nachtgrauen Fluten stürzen, bevor sie sich, immer am Meer entlang, nach dem Sonnenaufgang einem qualvollen Marathon und einem noch zermürbenderen Radrennen aussetzen. Sportwettbewerbe aller Art, die *pétanque*-Weltmeisterschaft, der internationale Buchsalon, die italienische Gourmetwoche, der Biomarkt werden hier abgehalten, die *feux d'artifices* zum Nationalfeiertag hier abgefackelt, die Karnevalsprozessionen mit Getöse und Konfettiorgien hier entlanggeführt. Beinahe täglich wechselt die Traumstraße ihr Gewand. Treffen sich Politiker zu einem internationalen Stelldichein, lassen sie sich selbstverständlich auf der »Prom« ablichten. Hochzeitskarawanen aus hupenden Limousinen lassen jeden Samstag hier ihre kakophonen Symphonien ertönen, Picknickwillige lassen sich an Sommerabenden an ihr nieder, entfachen Lagerfeuer, diskutieren und feiern bis tief in die Nacht, lassen Leuchtraketen aufsteigen. Am Wochenende ist sie schwarz von Menschentrauben – »amorphes Geschiebe«, lästerten schon die Mann-*twins*. Man zeigt sich, grüßt einander, pflegt lieb gewordene Rituale. Hier wird an Flusseinmündungen und an jeder kleineren Steinaufschüttung geangelt, hier werden Verabredungen getroffen, finden sich turtelnde Paare zu jeder Tages- und Nachtzeit zum Rendezvous ein. Hier, mit nonchalantem Zeremoniell am Castel-Strand gefeiert, werden in den frühen Morgenstunden Baptisten-Taufen abgehalten. Während sich Umstehende, Gemeindemitglieder und Gläubige, unter inbrünstigem Singsang an die Brust schlagen und rhythmisch hin- und herwiegen, wird ein erwachsener Täufling nach dem anderen in voller Montur in die Fluten geleitet. Verklärten Angesichts und tropfnass entsteigen die wie Neugeborenen wieder den Wellen. Oben rauscht der Verkehr vorbei, unten werden Seelen gerettet. Hier auf der »Prom« wurde einmal Charlie Chaplin, der sich auf einem entspannenden *seaside walk* inkognito wähnte, von Fans bedrängt, die, kaum hatten sie ihn in der Menge der Promeneure ausgemacht, ihr Glück gar nicht richtig fassen konnten, mit Fingern auf ihn zeigten, um Autogramme baten und ihn wieder und wieder freudig mit »Charlot« anredeten. Seinem *französischen* Spitznamen. Ein linguistisches *alter ego*, das dem Stummfilmstar – zu ihrer Verblüffung – überhaupt nicht geläufig war! Und ausgerechnet hier, man glaubt es kaum, kaufen die *nissards* gegen Mitte Dezember auch ihre Weihnachtsbäume. Solch ein grünweißroter Wald aus abgesägten Tannen, ein Zapfendickicht direkt vor einer enormen Fläche aus schimmerndem königsblauem Lack, dem adventlichen Meer, ist immer wieder ein surrealer Anblick. Zu Hunderten säuberlich aufgereiht und mit künstlichem Puderzuckerschnee bestreut lassen es sich diese Entwurzelten in der milden Wintersonne gut gehen, bis sie eingerollt, verpackt und von ihren Käufern entführt, ihre temporäre Wahlheimat »Prom« auf Nimmerwiedersehen verlassen müssen.

Nur schwer vorstellbar, dass am Ausgangspunkt dieser prächtigen Palmenparade einst lediglich ein provisorischer Holzplankenweg gewesen sein soll, errichtet von umsichtigen Gentlemen, damit sich vornehme britische Fräuleins beim kurzen, *parasol*-beschirmten Spaziergang vom Westufer des Paillon zur Opéra nicht die Füßchen und Schühchen beschmutzen mussten. Gegen Mitte des 19. Jahrhunderts bot sich den auserwählten Lustwandelnden unterhalb des notdürftig aufgeschütteten Stegs, den man anfangs »Strada del littorale«, dann »camin de Riba de Mar«, später »camin dei Ange« und zuletzt *beach road* getauft hatte, natürlich keine Nudistenschar dar, sondern vereinzelte Grüppchen von Fischern, die ihre Netze auf den *cailloux* oder *galets* ausgebreitet hatten oder mit vereinten Kräften kleine Kutter aufs Land zogen. Sowie hie und da eine Handvoll von Waschfrauen, bewaffnet mit Laken, Hemden, Tüchern, wie ein buntes *patchwork* zum Trocknen ausgespannt. Zum Defilee unter ihresgleichen begaben sich die fremden Herrschaften, die Wohlstand, Bauaufträge und ein neu erblühendes Kulturleben in die bis dahin bitterarme Stadt trugen, mit Vorliebe ein Stockwerk höher, wo sie trockenen Fußes auf die Dächer der niedrigen Ponchettes gelangten – eine ganze Suite aus Dächern gar, die auf der Ostseite der Altstadt, parallel zum alten Hafen am Fuße des Schlosshügels, das Opernhaus mit der Tour Bellanda verbinden. Sauber und distinguiert schwebte man, in unmittelbarer Meeresnähe, gleichsam zwischen dem Privileg der Musikliebhaberei, der unbegrenzten Freizeit und der Landschaftsbewunderung auf und ab, unbehelligt von autochtonen Arbeitern und Altstadtbewohnern. Leider sind die aneinandergereihten Ponchettes-Dächer heute baufällig und einsturzgefährdet, für Flaneure gesperrt und dienen den darunter befindlichen Restaurants und Bars nur noch als zusätzliche Abstellfläche, als Depot für die ratternden Lüftungsanlagen der Küchen und Klimaanlagen. Am ehemaligen Quai du Midi lagen und liegen diese luftigen, nun aber verwaisten Terrassen; mit einer Umbenennung, einer von Erfolg gekrönten Kriegsallianz mit den USA zum Gedenken und als Dank für künftige dramatische Befreiung von Unterdrückung und fremdländischem Terror durch die Überseemacht, hat man daraus schon vor langer Zeit, 1917, den Quai des États-Unis gemacht.

»Chemin des Anglais«, »chemin des anges«? Der flotte Schick der späten Zwanziger und frühen Dreißiger, als die neureichen *beautiful people* aus der Neuen Welt sich die Côte als *heaven on earth* auserkoren hatten, als Bubiköpfe, Flanellkostüme, Zigarettenspitzen, Wildlederhandschuhe und Hosenanzüge für Damen der »Prom« zur Zierde gereichten, hat sich ebenfalls verflüchtigt, als habe es sich bei ihm nur um ein schwach aufgetragenes Parfum gehandelt, von einer kräftigen Brise in ferne Gefilde getragen. Gewiss, die Art-Déco-Fassade des Palais de la Méditerranée, Triumph der Vorkriegsarchitektur und 1928 errichtet, hat man nach nicht enden wollenden Debatten gottlob stehen lassen, ein Fünfsternehotel dahinter im Jahre 2004 wieder neu eingeweiht. Doch vom opulenten Casino de Nice, das erst im Jardin Albert Premier zu Hause war, bevor es, nach dem Vorbild englischer Seebäder wie Brighton oder Blackpool, über einem weit ins Meer hineinragenden Metallsteg seinen angestammten Platz fand, sind nur die Stelzen übrig – als karges Relikt und Möwensänfte, dem Wogenspiel überlassen und vom Rost zerfressen, zeugen sie von versunkenem Pomp oder dienen übermütigen Jünglingen inzwischen als umfunktioniertes Sprungbrett, an Tagen mit starker Brandung. Sollte dies trostlose Gestänge, ein ungefährer, noch in der Luft hängender Hauch von Tango und Foxtrott aber schon alles sein, was vom Glamour jener sorglosen *saisons* übrig geblieben ist?

Der österreichischen Fotografin Lisette Model, die es ursprünglich zur zeitgenössischen Musik gezogen hatte, bevor sie begann, ihre Mitmenschen mit der Kamera abzulichten, verdanken wir freilich Spuren der so schnöde dahingedämmerten Ära: ganze Porträtserien von der »Prom« aus den frühen 1930er-Jahren, mit denen wir uns heute ein eindrucksvolles Bild vom ungebrochenen Klassenbewusstsein der Vermögenden machen können. Zigarrenrauchende, beleibte Geschäftsmänner, finster dreinblickende ältliche Damen, Graumelierte unter Sommerhüten, Bankdirektoren mit goldenen Uhrketten, gönnerische *bonvivants* auf (damals noch) weißen Korbstühlen fing die Leica-bewehrte Model dabei mit Könnerblick ein; weniger aus denunziatorischer denn aus spöttischer Perspektive. Eitle Emporkömmlinge, so zeigten es ihre fast anstößigen Fotos, hatten den Blut- und Geistesadel der aristokratischen Jahrhundertwende an der Riviera wenn schon nicht ersetzt, dann doch in zunehmendem Maße verdrängt oder ihm den Rang streitig gemacht. Im Folgejahr 1935 machte sich Lise Curel die Aufnahmen von Model für eine politisch zugespitzte Polemik zunutze, als sie in der Zeitschrift *Regards*, wo die unangenehm berührenden Bilder Seite an Seite mit ihrem Artikel abgedruckt wurden, mit marxistischem Ungestüm die anwidernde Zurschaustellung prosperierender Maßlosigkeit geißelte, wie sie den Porträtierten mit schamloser Selbstgefälligkeit eigne. So viel hemmungsloser Hedonismus, so viel überhebliche Attitüde war einem gesellschaftskritisch geschärften *esprit* wie dem ihren ein Dorn im Auge: »Die Promenade des Anglais ist ein Zoo«, ereiferte sich die empörte Schreiberin, »in den sich die abscheulichsten Exemplare der menschlichen Tierart begeben haben, um sich in weißen Sesseln bequem hinzufläzen. Ihre Gesichter sind von bodenloser Langeweile, Verachtung, Geringschätzung, unverschämter Stupidität und manchmal gar Brutalität geprägt. Jene Leute, die bestens gestellt sind und über jeden erdenklichen Komfort verfügen, die den Hauptteil ihrer Zeit damit zubringen, sich adrett anzukleiden, sich schönzumachen, ihre Nägel zu pflegen und Schminke aufzutragen – ihnen gelingt es gleichwohl nicht, ihre Dekadenz, die mit nichts zu vergleichende Ödnis ihres Mittelklassendenkens zu verbergen. Die Mittelklasse ist hässlich. Sich auf *chaises longues* der Länge nach hinzustrecken unter diesem schönsten aller Himmel, im Angesicht des herrlichsten aller Meere, enthüllt das wahre Wesen dieser Leute: hoffnungslos alt, angeekelt, anekelnd.«

Klassenkämpferisches Säbelrasseln, wie es für die ideologisch polarisierten Dreißiger typisch war, und ungefilterten Sozialneid einmal beiseite gelassen: Würde unsere so bemüht klassenlose Gesellschaft im neuen Jahrtausend wohl vor solch gestrengen Richtern bestehen? In unserem Zeitalter globalisierter Gleichmacherei hebt doch kaum noch jemand eine Augenbraue, falls ihm im Passantenstrom von Nizza ein entblößter Bierbauch, ein gepiercter Mundwinkel, ein durchstochener Nabel auffallen sollten. Wenn grell geschminkte Damen die fetten Tauben der »Prom« mit Brocken köstlicher Confiserie füttern, wenn ein schnittiges Cabriolet quietschend vor ihm stoppt, wenn Hochzeitsgesellschaften in der teuersten Gaststätte der Côte, dem Chantecler im Negresco, dinieren. Im Gegenteil – Exhibitionismus und Freizügigkeit sind längst in den Rang eines Selbstzwecks erhoben worden. Da fällt ein mythischer Ort wie dieser, wo sich die Extreme im Schrittabstand berühren und koexistieren, wo man gleichzeitig ungeniert reich, arm und durchschnittlich sein und es auch zeigen darf, schon fast wieder aus dem Rahmen. Da tut es richtig gut, die Bandbreite menschlicher Befindlichkeit einmal auf so engem Raum in all ihrer Vielfalt versammelt zu sehen. Ein Markt, auf dem die Ware Mensch taxiert wird. Und jeder bietet mit.

Wanderer, kommst du nach Nice – an der jäh landeinwärts biegenden Kurve nach Lympia ist die Baie des Anges damit noch keineswegs in Gänze durchmessen. Wenn Sie mögen, verlassen Sie jetzt die Sonnenuhr des Cap Rauba-Capeu, auf derem platt gelegten Zifferblatt Sie versucht haben, hinter das Geheimnis der lasziven Tanzschritte der Tango-Amateure zu kommen, wie sie sich hier jeden Sonntagnachmittag zur öffentlichen Tanzstunde produzieren. Folgen Sie, das wehmütig jammernde Bandoneon noch im Ohr, einfach auf eigene Faust dem *sentier littoral*, dem alle Küsten der Côte d'Azur verbindenden Fußweg, umrunden Sie das neuzeitliche Hafenbecken. Legen Sie eine Pause an der »Réserve« ein, wo früher ein ausgewachsenes Segelschiff hoch auf einem Steinblock prangte, um Restaurantgäste anzuziehen. Lunchen Sie hinter den Glasfenstern im »Sextant«, mit Blick auf die Mole, oder laben Sie sich an Fischspezialitäten am Coco Beach. Machen Sie das Cap de Nice mit seinen Felsvorsprüngen unsicher, und kommen Sie zuletzt in den Genuss eines unvergesslichen Sonnenuntergangs, wenn Sie die Ostspitze der Engelsbucht erreicht haben – dort, wo einem routinierten Tiefseetaucher die tückischen Untiefen vor Villefranche zum Verhängnis wurden, woran eine Gedenktafel erinnert. Oder suchen Sie, eine Meerbiegung weiter, eine neue, kleinere Promenade auf: die »Promenade des Professeurs« in ebenjenem Villefranche-sur-Mer, wo die Russen, die aus dem Dörfchen einen bedeutenden Marinestützpunkt gemacht hatten, die strategisch außergewöhnliche Reede mit ihrer einzigartigen Unterwasserflora und -fauna tatkräftig zu umfänglichen ozeanografischen Studien und Versuchen nutzten. Das von Generationen von Wissenschaftlern genutzte Institut steht noch: ein lang gestreckter gelber Bau mit dem Rücken zum Mont-Boron und im Schatten von Werften und Cafés, heute verwaltet von einer französischen Universität.

Lassen Sie sich aber in jedem Fall auf Schritt und Tritt vom Beispiel des amerikanischen Komponisten und Romanciers Paul Bowles inspirieren, der erst neunzehnjährig, doch bereits der amerikanischen Ostküste abspenstig geworden, 1929 genau hier die ersten Palmen seines Lebens sah – ein einschneidendes Erlebnis, das ihn gehörig aus der Bahn warf – und dem der Gang die Engelsbucht entlang, ostwärts über die »Prom« hinaus, rasch zur schönen Gewohnheit wurde: »Eines Abends kam ich mit dem Zug in Nizza an. Die Gerüche und die milde Luft verrieten, dass ich mich in einer anderen Klimazone befand. Nie zuvor«, ließ sich Bowles ekstatisch vernehmen, »hatte ich subtropische Vegetation gesehen; so war es nur natürlich, dass die Palmen und Mimosen in den Straßen der Stadt eine geradezu sinnliche Atmosphäre schufen. Ich blieb eine Woche, stand jeden Morgen bei Tagesanbruch auf und wanderte im Sonnenaufgang am Meer entlang zum Mont-Boron, wo ich ein kleines Bistrot direkt am Wasser kannte. Hier bestellte ich meinen Kaffee und Croissants, verbrachte lange Zeit mit Lesen und Schreiben und beobachtete einfach das Meer. Einige Pferdewagen und gelegentlich eine Straßenbahn fuhren vorbei.« Bistrots, Kaffee, Croissants und das Meer sind auch heute noch in Hülle und Fülle vorhanden – auf die Pferdedroschken als Taxiersatz, wie man sie aus Palma de Mallorca oder Marrakesch kennt, wird man wahrscheinlich gerne verzichten. Eine einzige versieht noch ihren Dienst, zwischen Avenue de Suède und Place Masséna können Sie sie notfalls anheuern, und, von ein paar müden Gäulen gezogen, sich im Schritttempo zum kitschig-marmornen Monument aux Morts und zum Quai Lunel, wo Jachten, Fähren und Fischkutter vor sich hin dümpeln, zockeln lassen.

Aus dem aberwitzigen – und nicht einmal sehr originellen – Projekt größenwahnsinniger Stadtplaner im ausgehenden 20. Jahrhundert, hoch oben auf dem Schlosshügel, das Vorbild Rio de Janeiro nachahmend, eine riesige Christusstatue mit ausgebreiteten Armen aufstellen zu lassen, die gütig auf Sünder und Fromme hinabschaut, ist am Ende Gott sei Dank nichts geworden. Ein Sturm der Entrüstung ohnegleichen brach los, die Skizzen blieben Makulatur. Die Côte, so befanden Gegner und Umweltschützer, muss sich jederzeit schleunigst gegen jegliche Verschandelungsvorhaben wehren und eignet sich darüber hinaus wohl kaum für Pilgerfahrten bekehrter Seelen. Der Obhut gigantomanischer Götzenbilder bedarf sie jedoch keinesfalls. Und auch noch ein weiteres Mal konnte man aufatmen in Nizza, wurde doch ein besonders störender architektonischer Schandfleck, die dreieckig-pyramidalen, in origineller Terrassenform übereinandergeschichteten Hochhausblöcke der »Marina Baie des Anges«, eines grotesken Konglomerats aus Zweitwohnsitzen für Besserverdienende und sozialem Wohnungsbau samt eigenem Jachthafen, Autobahnzufahrt und Einkaufszentrum, so weit westlich von der »Prom« platziert, auf halber Strecke zwischen Antibes und den Supermärkten des Cap 3000, dass sie dem Panorama der Engelsbucht keinen schwereren Schaden zufügen konnten. Ein verlässlicher Schutzengel hat somit bereits das eine oder andere Mal über die »echte« Baie des Anges gewacht und sie vor den schlimmen Phantasien selbst ernannter Urbanisten bewahrt. Noch ist dieser Kernabschnitt der Riviera, aller Unkenrufe ungeachtet, mehrheitlich unversehrt und von geschmacklosen städtebaulichen Auswüchsen verschont geblieben.

Verspüren Sie möglicherweise das Bedürfnis, nach all dem Trubel und Verkehrslärm für eine Weile abzuschalten? Nur des Nachts gönnen die hektischen Reisenden und geschäftigen Einwohner der Baie des Anges ein wenig Ruhe. Wenn es Sie jetzt, gegen zwei oder drei Uhr früh, nachdem Zeitungsleser, Möwenfütterer, Dauergäste der blauen Stühle und vergnügungssüchtige Nachtschwärmer endlich das Feld geräumt haben oder wenigstens in die Casinos abgezogen sind, zur Meditation an den Ufersaum ziehen sollte, wo die Wellen verträumt, leise an die Kiesel schlagend, ihr ewiges Wiegenlied anstimmen, haben Sie die Engelsbucht ganz für sich allein. Fast, bin ich geneigt zu sagen – die sie einrahmenden Lichtbündel der Leuchttürme von Cap d'Antibes und Cap-Ferrat blinken einander verschwörerisch zu, draußen auf dem Meer tanzende Fischerboote und unhörbar gleitende Luxuskreuzer sind in der Ferne auszumachen, die Scheinwerfer von den Landepisten des Flugplatzes schimmern wie oszillierende Sternbilder zu Ihnen herüber, die eine oder andere Ratte huscht flink vorbei, die Reinigungstrupps der Stadtbetriebe haben sich noch nicht zur Straßenreinigung aufgemacht, das nicht abreißende Großstadtrauschen unzähliger Motoren in den vergangener Stunden ist dem gelegentlichen Aufbrummen und Vorbeizischen eines Zweirads gewichen. Liegen und Stühle sind leer, gefaltete Sonnenschirme wie welkende Blüten in sich zusammengesunken. Und dann, wie aus dem Nichts, tauchen sie überall auf – zwischen parkenden Autos, unter Straßenlaternen, in Hauseingängen, auf den Stufen strandabwärts führender Treppen: junge Mädchen mit Handtaschen, hohen Stiefeln, kurzen Röckchen, Perücken und viel zu viel Make-up; junge Männer in eng anliegenden Hosen. Dutzendfach, hundertfach bevölkern sie in aller Stille das Halbrund der Riesenbucht, die Prostituierten und Transvestiten der Côte d'Azur. So international wie die Touristenschar, für deren sinnliche Befriedigung sie sich hier eingefunden haben, so kosmopolitisch wie die Leute von Nice selbst. Engel für eine Nacht, Engel der Lust. Engel für ein paar gestohlene Stunden Intimität, Lebensretter zuweilen. Eine stumme Armee der Liebenden, in gleichmäßigen Abständen auf der »Prom« in Stellung gebracht – geduldig, beherrscht, bereit. »Es kommt die Stunde«, schrieb Nizzas Hausautor Max Gallo in seinem überwältigenden *Engelsbucht*-Roman, »da man, wenn alle *jetons* auf den grünen Tisch gelegt sind, alle Schmuckstücke, sich selbst zum Einsatz bringt.«

Diese Stunde ist nun angebrochen, *les jeux sont faits*. Lange brauchen diese Engel nicht zu warten, bis jemand an ihre Himmelspforte klopft. Und wenn dann dieser Jemand vor ihnen anhält und sie mitnimmt, bleibt ihr Platz nie lange vakant.

Nissa la Bella

Unter Umständen kann es ein großer Fehler sein, sich dauerhaft auf Nice einzulassen. Ein fataler Irrtum, hier beheimatet sein zu wollen, ein folgenschweres Versehen, hier Wurzeln zu schlagen. Wer einmal Blut geleckt hat, bleibt nämlich leicht hier kleben. Das heißt, es ist natürlich nur dann ein Fehler, wenn man sich für den Rest seines Lebens noch etwas anderes vorgenommen hatte. Andernfalls kommt ein derartiges Hirngespinst einer ausgezeichneten Eingebung, einer *idée formidable* sehr nahe.

Denn Nizza verführt. Und das bereits seit immerhin 400 000 Jahren. So weit reichen die Relikte prähistorischer Ansiedlungen zurück, die man in der Grotte du Lazaret aufgespürt hat und im Musée de Terra Amata (nicht umsonst »geliebtes Land« genannt!) sorgfältig aufbewahrt und dokumentiert. Ein natürliches Amphitheater aus sanften Hügeln unterschiedlicher Höhe umrahmt, ja umarmt seit Urzeiten eine Bucht von pharaonischen Ausmaßen. Die als *phocéens* aus Massalia (Marseille) einfallenden Griechen (sie prägten »Nikaia«, zu Deutsch »Sieg«) mit ihrem namenstiftenden ligurischen Hafenstützpunkt, der heutigen Altstadt vorgelagert, und die Römer der glanzvollen, noch weitgehend friedlichen Mittelmeerherrschaft »Pax Romana« (Nicaea oder Nikaïa lauteten ihre Abwandlungen der Benennung) waren in der Antike die Ersten, die ihrer Anziehungskraft erlagen. Unabhängig voneinander stellten sie beachtenswerten urbanen Instinkt unter Beweis. Die römische Kleinkolonie Cemenelum, das heutige Cimiez, florierte binnen Kurzem im meernahen Bergland, zwei, drei Kilometer hinter der Küste, mit Thermen, Arenen und einer bewundernswert funktionstüchtigen Infrastruktur aus Straßen, Privathäusern, kanalisierten Wasserwegen und Verwaltungsgebäuden. Sie schwang sich bald zu einem wichtigen Provinzort und später zur Kapitale der schon früh eingerichteten Alpes Maritimae auf, nicht hundertprozentig identisch mit dem uns vertrauten Département der Alpes-Maritimes, während bergabwärts der griechische Einfluss verblasste. Letzterer war jedoch indirekt als Grundsteinlegung für die Existenz des mittelalterlich-neuzeitlichen *Vieux Nice* entscheidend. Miteinander in Berührung kamen die Ansiedlungen der beiden antiken Großmächte augenscheinlich kaum. Aber sie sorgten dafür, dass Nike, der Siegesgöttin, für alle Zeiten ein wichtiger Fleck auf der mediterranen Landkarte vorbehalten blieb. Bevor die Römer abzogen, ließen sie im Bergort La Turbie als stattliches *souvenir* ihrer Eroberungs- und Besatzungszeit die *Trophée des Alpes* stehen, einen imposanten Triumphbogen, Cäsar Augustus zu Ehren errichtet. Er ist hier ebenso heimisch geworden wie die Ruinen von Cimiez.

Ich selbst geriet erstmals im Februar 1992 in den Bann dieser Stadt, die so selbstsicher und stolz den Sieg für sich beansprucht und ihre antike Herkunft im Namen führt. Im bleiernen Paris war mir die Decke auf den Kopf gefallen. An der Seine wurde ich meiner Arbeit nicht mehr Herr, schien der Dauerwinter nie enden zu wollen, verfolgte mich ein regengrauer trister Himmel, schien kaum noch Luft zum Atmen vorhanden. Kurz entschlossen setzte ich mich in ein Flugzeug, landete sechzig Minuten später in einer anderen Welt, mietete ein Pensionszimmer mit Kochnische, das neben dem Beau-Rivage den Blick auf kobaltblaue Meeresweiten freigab, frühstückte am Strand, roch Pinien, spürte grenzenloses Wohlbehagen, ergötzte mich an den Schätzen des Léger-Museums, ließ den Konfettiregen der Karnevalsparaden auf meinem Haupt niedergehen, sah ausgerechnet das Musical *Oklahoma!*, eine Tourneeproduktion auf Durchreise, im Théâtre de l'Opéra und fühlte mich urplötzlich richtig glücklich. Am richtigen Ort angelangt. Ein betörendes Gift, nicht mit zerstörerischen, sondern vielmehr animierenden Stoffen, zeitigte sofortige Wirkung. Hier müsste man leben, schoss mir mehr als einmal durch den Kopf. Es sollte noch viel Zeit ins Land gehen, bis aus Gefühlen, Impulsen und Gedanken Entschlüsse wurden. Doch als nach zwölf zufriedenen Jahren in der Hauptstadt die Würfel für mich gefallen waren, ein Wegzug beschlossene Sache und die Reiserichtung Süden festgelegt, brauchte ich mich nicht lange nach einer Großstadt direkt am Meer umsehen, die alle Vorzüge zu vereinen schien: Kosmopolitismus mit französischem Anstrich, berufliche Perspektiven, ein reges, ja hyperaktives Kulturleben, relative Nähe zu Mittel- und Zentraleuropa, phantastisches Klima, sich in Grenzen haltende Umweltbelastung, bildschöne Architektur, geräumige und gerade noch erschwingliche Wohnungen, bezwingende Wander- und Ausflugsmöglichkeiten, wie sie in der Île de France Mangelware sind: warum noch in die Ferne schweifen?

Nizza war erste Wahl, als ich 2001 hierher kam. Ein Wunschort fürs neue Jahrtausend, jedenfalls was mich betraf. So übermächtig wurde mein Begehren, dass ich mich genötigt sah, mich von einigen Freunden, die das Begehren partout nicht nachvollziehen konnten, ein Stück weit zu distanzieren. Die lokalpatriotische Hymne »Viva! Viva! Nissa la bella«, 1904 vom schnauzbärtigen Barden Menica Rondelly in schwungvolle Strophen gekleidet und zwischen Var, Paillon und

Mont-Boron jedem Schulkind geläufig, wich auch mir so schnell nicht von den Lippen. Inzwischen kann ich sie auswendig.

Nizza boomt. Kaum war ich wohlbehalten angekommen und hatte Fuß gefasst, bestärkt in der Richtigkeit meines Vorhabens, wurde ich den Eindruck nicht mehr los, schuldlos Vorreiter einer internationalen Wanderbewegung gewesen zu sein. Und zwar südwärts! Italiener, Amerikaner, Ex-Pariser und in erster Linie Russen schienen es mir nachzutun und die gesamte Côte mit Beschlag zu belegen. Dem Tempo nach zu urteilen, das sie an den Tag legten, hatten sie es sehr eilig. Jede Stunde schien zu zählen. Und ein Ende dieser Masseninvasion, Neuauflage der Aufbruchseuphorie im *dix-neuvième siècle*, ist bislang nicht abzusehen. Um jedes noch so bescheidene Wohnobjekt balgen sich Interessenten aus mehreren Ländern, eigentlich unbezahlbare Traumvillen finden problemlos willige Käufer. Riesige Bargeldsummen, deren Herkunft sich wohl nie völlig klären lassen wird, wandern über und unter Ladentische, sodass ganze Stadtviertel und Hügel schon fest in der Hand bestimmter Nationen sind. Seit meiner Übersiedlung sind die Immobilienpreise um das sage und schreibe Dreifache gestiegen. Ganze Landstriche nördlich der Seealpen müssen inzwischen eigentlich verwaist sein, legt man das phänomenale Bevölkerungswachstum und den Baueifer des soeben verstrichenen Jahrfünfts als Kriterien zugrunde. Die Kapazitäten der Université de Nice sind längst überschritten, über einen Mangel an Firmenneugründungen kann sich die Region ebenfalls nicht beklagen. Boutiquen und Hotels schießen wie Pilze aus dem Boden, Pariser Galerien richten hier ihre *dépendances* ein, die Luxusherbergen sind übers Jahr verteilt zu achtzig bis neunzig Prozent ausgelastet. Und die Gefahr, dass die Innenstadtbezirke zu einem nachts abschließbaren Themenpark verkommen könnten, zur bloßen Seebadkulisse mit goldiger Altstadt zum Vorzeigen – Venedig ähnelnd, wo mehr als die Hälfte aller Zentrumsbewohner ins Umland gezogen ist –, besteht hier nicht einmal im Traum. Wer nur ein einziges Mal versucht hat, sich nach Mitternacht durch den mit Tausenden von Studenten und Kneipengängern zum Bersten voll besetzten Cours Saleya eine Schneise zu bahnen, weiß, wovon ich spreche. Und hat alle absurden Vorstellungen von Nizza als einer beschaulichen Pensionärsoase schnell hinter sich gelassen. Die Low-cost-Linien haben sich zu Dutzenden am Aéroport angesiedelt und beide Terminals fest im Griff. Zwischen zwölf und vierzehn Uhr starten und landen die Maschinen aus Skandinavien, Großbritannien, Deutschland gar im Fünfminutenabstand; Direktverbindungen bestehen nach Atlanta und New York, nach Dubai und in den Fernen Osten; allein in den deutschsprachigen Raum werden zwanzig *destinations* angeflogen. Niemand muss hier mehr den Umweg über Paris machen, obschon die Shuttleverbindung zwischen den beiden Metropolen, bis zu fünfzigmal täglich, weltweit zu den am häufigsten verkehrenden Kurzverbindungen zählt.

Die Besucher bleiben heutzutage weniger lang und kommen dafür häufiger. Sie bringen es fertig, im Flugzeug ein mitgebrachtes Sandwich zu verzehren, um Geld zu sparen, sich abends aber an einem Cocktail in der Rotonde des Negresco zu laben. Sie picknicken kostenbewusst am Strand und buchen anderntags eine Wellnesstherapie in Beaulieu. Sie decken sich mit Kleidung ein, sobald der Sommerschlussverkauf, die alljährlichen *soldes*, einsetzt, und machen abends Jagd auf die *jetons* in den Casinos. Sie kommen gern mehrmals im Jahr, wohnen bei Freunden und machen täglich internationale Bekanntschaften. Sie lassen jede Menge Euros, Dollar, Rubel im Département 06, aber sie setzen sie auf intelligente Weise ein. Nein, trotz des auf den 11. September folgenden Wirtschaftseinbruchs, der auch die Computerstandorte und Start-up-Branchen von Sophia Antipolis zwischenzeitlich nicht verschont hat, trotz der Intrigen und Machenschaften, die integraler Bestandteil der Lokalpolitik sind, trotz der beunruhigenden Einflusssphäre von real existierenden Korsen- und Russen-Mafias – diese Stadt hat es gar nicht nötig, sich um ihre Zukunft Sorgen zu machen. Ihr läuft keiner davon. Bestens gerüstet für das kommende Jahrtausend, hockt der Adler auf dem Wappen und der Flagge von Nice gleich auf drei Felsen zugleich, hat sich fest verkrallt und beweist Bodenhaftung.

Über jeden Abtrünnigen könnte Nizza also eigentlich froh sein. Nur will so schnell gar niemand wieder fort von hier!

Nizza polarisiert. Gleich vier große Plätze buhlen hier um die Gunst der Müßiggeher, Spazier- und Kneipengänger. Unangefochten der Renner ist und bleibt das Juwel der Stadt, der Cours Saleya. Keine zwanzig Meter hinter den Ponchettes positioniert, keine fünfzig hinter der Küstenlinie am ehemaligen Quai du Midi, erstreckt er sich in all seiner Pracht zwischen der Opéra, der Place Charles-Félix und der Chapelle de la Sainte-Trinité. Ein länglicher, verkehrsberuhigter, von gelbgoldenen Patrizierhäusern und spätbarocken Kapellen eingefasster Laufsteg. Vormittags Viktualien-, nachmittags Blumenmarkt, abends ein Eldorado für Kunsthandwerk, montags Flohmarkt, sonntags Buchmarkt. Zur Ruhe kommt er nie, auch nicht im Morgengrauen, wenn die Schönen der Nacht hier Station machen. Auf seinen Dutzenden von Café- und Restaurantterrassen trifft sich ganz Nice von früh bis spät zu einem Snack, zu einer Mahlzeit, auf ein *verre*. Ehemals aufgrund der Meeresnähe ein riesiges Areal zum Bauen und Reparieren von Booten, wurde er schon im 18. Jahrhundert zur innerstädtischen Flaniermeile umfunktioniert, bevor ihn bis in die frühen 1980er-Jahre ein unbeschreiblich hässlicher Altstadtparkplatz aus Sichtbeton verunstaltete. Windgeschütztes Pendant zur maritimen »Prom« mit einem kräftigen Schuss *italianità*, ist er heute und aus dem *lifestyle* der *niçois* nicht wegzudenken. Was Saleya genau bedeutet, weiß niemand so richtig. Womöglich geht der Name auf einen von findigen Mönchen unterhaltenen (Wein-)Keller (»cellar«) zurück, vielleicht auf den Salzhandel, der gleichfalls im Dreisilber anklingt; was dieser Cours (das südfranzösische Wort für *allée* oder *promenade*) als identitätsstiftende Lokalität für Nice ausmacht, weiß dagegen jeder: Hier und nirgends sonst schlägt le *cœur nissard*. Jeden Tag wird er aufs Neue in Beschlag genommen, als gigantisches *open-air*-Restaurant.

Gleich um die Ecke tritt die Place du Palais zu ihm in Konkurrenz, ein beeindruckendes leeres Rechteck zwischen der Préfecture, dem Palais des Rois Sardes, dem Palais Rusca, einem großen Brunnen, einem edlen *clocher* und dem Justizpalast. *Clochards*, Selbstdarsteller und Dixieland-Bands versammeln sich hier zum Stelldichein; brasilianische Tanzgruppen und zerstreute Passanten verulkende Pantomimen ziehen auf diesem Parvis ihre Show ab. Hier fegt in stürmischen Nächten, wenn sie verlassen daliegt, der Wind um zugige Ecken und treibt leere Bierflaschen vor sich her. Unwirtlicher als am Cours Saleya geht es an ihr allemal zu. Nicht so an der Place Garibaldi mit ihrem hübschen Baumbestand, an der oberen Spitze eines gleichschenkligen Dreiecks, gebildet aus Altstadt und Hafenviertel. Im 18. Jahrhundert angelegt, gibt sie die piemontesische Einflussnahme auf Nizza anschaulich wieder, bietet der Brüderschaft der *pénitents bleu*, die sich in der Chapelle du Saint-Sépulcre niedergelassen haben, ein würdiges Obdach – dort werden auch heute noch Messen auf Italienisch gelesen –, zieht mit einem etwas angegammelten Autorenkino die Cinéasten von Nice an und ähnelt im Ganzen einer *esplanade*, wie man sie eher irgendwo in der Poebene oder Toskana vermuten würde. Viele der unter ihren Arkaden untergebrachten Geschäfte haben gewiss bessere Zeiten gesehen, aber dafür ist das für Einkaufs-Beutezüge ideale Viertel der Antiquariate gleich eine Kurve weiter, zwischen der rue Cassini und der rue Ségurane, zu erreichen. Lissabon am ähnlichsten mit seinen umbrarot-ockerfarbenen Fassaden und Bogengängen schaut schließlich die Place Masséna aus, im

Turiner Stil erbaut und mal eine altehrwürdige, dann wieder melancholische Atmosphäre ausstrahlend. Als Tor zur Neustadt fungiert sie und als großspuriger Paradierplatz für Kundgebungen und Umzüge. In direkter Verlängerung der Avenue Jean-Médecin, als Fluchtpunkt zum Mont-Chauve hin, hat man sie als virtuellen Nabel der Hafenstadt konstruiert, an der Nahtstelle zwischen Alt und Neu. Momentan sieht sie zwar noch aus wie verwüstet, da sie den schon Jahre in Anspruch nehmenden Bauarbeiten zur Wiedereinführung der Tramlinien besonders schlimm zum Opfer gefallen ist, doch wird sie eines Tages wieder in altem Glanz erstrahlen und dabei wie geplant an Napoléons hochdekorierten Marschall Masséna erinnern, der in Nizza als Kind bescheidener Weinhändler auf die Welt kam.

In Nice sind unsichtbare soziologische Grenzlinien allerorten präsent; die unterprivilegierten Schichten zieht es eben nicht unbedingt täglich an die vier gerade beschriebenen Schauplätze. In den gesichtslosen Hochhaussiedlungen von Riquier und im Problemviertel L'Ariane nordwestlich des Zentrums brechen wie in allen Krisenherden der *grande nation* gelegentlich Unruhen aus, gehen Autos in Flammen auf, toben Krawalle, machen sich angestaute Unzufriedenheit und zur Verzweiflung treibende Perspektivlosigkeit unter Jugendlichen auf aggressive Weise Luft. Eine beunruhigend an den Rand gedrängte *banlieue*-Welt, von der die Bewohner der feinen Residenzen von Fabron und Magnan auf den Hügeln im Westen, die Appartementbesitzer der »Prom« und die Herrschaften im Russenviertel hinter der orthodoxen Kathedrale in den allermeisten Fällen keinen Schimmer haben. Die Nordafrikaner jenseits der Bahngleise und rund um den Bahnhof mit ihren Fernwählkabinen, mit deren Hilfe sie den Kontakt in exotischere Gefilde nicht abreißen lassen, die Juden in ihren Feiertagsanzügen, die man im Quartier des Musiciens auf dem Heimweg aus den Synagogen vorbeiziehen sieht, die auf Einwanderungspapiere wartenden, am Busbahnhof und im *Vieux*

Nice herumstreunenden Osteuropäer ohne Chancen, aber mit viel Hoffnung, sie alle vermischen sich nur sehr selten mit den *citoyens de bonne famille,* partizipieren kaum an den schicken Modenschauen der italienischen Handelskammer an geheim gehaltenen Orten, deren Adressen man erst Stunden vorher Eingeweihten zuraunt, werden wohl nie zu den exklusiven Pool-Partys auf der Dachterrasse des perfekt durchgestylten Hi-Hotels in der Avenue des Fleurs geladen, von der Stardesignerin und Philippe-Starck-Schülerin Matali Crasset konzipiert. Von der sommerlichen Badelust abgesehen, die irgendwann alle ergreift und durchmischt, bleibt jede Bevölkerungsgruppe, ohne dass sie es wirklich müsste, in einem abgezirkelten Bezirk für sich. Dasselbe gilt manchmal auch für die zugereisten, hier wirkenden Ausländer. Wir Deutschen sind in Nice ohnehin eine verschwindend kleine Minderheit oder *quantité négligeable.* Haben wir doch noch nicht einmal einen überzeugenden Namen für die Bewohner dieser Metropole, die kein echter *melting pot* sein will – oder soll man etwa »Nizzaner« zu den *nissards* sagen? Das klingt albern und ungelenk, als handle es sich um eine Pferderasse. Und, seien wir ganz ehrlich, eine Alternative wie »Nicerianer« würde sich gerade einmal zum zähen Zungenbrecher mausern.

Nizza nervt. Schattenseiten und Widersprüche kennt, es muss und soll wenigstens gestreift werden, auch die Perle der Côte d'Azur. Die seit Jahren in großem Stil vollmundig angekündigten Renovierungsarbeiten des Nahverkehrssystems, in dessen Zentrum die Etablierung zweier Straßenbahnlinien steht (deren Vorgänger funktionierten übrigens bis in die Siebzigerjahre bestens und fielen damals unnötig der Versenkung anheim), drohen sich derzeit zu einem Fiasko ohnegleichen auszuwachsen und sind schon jetzt eine vom Teufel gesandte Prüfung für Nerven und Geduld der Anlieger, Passanten und Geschäftsleute. Das Umpflügen und Ausweiden ganzer Straßenzüge zum Verlegen von Kabeln und Schienen scheint einfach kein Ende nehmen zu wollen. Der hauptverantwortliche Bauträger schied, nachdem ein begründeter Korruptionsverdacht inmitten des städtischen Filzes laut geworden war, mittendrin aus, die Fertigstellung hat sich nun um bereits zwei Jahre verzögert. Der unverständliche Stillstand an Baugruben und Absperrungen führt zu Staus auf allen Haupt- und Seitenachsen, beinahe täglich werden dem Verkehrschaos neue, widersinnige Umleitungen hinzugefügt. Der erste Kreis der Hölle! Wer nur irgend kann, läuft seit 2003 überall in der Innenstadt zu Fuß oder bewegt sich mit Rad oder Vespa vorwärts; ein unmögliches Unterfangen, will man beispielsweise die steilen Hügel von Gairaut erklimmen. Gegen Ende 2007 soll es nun endlich so weit sein, und die ersten Trams werden, so wünscht es sich jedenfalls der nicht aus der Ruhe zu bringende, daueroptimistische Bürgermeister, mit seligen Fahrgästen besetzt, störungsfrei die neu begrünten Boulevards hinauf- und hinabgleiten. Skepsis ist angebracht. Denn dass der Flughafen, schon jetzt für den Busverkehr nur mühsam zugänglich, unbegreiflicherweise nicht ans Tramnetz angebunden werden soll, kommt einem Schildbürgerstreich gleich.

Ein weiteres Ärgernis, das einem die Suppe ungetrübten Alltagsglücks in Nice und Umgebung gehörig versalzen kann, stellt die offensichtlich nicht in den Griff zu bekommende Kleinkriminalität dar. Ob von organisierten Banden oder zwielichtigen Individuen ausgehend, Kavaliersdelikte wird man schwerlich nennen können, was sich tagtäglich auf den Straßen der Riviera abspielt. An Ampeln, Kreuzungen und Autobahnausfahrten werden Türen aufgerissen und Hintersitze ausgeräumt; schlendernden Paaren entwendet man im Vorbeifahren auf dem Motorrad, durch einen brutalen Ruck oder einen Schnitt mit dem Messer, Handtaschen, Bargeld und Schmuck; Badende tun besser daran, mindestens zu zweit den Strand aufzusuchen und dann auch alternierend ins Wasser zu schreiten, um nach dem Schwimmen nicht, aller Habseligkeiten beraubt, in der Badehose dazustehen, aber ohne Schlüssel und Portemonnaie; am Flugplatz wurden und werden wiederholt ganze Clans unter den *bagagistes* ausgehoben, die mit systematischer Unverfrorenheit Gepäckstücke um ihren interessanten Inhalt erleichtern oder die Koffer gleich ganz verschwinden lassen. Und dies sind beileibe keine Eintagsfliegen! Hiesige Politiker lassen es mit vernehmlichen Seufzern bewenden und legen beschönigende Statistiken vor, die im traurigen Einzelfall allerdings nicht allzu viel Trost spenden dürften. In Sommernächten stehen einem Heer von Touristen und zum schnellen Klau aufgelegten Gelegenheitsdieben gerade einmal ein paar Dutzend Polizisten und Zivilstreifen gegenüber. Im Winter sind Einbrüche in leer stehende Ferienvillen so zahlreich, dass die Behörden nur noch resigniert mit den Schultern zucken können. Beides kommt förmlich einer Einladung zur Missetat gleich!

Oder das leidige Dilemma mit den kleinen bellenden Lieblingen, den *caniches, teckels,* Rehpinschern oder Pitbulls. Hunderttausende von ihnen dürften an der Côte, von *maître* oder *maîtresse* in Einzimmerappartements eingesperrt oder auf sonnendurchglühten Balkons allein ihrem Schicksal überlassen, wohl oder übel das Dasein eines Gefängnisinsassen auf Lebenszeit fristen. Eine notgedrungen schweigende Mehrheit wehrloser Tiere, die stündlich den Moment der Erleichterung herbeisehnt. Deren Spuren sind fürwahr unübersehbar. Die schon in Paris beängstigend zahlreichen Kothaufen, eine Spezialität in einem Land, das unglücklicherweise keine Hundesteuer kennt und in dem es sich keine Regierung, will sie denn wiedergewählt werden, mit den empfindlichen Besitzern der Vierbeiner durch Androhung von Sanktionen verscherzen möchte – beide Gruppen zählen ja nach Millionen! –, vermehren sich in Nice, wo jede alleinstehende Person über Fünfzig im Schnitt mindestens zwei oder drei *chiots* Gassi führt, um ein Vielfaches zu veritablen Lawinen, die keinem noch so geübten Slalomläufer ein unbeschadetes Vorbeikommen gestatten. Kurz, eine allgegenwärtige, ärgerliche und übel riechende Pest. Betreten Sie nur einmal spaßeshalber gegen sieben Uhr morgens die Trottoirs, die soeben von den städtischen Reinigungsbetrieben mit Umsicht flächendeckend sauber gesprüht worden sind – keine Viertelstunde später verunziert die matschige Bescherung wieder sämtliche Bürgersteige, so weit das Auge reicht! Halbherzige Bekämpfungsmaßnahmen verliefen bisher fruchtlos, zu prononciert sind hier *laissez-faire* und *je-m'en-foutisme*, jene so verbreitete und hier in der Tat wörtlich genommene Sch...-egal-Haltung.

Bleibt noch, über das nicht zu unterbietende »Niveau« des in enormer Auflage täglich unter die Leute gebrachten Lokalblattes *Nice-Matin*, das einst den früheren *L'Éclaireur de Nice* abgelöst hat, gleich besser den Mantel des Schweigens zu hüllen. Sensationsheischender Boulevardjournalismus im Stile einer britischen Enthüllungsgazette, peinliche *sex-and-crime*-Berichterstattung sowie ein sprachverhunzender Jargon spotten jeglicher weiteren Beschreibung. Gottlob gibt es als Alternative noch das mit eleganter Oberflächlichkeit prunkende *Côte Magazine*, eine weitaus gelungenere Mischung aus *fashion*, Klatsch und den angenehmen Seiten des Lebens unter diesem sonnenverwöhnten Himmel. Des Weiteren wird in beiden Publikationen selbstredend kein Wort über den skandalösen Umstand verloren, dass im Februar oder März in Nice und Menton für den offiziellen Einlass hinter die Faschingsabsperrungen regelrecht Wucherpreise von Touristen und Feierwilligen erhoben werden, wenn sie dabei sein möchten, wie die farbenprächtigen Umzugswagen nebst Heerscharen kostümierten, Blumen streuenden Fußvolkes in spektakulären Defilees an den Augen des Narrenvolks vorbeiziehen. Ohne mit der Wimper zu zucken, bittet einen das von grimmig dreinschauenden Türstehern und Furcht einflößenden *bodyguards* durchsetzte Ordnungspersonal hier zur Kasse. Wer also an demokratische Ausgelassenheit à la Köln, Düsseldorf, Basel oder Mainz gewöhnt ist, an Verbrüderungsszenen mit wildfremden Menschen am Straßenrand, der sieht sich hier eines Besseren belehrt – für den Gang auf die Tribünen müssen Dutzende Euros berappt werden, bevor im Inneren der hermetisch abgeriegelten Lustbarkeiten alles streng geregelt und ein wenig freudlos vonstatten geht. Dieser reglementierte Karneval besitzt nur sehr entfernte Ähnlichkeit mit dem ekstatischen närrischen Treiben in Rio oder Trinidad. Politische Persiflagen werden vermieden, Alkohol fließt nur spärlich, Bonbons werden einem während der tollen Tage auch nicht zugeworfen, Funkenmariechen sind nicht in Sicht, das Abschneiden von Krawatten würde ernstliches Befremden auslösen, und selbst zum Mitziehen, Schminken oder Verkleiden stimuliert der vom Office du Tourisme als logistische Meisterleistung ausgeklügelt organisierte Zehn-Tage-Marathon, Haupteinnahmequelle der Region und hochwillkommenes Event für Hoteliers, Gastronomen und Busunternehmen, eigentlich nicht gerade.

Wohl denjenigen, deren Freunde bereit sind, einen strategisch günstigen Balkon, direkt an der Paradestrecke gelegen, zwecks Draufsicht zur Verfügung zu stellen. Von oben betrachtet, sind die Wagen, Instrumentalgruppen, Tänzer, Akrobaten und aufmarschierenden Kinderriegen schließlich genauso schön – und sieht man gleich dahinter das funkelnde Meer in all seiner Unschuld aufblitzen, ist man alsbald wieder versöhnt mit dieser so unbarmherzig dem schnöden Mammon nachjagenden Großveranstaltung. Nizza versteht sich nun einmal sehr gut auf Maskerade und hastig aufgelegtes Make-up, macht seinem Ruf als Stadt des schönen Scheins gerade um *mardi gras* und Aschermittwoch herum alle Ehre.

Ihr ehemals so einwandfreies Image in den französischen Medien ist ordentlich angekratzt. Stoßseufzer hin oder her, daran gibt es nichts zu deuteln. Nicht ganz unschuldig an dieser Stigmatisierung ist das Blödel-Machwerk *Brice de Nice*. Eine 2005 mit Riesenerfolg in die Filmtheater gelangte tumbe

Sketchserie, in der ein langmähniger Surfer vergebens sein Teenager-Heil mit den nicht vorgefundenen Ozeanbrechern und den ihm nicht gerade wohlgesonnenen jungen *niçoises* versucht. Schadenfrohe Lacher der Kinogänger auf Kosten vermeintlich minderbemittelter Landsleute waren den tollpatschigen Liebesbemühungen dieses schlichten Gemütes sicher. *Tod*sicher sogar – die Kassen klingelten. Die Vorbehalte saßen. Übertrugen sich auf Land und Leute wie ein bornierter Bazillus. Und wie es so oft mit eilfertig angebrachten Etikettierungen geht, schon vorhandene zähe Vorurteile gegenüber der entlegenen Grenzregion am äußersten Südostende Frankreichs wurden wieder hervorgekramt und kleben seither wie Pech und Schwefel am Lackbild der Küste. Auf dem Niveau von Blondinen-Kalauern und mit jeder Menge Häme macht man sich über die ach so »oberflächliche« Kulturregion lustig. Für Kostverächter aller Couleurs ist die mutwillig lädierte Côte d'Azur auch weiterhin Synonym für einen schäbigen Freizeitpark, über den man nur entgeistert den Kopf schütteln kann. Wahlweise stellt sie einen dem Bilderbuch der Klischees entsprungenen touristischen Ladenhüter, ein Pseudo-Florida oder ein rückständiges, doch verkehrstechnisch günstig gelegenes Drehkreuz dar, von dem aus man schnell nach Korsika oder ins einsam-bewaldete *arrière-pays* entschwinden kann. Ein nur flüchtig wahrgenommenes Ferienziel, das man aufgrund eines Bedürfnisses nach Tapetenwechsel aufsucht, nie aber um seiner selbst willen. Fernsehsender und Regenbogenpresse lassen unterdessen keine Gelegenheit aus, es mit unseriöser Berichterstattung in Misskredit zu bringen – aus Neid gespeiste, rufschädigende Reportagen. Was um alles in der Welt in mich gefahren sei, mich ausgerechnet hier, im Landstrich der Mafiosi und des Schlendrians, dauerhaft niederzulassen, bin ich in der Vergangenheit so oft mit vollem Ernst gefragt worden, dass ich es inzwischen aufgegeben habe, zu schamhaft vorgetragener Rechtfertigung anzusetzen, die meine Wahlheimat gar nicht nötig hat.

Les Azuréens, in ihrer Mehrzahl Entwurzelte wie ich, Menschen, die es von irgendwoher hierhin verschlagen hat und die sich ohne mit der Wimper zu zucken als »lu Caga-blea«, als »Liebhaber« der in vielen lokalen Spezialitäten enthaltenen Mangold-Variante *blette*, verunglimpfen lassen, nehmen die Ignoranz ihrer *compatriotes* gelassen hin. Sie wissen es besser. Sie schenken der ehrfürchtigen Bewunderung durch hier lebende Ausländer und Ex-Pariser größeres Vertrauen. Sie wissen um die reiche Geschichte dieses von der Natur, den Künsten und den Künstlern privilegierten Uferstreifens. Sie wissen ferner um die gelungene Mischung aus Abstraktion, Realität und Paradieshaftigkeit, die dieser, keine 250 Kilometer langen Küste ideell zugrunde liegt. Sie haben ein hoch entwickeltes Bewusstsein von der artifiziellen und auch fragilen Identität der *French Riviera* vervollkommnet, das es ihnen erlaubt, sie wie ein Vademecum mit sich herumzutragen und für Neugierige zu öffnen. Einer Pandorabüchse gleich wird es entriegelt, und die Historie samt all ihren Histörchen, von einem Windstoß in die Luft gewirbelt, spricht sich herum und will ein weiteres Mal nacherlebt, nacherzählt werden. Wer sesshaft geworden ist an der Côte, perpetuiert diese literarische Tradition der Lebenskunst und gibt sie an ernsthaft interessierte Neuankömmlinge weiter – durch die Art, wie er sich hier aufhält. Wer hier lebt, ist stolz darauf, die »Prom« wieder und wieder entlangschreiten zu dürfen. Und hält sich, zu Recht, für das Salz in der Suppe. Für einen ausschlaggebenden Bestandteil dieser kunterbunten *Promenaden*mischung.

Einspruch erhoben bereits Erika und Klaus Mann: »Wenn Sie jetzt noch einmal hören, Nice, die Stadt am Meer, sei ›passée‹, dann fahren Sie diesem versnobten Gesellen über den Mund: er solle doch keinen Unsinn reden. Eine große Stadt *ist* nicht plötzlich passée, weil irgendeine Clique beschlossen hat, woanders wäre es schicker. Nizza, in dem 184000 Leute leben, mitten unter ihnen große Europäer arbeiten, das blaue Meer, ihren Karneval und ihre Sonne genießen, unter den schlechten Zeiten leiden, Blumen züchten und sterben.« Die Côte d'Azur ist weiß Gott besser, schöner, vielfältiger als ihr Ruf, den ihr Missgünstlinge nicht müde werden anzudichten. Eine trügerische *trompe-l'œil*-Topografie gewiss, aber mit mehreren verborgenen Schichten von Facettenreichtum dahinter, die abzutragen das größte *plaisir* bereitet. Dem deutschen Krimiautor Klaus Barski gar so sehr, dass er seinen Lesern gleich *Lebenslänglich Côte d'Azur* verordnet hat. Die Höchststrafe als Belohnung und Auszeichnung. Dem britischen Literaten Cyril Connolly dermaßen, dass er seinen Schlüsselroman *The Rock Pool* vor dem Hintergrund der Fitzgerald-Ära angesiedelt hatte. Die Menschen aus vielen Nationen, denen ich hier begegnet bin, kratzen mit Freuden an der kulturellen Fassade ihres Wohnsitzes, damit sich ihnen Überraschungen offenbaren. Sie halten Nice nicht die Arroganz der Ahnungslosigkeit entgegen – ihr Aufenthalt verdankt sich einer echten Entscheidung!

Erweist sich Nizza nach dieser Aufzählung diverser Mankos nun auf einmal als trügerische Fata Morgana? Soll man alle diese Beobachtungen als Warnungen auffassen, beherzigen und sich seine Nice-Visite davon verleiden lassen? Mitnichten! *Ne vous inquiétez pas*, alles ist nur halb so schlimm. Und dient lediglich als ernüchternder, aber letztlich auch beruhigender Beleg, dass selbst dieses Paradies nur mit kleinen Schönheitsfehlern zu haben ist …

Nizza brennt. Am 23. März 1881 war vor voll besetztem Hause im Théâtre Royal, dem Vorläufer des heutigen Operngebäudes, eine Vorstellung von Gaetano Donizettis *Lucia di Lammermoor* in vollem Gange, die Protagonistin hub an zu ihrer weltberühmten Wahnsinnsarie und drohte ihre Mitspieler und das Publikum wirkungsvoll um den Verstand zu bringen, als, von den Gaslampen an der Bühnenrampe ausgehend, ein Feuer ausbrach und, makabre Parallele zu den virtuos dargebotenen Koloraturen, mit irrsinniger Geschwindigkeit auf

Saal und gleißend erhellte Szenenbauten übergriff. Ein überspringender Funken aus der gefährlichen Gasbeleuchtung, gefolgt von einer Serie kleinerer Explosionen, hatte ausgereicht, dass der Brand, sich wie an einer Lunte weiterfressend, Vorhang, Pappmachédekorationen, Holzbestuhlung und tragischerweise auch die in engen Sitzreihen eingekerkerte Zuhörerschar in Mitleidenschaft zog; eine vernichtende Raserei auf, vor, hinter und unter der Bühne, im Orchestergraben und in den Kulissen. Wenige Minuten genügten, damit Flammen lodernd aus den wenigen Seitenfenstern des Musentempels schlugen, und während sich im Parterre die meisten Abonnenten noch in Sicherheit bringen konnten, bevor auf den oberen Rängen eine Massenpanik ausbrach, die etliche Opfer unter sich begrub, hatten die Zuschauer auf den billigen Plätzen, in den Logen, im *poulaillier* und im sogenannten *paradis* denkbar schlechte Karten: Von der Feuersbrunst umzingelt, waren sie der verheerenden Naturgewalt hilflos ausgeliefert und verbrannten größtenteils bei lebendigem Leibe. An ausreichend viele Notausgänge und Feuerleitern hatte man bei der Errichtung der Opéra offenbar nicht gedacht, was zur Folge hatte, dass am Ende der Höllennacht 63 Kadaver in der benachbarten Église Saint-François aufgebahrt werden mussten. Vom Theater blieben nur noch Grundmauern und Teile der Fassade stehen. Doch schon im Folgejahr beschloss die Stadt den Wiederaufbau im neuen Gewand und gewann dafür den aus Nice gebürtigen Architekten und Gustave-Eiffel-Schüler François Aune, der sich für seine meisterhafte ästhetische und statische Konzeption der neuen Opéra de Nice den Segen seines gefeierten Kollegen Charles Garnier, Urheber der Opernhäuser von Paris und Monte-Carlo, holte. Im Februar 1885 fand mit einer Wiedergabe von Verdis *Aida* die feierliche Wiedereröffnung des mit italienischem Pomp, mit rotem Samt überzogenen Sesselchen, dekorierten Foyers, vielen Goldverzierungen, einer Rotunde, einem Entrée und, zum Glück, auch einer Reihe von Evakuierungszugängen aufwartenden Bauwerkes statt. Es steht, *Dieu merci*, noch immer und wurde erst kürzlich einer Außenrenovierung unterzogen. Seither ist die Opéra samt ihrem ausgezeichneten Philharmonischen Orchester Publikumsmagnet und eine der Hauptattraktionen für Opernfans aus aller Welt. Teile von Berlioz' *Les Troyens* wurden hier uraufgeführt, Tschaikowskys *Eugen Onegin*, Wagners *Rheingold* und Puccinis *Manon Lescaut*, Henzes *Elegie für junge Liebende* und Milhauds *David* erlebten hier ihre jeweils erste Präsentation auf französischem Boden, 2002 erst ging die nagelneue Oper *Elephant Man* von Laurent Petitgirard in Nizza über die Bühne. Mit mehr als 150 Orchester-, Kammermusik- und Theaterabenden, Galas und Wettbewerben pro Jahr erfreuen sich das Haus und seine Veranstaltungen von oft imponierender Qualität zu Recht größter Beliebtheit.

Katastrophale Brände sind auch in allen vergangenen Jahren während der Sommermonate an der Tagesordnung gewesen, nur betrafen sie die Hügel und Wälder rund um die Côte d'Azur. Insbesondere die Gegenden um Fréjus und Saint-Raphaël hat es zuletzt stark erwischt, und fast immer waren als Brandstifter frustrierte, weil von der Rekrutierung ausgeschlossene Feuerwehrmänner heimlich am Werk. Wenn auf den völlig ausgetrockneten, sonnenverbrannten Hängen im Juli oder August auch nur an ein paar Stellen zugleich ordentlich gezündelt wird, schlagen die Flammen, vom Mistral angetrieben, grässliche Schneisen der Verwüstung in Oliven- und Pinienbaumhaine, müssen Krisenstäbe zusammentreten, Campingplätze evakuiert werden, färbt sich der azurblaue Himmel glutrot, geht ein Endzeitregen aus schwarzen, glühend heißen Rußpartikeln auf Häuser und Einwohner nieder. Zurück bleiben aschgraue, verkohlte Areale, oft mehrere Quadratkilometer umfassend. Und eine dumpfe Traurigkeit, ob der Unverantwortlichkeit menschlichen Handelns mit apokalyptischen Folgen. Leider ist der Anblick von Löschflugzeugen, den sogenannten *canadairs*, die ein ums andere Mal auftanken und sich erneut meerwasserbeschwert ins Innere des flammenden Infernos gleich hinter der Küste wagen, unterdessen zu einem ungeliebten, aber Sommer für Sommer immer vertrauteren Schauspiel an Stränden und Buchten geworden.

Nizza trauert.

Nizza begehrt auf. In der Person Catherine Séguranes, einer beherzten Frau aus dem Volke, fand es 1543 seine unsterbliche Heldin und todesmutige Pasionaria. Damals belagerten Franzosen und Türken gemeinsam, mit einer Einkesselungs- und Aushungerungstaktik, Stadt und Zitadelle von allen Seiten. Vergeblich – Nizza sollte Ausdauer und Widerstandsgeist unter Beweis stellen. Vom für seine Tapferkeit und Unerschrockenheit legendären Korsaren Barbarossa, einem türkischen Vasallen, waren Festung und Altstadt in ebenjenem Konflikt unter Dauerbeschuss genommen worden. Kanonen umstellten das Schloss, Kriegsschiffe patrouillierten dicht vorm Ufer auf und ab. Ein Albtraum für die Eingeschlossenen; Epidemien und die Schmach einer baldigen Niederlage dräuten. Resignierte Kapitulationsstimmung machte sich unter den Verteidigern breit, die endgültige Einnahme der Stadt schien nur noch eine Frage von Stunden. Der Befehl zum Versetzen des Todesstoßes, zum Stürmen der Zitadelle, wurde im selben Moment gegeben, als Catherine Ségurane, eine bis dahin unauffällige Bürgerin, beladen mit Feudel und Essenstöpfen, aus dem *Vieux Nice* hinaufgestiegen war, um den geschwächten und demoralisierten Soldaten eine Stärkung zu bringen. Kaum waren die ersten, von höhnischem Lachen verzerrten Feindesköpfe oberhalb der Zinnen erschienen, ging mit der jungen Patriotin eine Wandlung vor. Sie bewaffnete sich mit einem Messer, löste ihr Kopftuch, nahm ihren ganzen Mut zusammen, stürmte auf die angriffslustigen Widersacher ein, bemächtigte sich einer Flagge und schlug, wie vom Dämon besessen, einen Angreifer nach dem anderen in die Flucht, wüste Schreie ausstoßend und von unbändiger Willenskraft getrieben. Ihr beispielhafter Heroismus verblüffte ihre Landsleute nicht weniger als die ihren Triumph schon sicher in der Tasche wähnenden Aggressoren. Von ihrer wilden Kampfeslust und ihrem ans Übermenschliche grenzenden Wagemut angesteckt, wurden die Männer Nizzas von neuer Siegeslust gepackt. Als nur noch wenige Türken und Franzosen zum Hinaufklettern bereit waren und die meisten unter den *attaquants* sich kleinmütig und verzagt hinter ihre unten am Hang aufgestellten Waffenarsenale verschanzt hatten, drehte sich Catherine mit frivolem Übermut, zum Zeichen ihrer grenzenlosen Feindesverachtung, auf der Spitze der Festung um, kehrte ihnen frech den Rücken zu und hob mit einer koketten Geste ihre Rockschöße hoch. Eine symbolträchtige Provokation.

Auf das sich anschließende, ohrenbetäubende Gejohle beiderseits der Kampflinien folgte zwar eine noch weitere zwanzig Tage andauernde Belagerung, aber der Widerstand der Krieger von Nizza war wie von Geisterhand neu angestachelt worden, und ihnen gelang zu guter Letzt tatsächlich die völlige Abschüttelung der feindlichen Truppen. Der Rückzug Barbarossas und seiner Mannen wurde gefeiert wie eine Revolution, und Ségurane, unwissentlich eine selbstbewusste Vorreiterin der Emanzipationsbewegung, in den Rang einer mediterranen Jeanne d'Arc erhoben. In der Hitze des Gefechts war ein Mythos geboren. Eine Opferung auf dem Scheiterhaufen blieb ihr selbstverständlich erspart; ihr zu Ehren wurden stattdessen Freudenfeuer entzündet! Wohin Sie in Nice auch Ihre Schritte lenken mögen, überall werden Sie dieser heiligen Johanna des Mittelmeeres begegnen – als Zitat, als Konterfei, als Statue, als Straßenname, als *clin d'œil*, als *femme de caractère,* die selbstlos den Ruhm der Stadt gemehrt hat. »Eine heldenmütige Wäscherin, die die Türken mit ihrem Waschbleuel vertrieb und ihnen die Verlängerung ihres Rückens zeigte, lachen Sie nicht«, bat Heimatschriftsteller

Max Gallo liebevoll um Nachsicht. Dabei könnte er stolz sein: In Nizza brauchten erst gar keine ausländischen Söldner gedungen zu werden; die eigenen starken Frauen waren hier schließlich schon in grauer Vorzeit tonangebend!

Nizza schwindelt, Nizza schummelt. Die Stadt war ihrer Zeit nicht nur auf der Ebene ungewöhnlicher Rollenbilder voraus, sondern antizipierte auch hinsichtlich einer anderen Begleiterscheinung moderner westlicher Demokratien die Geschichtsschreibung, denkt man nur an die jüngste Vergangenheit – jener von offenkundigen Unstimmigkeiten bei Auszählungen nach Wahlen. In der Nachfolge des Traité de Turin, als die Karten neu gemischt wurden, man die Zuschlagung des Comté und der gesamten Agglomeration zu Frankreich aushandelte und strittige Partikel Mitteleuropas neu unter sich aufteilte, war 1860 die profranzösische, pronapoléonische Stimmung in der Stadt bereits einerseits so vehement und andererseits so abgekartet, dass anderstönende Voten beim Referendum drohten, auf der Stelle unter den Tisch gekehrt oder mundtot gemacht zu werden. Der französische Kaiser Napoléon III. und der sardische König Victor Emmanuel II. machten die Angelegenheit mit einem *gentlemen's agreement* wie einen königlichen Kuhhandel untereinander aus, sorgten aber dafür, dass der schöne Schein gewahrt und daher öffentlich proklamiert wurde, der freie Wille der Bevölkerung solle ungehindert zum Ausdruck kommen. Ohne Zwang oder äußeren Druck könne eine Entscheidung getroffen werden. Um alle beteiligten Mächte zufriedenzustellen, um das neu geordnete Staatenpuzzle intakt zu halten, um die schon zuvor getroffene Vereinbarung, Venedig solle in Zukunft zu Österreich gehören, nicht wieder rückwirkend zu gefährden, setzte man die ominöse Volksabstimmung an. Die Auswertung, von vielen als Sensation gewertet, ergab mehr als 25 000 Ja- und ganze 260 Nein-Stimmen. Ein Resultat, was auch nicht annähernd der Stimmung im Département entsprechen konnte, da ganze Fraktionen in Stadt und Land sowie mehrere Dorfgemeinschaften einhellig und lautstark ihrem Wunsch nach einem Verbleib in der (künftigen) Nation Italien Ausdruck verliehen hatten. Diesem Resultat war, es ließ sich kaum leugnen, schlicht und ergreifend ein Arrangement vorausgegangen; dem Volkswillen war nachgeholfen worden. Mit einer Mehrheit zugunsten Frankreichs hatten viele gerechnet, nicht jedoch mit einem so deutlichen Vorsprung. Einem Prozentsatz, der in seiner das Unwahrscheinliche überschreitenden Eindeutigkeit vielen Wahlergebnissen im späteren real existierenden Sozialismus zur Ehre gereicht hätte.

So begann es untergründig zu brodeln dies- und jenseits der Stadtmauern, stellenweise verlangte der kaum zu zügelnde Volkszorn Satisfaktion. In vielen entlegenen Ecken der Region, so zum Beispiel im Dörfchen La Brigue in der Nähe von Tende, das im Übrigen auch über eine eigene, wunderliche Mundart verfügt, erhoben sich Aufstände. Eine unzulänglich ausgerüstete und gegen die kaiserlichen Truppen chancenlose Dorfguerilla, die das Plebiszit als beschönigte Annexion empfand, trieb noch einige Monate lang ihr Unwesen, setzte punktuelle Sabotageaktionen und minimalen Partisanenkampf in Gang, war nicht bereit, das als Triumph ausgegebene Scheinvotum zu akzeptieren. Allein, der feste Entschluss, sich nicht unterkriegen zu lassen, konnte auf längere Sicht nichts Substanzielles gegen den neuen Status quo ausrichten. Da half es auch nichts, dass *la majorité* das mit stolzer Brust verkündete Zahlenwerk klaglos schluckte. Verdächtigerweise wurde bis heute unter den zahllosen Dokumenten aus jenem entscheidenden Wendejahr 1860, die man sogleich klassifiziert und eilfertig abgelegt hatte, hingegen nie auch nur ein einziges Bulletin mit dem Wörtchen *non* aufgefunden – womöglich, weil man davon so gut wie gar keine gedruckt hatte, womöglich, weil man sie anstelle einer korrekten Auszählung über Nacht hatte verschwinden lassen?

Das französische Kaiserreich ließ sich in jedem Fall die Signalwirkung der »demokratisch« hergestellten Wahrheitsfindung nicht mehr nehmen und zog, unter Aufbietung prunkvoller Paraden, mit Glanz und Gloria, mit dem *empereur* und der in der Folgezeit so oft schwärmerisch besungenen Kaiserin Eugénie an der Spitze, am 12. September desselben Jahres in Nice ein. Zeremonie und »Anschluss« fielen zusammen, als *l'impératrice* auf dem (damals noch nicht nach Garibaldi benannten) Platz hinter dem Hafen aus den Händen des Stadtoberhaupts die silbernen Schlüssel der Stadt empfing. Zementiert hatte man den Kraftakt mit einem schon im Juni an der Opéra aus der Taufe gehobenen Machwerk, aus der Feder von Théodore de Banville, namens *Nice française*! Nizza wurde mit allen zu Gebote stehenden Mitteln wohl oder übel staatsmännisch eingemeindet, eine neue Ära eingeläutet – mit den bekannten Folgen. Auf den Punkt gebracht, war diese Eingliederung in Ansätzen eine Mogelpackung, wenn auch voll und ganz geglückt… »Politik wird hier auf orientalische Weise betrieben. Bakschisch wird verteilt, Stimmen werden gekauft. Da gibt es eine Menge offener Hände«, wusste schon Gallo zu berichten, als längst die Trikolore über der Stadt wehte. Um gleich darauf pessimistisch zu prophezeien: »Und Ihre Anarchisten, Ihre Sozialisten, die können hier nichts werden. Nicht hier.« Bis auf den heutigen Tag sollte er recht behalten.

So ganz in den Köpfen festgesetzt hat sich »le rattachement« von 1860 aber noch nicht überall – noch heute heißt eine Parallelverbindung zur »Prom«, früher die Ausfallstraße schlechthin gen Okzident, wie in alten Tagen »rue de France«, als führte sie hinaus in die Ferne, in ein anderes Land. Und noch heute verkünden Einheimische, wenn sie ihre Großstadt westwärts verlassen und dabei den Var-Fluss überqueren müssen, mit unbewusster Gedankenlosigkeit ganz wie in alten Zeiten: »je vais en France«, »ich begebe mich nach Frankreich«! »La patrie« befindet sich also jenseits des Stromes. Erst in Villeneuve-Loubet, Saint-Laurent-du-Var und in Cagnes-sur-Mer, so hat man anzunehmen, werden verlässlich vaterländische Gefühle wach. Und in welchem Staat liegt dann Nice?

Nizza redet mit vielen Zungen. Nicht allein beim Flirt in Cafés, bei der Anmache am Strand, beim mehrsprachigen Geplänkel unter neuen Bekanntschaften wird munter in Englisch, Französisch, Italienisch, Russisch und neuerdings auch Chinesisch parliert – unter freiwilligem Ausschluss der *niçois* selbst, denen ihre exklusive Frankophonie heilig ist –, nein, beim Schlangestehen an den Kinokassen entfaltet sich der kuriose Kosmopolitismus, ein angeregter Austausch unter den geduldig Wartenden, am Eindrucksvollsten. Denn unter den zahllosen Trümpfen der Stadt stechen ihre vielen Kinos, die brandneue Filme in der untertitelten Originalversion zeigen, besonders heraus. Koreanische Streifen auf Koreanisch, albanische Autorenfilme auf Albanisch, deutsche Exportschlager auf Deutsch. Für mich persönlich ein wesentlicher Beweggrund, Nice vor anderen Mittelmeerstädten den Vorzug zu geben! Kaum haben die Filmfestspiele von Berlin oder Venedig ihre Tore geschlossen, kaum ist der rote Teppich von Cannes eingerollt, kaum beginnt die heiße Phase der Oscar-Nominierungen in den *États-Unis*, wird die Stadt am Meer mit Neuheiten beliefert, setzt in Nice der Ansturm auf die Filmtheater ein. Angebot und Nachfrage entsprechen hier ausnahmsweise einmal einander. Wer anonyme Multiplex-Schachteln mit Leinwänden in Bildschirmgröße verabscheut und nicht zwischen Supermärkten und Tankstellen Filmkunst konsumieren mag, für den sind die schummrigen, altmodischen *art-et-essai*-Kinos von Nizza, in Rufweite von Strand und Altstadt, ein gefundenes Fressen. Keinem Massenpublikumsgeschmack wird hier gehuldigt; eine überschaubare, aber lebendige Off-Film-Szene inklusive Kurzfilmfestivals, Werkschauen, Begegnungen mit Zelluloid-Legenden blüht und gedeiht – auch wenn schon einmal der Projektor Kapriolen schlägt, die Filmrolle reißt, die Klimaanlage ausfällt, das Deckenlicht mitten während der Vorführung wieder angeht. Solche Pannen lassen sich seelenruhig verschmerzen, solange ein Schwätzchen mit dem Sitznachbarn, dessen Nationalität man erst herausfinden muss, unverhoffte Ablenkung verschafft. Pink Floyds *The Wall*, an einem Hochsommerabend unter freiem Himmel auf die Marmoraußenwände des MAMAC projiziert; *Certains l'aiment chaud*, für solche, die's heiß mögen, zur Abkühlung auf der brunnenbestandenen Place de la Préfecture gezeigt – *some like it hot*, bei einer so großen Auswahl an Riesenleinwänden. Und ihnen wird daher ordentlich eingeheizt! »Ciné«, französisch Kintopp, und das gleichfalls vierbuchstabige »Nice« sind, wenn man sie ordentlich durcheinanderschüttelt, eben perfekte Anagramme. Nizza, man muss es anerkennen, verwöhnt seine Cinéasten.

Für den Avantgarde-Kinopionier Jean Vigo war diese Stadt eine Fingerübung. Mit seinem russischen Kameramann Boris Kaufmann fotografierte er im Jahre 1929 eine leichtfüßige und dennoch bedeutsame Hommage an Nizza – als launige Serie von Momentaufnahmen unter dem beiläufigen Titel *À propos de Nice*. Mittlerweile ist die tonlose Zwanzig-Minuten-Suite ein Klassiker. Denn Vigo inszenierte Nizza als Mosaik-Vision eines Alltags aus Gegensätzen: Ornamente und Menschen, Bauwerke und Bewegungen, Tiere und Typen in schnellem Kontrast. Ulkige Trickfilmeinblendungen wechseln mit soziologischen Studien aus den Armenvierteln der *vieille ville*, Friedhofsimpressionen mit der Dokumentation von Boots- und Automobilrennen. Stadtpanoramen aus der Vogelperspektive mit Feuerwerk und rollender Brandung. Karnevalsmasken und Schwellköpfe, Bettler und reiche Müßiggänger blitzen auf. Vamps in Pelzmänteln und schlafende Alte, Roulettetische und Wasserflugzeuge, Segelregatten und Tennisspieler, angeleinte Hunde und Wohlhabende mit fratzenhaft entstellten Gesichtern. Straßenmusikanten, Sonnenbrandgeschädigte und wippende Mädchenbeine. Wäscherinnen und Kinder, die Socca-Pfannen auf dem Kopf balancieren. Ein kleiner Junge mit Schiebermütze, dessen Antlitz von Hautausschlag entstellt ist. Vornehme Charlestontänzer und Soldaten, die Blumensträuße an Passanten verteilen. Möwenschwärme und eine schmutzige Hand, an der Finger fehlen. Katzen, die Abfallreste aus der Gosse fischen; rückenfreie Abendroben, deren Trägerinnen vor ihrem Prachthotel der Schlag aufgehalten wird. Elend contra Luxus. Und immer wieder Dämonisierungen: Aus einer Sitzenden wird durch Überblendung eine Nackte; aus ausgelassen Kostümierten werden mithilfe von Schnitt und Gegenschnitt Grabfiguren und verbrauchte Arbeitergesichter. Zeitraffer und Zeitlupe, Doppelbelichtungen und Verfremdungen. Qualmende Fabrikschlote und Kriegsschiffe vor Palmenkulisse, Priester und Esel, Schuhputzer und hüftenschwingend Laszive.

Dieselbe »überlegene« Kamera, die mit erstaunlicher Freizügigkeit unter die Röcke erheiterter Damen fährt, um sich strammem Schenkelfleisch und Strapsen zu nähern, verliert sich im Bauchmuskelspiel eines angeberischen halb nackten Knaben, hält auf der ordenübersäten Brust eines Generals inne, präsentiert Touristen als Marionetten ihrer Laster und Gewohnheiten. Als vielgesichtige menschliche Maskerade, hinter deren halbseidener, dürftiger Verkleidung Armut und Vergnügungssucht hindurchschimmert. Vigo verewigt, handlungslos und doch beredt, einen ganz normalen *azur*-Tag in all seiner Bandbreite, mit Hoffnung und Trostlosigkeit, mit der Euphorie einer Ferienregion und der *vie quotidienne* derer, die hier zu überleben gezwungen sind. Ein Stummfilm mit gehöriger Aussagekraft. Ein selten lebendiges Fotoalbum bewegter Bilder, das die Pforte zur Vergangenheit weit aufstößt. Ein Tagtraum.

Und, *last but not least*, Nizza wirkt Wunder. Wo doch keine neunzig Autominuten nordöstlich von hier ein überwältigendes Naturerlebnis der Sonderklasse auf Wanderbegeisterte, Meditationssüchtige und Fanatiker absoluter Stille wartet. Vallée des Merveilles heißt es mit vollem Recht, ist auf knapp 3000 Meter Höhe westlich um Tende, um den Mont-Bégo herum, unweit der Staatsgrenze zu Italien mitten im Naturpark Mercantour gelegen, von wo aus man die nochmals höheren, schneebekrönten *sommets* der italienischen Alpen ins Visier nehmen kann, und lädt zu tagelangen Exkursionen ein. Inmitten einer nahezu stillstehenden, traumhaft unberührten Szenerie aus Gletscherseen, Hochgebirgstälern, Almen, schroffen Felsformationen und, von Zeit zu Zeit, blumenbestandenen Bergwiesen. Übernachten Sie in spartanischen *refuges* mit minimalem Komfort und deftiger *nourriture*, verlieren Sie sich zwischen Berghängen und Monolithen, um die an vielen Stellen in den Fels geritzten, »wundersamen« prähistorischen Zeichnungen und Hieroglyphen zu dechiffrieren, wohnen Sie einem unvergesslichen Sonnenaufgang oberhalb der Vallée de Fontanalbe oder am Ufer des Lac Noir bei. Überwinden Sie den Pas du Diable und, bitte, holen Sie vorher meteorologische Informationen ein, um nicht mitten im August von einem tödlichen Schneesturm kalt erwischt zu werden. Gerade für in Wander-Belangen gänzlich Untrainierte werden die Ausflüge ins paradiesische Bergland schnell arg bedenklich; übernehmen Sie sich nicht!

Schon die Fahrt ins »Wundertal« können Sie stilgerecht mit einem genau dazu passenden »Wunderzug« absolvieren, denn im Sommer bricht täglich der auch noch Train des Merveilles genannte, verglaste Bummelzug pünktlich um neun Uhr früh aus dem Hauptbahnhof Nizza durch das Roya-Tal in Richtung Cuneo auf, zockelt an Saint-Roch, Cantaron und La Trinité vorbei, streckenweise der alten Salzstraße folgend, lässt Drap, Peillon und L'Escarène links und rechts liegen, windet sich nach Sospel, Breil-sur-Roya und Saorge wie in einer

Zeitlupen-Achterbahn durch zahllose Tunnel hinauf, um die Höhen von Saint-Dalmas zu erklimmen. Historisch geschulte Kommentatoren erläutern den hochinteressanten Parcours mit launigen Anekdoten und Hintergrundinformationen; wenn Sie Glück haben, auch auf Englisch. Wo immer Sie dann auch Station machen sollten, es lohnt sich: an Sonntagen werden in den verwunschenen Dörfern des *arrière-pays*, die, Lichtjahre vom mondänen Treiben der Côte getrennt, wie unter einer Zeitglocke zu existieren scheinen, Volksfeste gefeiert, Tänze aufgeführt und traditionelle Musik dargeboten, wird Kunsthandwerk ausgestellt, und natürlich erschallt auch »Nissa la bella«, im Verein mit anderen dialektal eingefärbten Folkloregesängen, aus Festzelten und Weingewölben. *Niçà la Bèla*, um genau zu sein. Summen Sie ruhig mit.

Einen weiteren Tag sollten Sie unbedingt dem steil ansteigenden *sentier Nietzsche* zwischen dem nach den Sternen greifenden Èze-Village widmen und seinem Dorfzwilling, dem mehrere hundert Meter tiefer gelegenen Èze bord-de-mer, und wie der schwermütige deutsche Philosoph das spektakulär situierte Adlernestchen im Alleingang erklimmen, weltbewegenden Gedankengängen beim Aufstieg nachhängend... Und noch eine ganze *journée* sollten Sie für den Mimosenkarneval im Dörfchen Bormes reservieren. Noch eine für die vorweihnachtliche Krippenwanderung durch Lucéram. Noch eine für eine *randonnée* rund um Valberg. Derart in den »villages empilés«, den »aufgeschichteten Dörfern«, willkommen geheißen und mit hausgemachtem Estragonwein für ausgiebige *randonnées* gestärkt, schweift der kontemplative Blick von den Schieferdächern am nächsten Berghang unwillkürlich zurück zu der am dunstigen Meeresrand noch gerade zu erkennenden Millionenstadt, von wo die heutigen Eskapaden, eine *pèlerinage* hin zu alpiner, unverdorbener Schönheit, ihren Ausgang genommen haben. Nichts steht einem Innehalten, einer Betrachtung des unverbaubaren, luftigen 360-Grad-Horizontes jetzt mehr im Weg – ein perfektes

Versprechen auf die große weite Welt. Wunderbar? *Merveilleux*!

Uns *Nizzanern*, *nissards* und *niçois*, uns *azuréens*, Assimilierten und Ausgewanderten, uns Badegästen, Bohemiens und Begeisterten bleibt es ohnehin ein ewiges Rätsel, warum in aller Welt *farniente* eigentlich ein rein italienischer Ausdruck sein soll. Als höchste Ausprägung einer Lebensform scheint er für die französische Riviera geradezu erfunden worden zu sein. Als ihr *non plus ultra*. Ohne Termindruck und ohne präzise Zielsetzung, doch als herrlich hedonistische Hauptbeschäftigung. *24 heures sur 24, 7 jours sur 7.*

Nein, werden Sie sich sagen, ich habe keinen Fehler gemacht.

Elle est bonne!

Von Badefreuden und maritimen Ritualen

Mindestens zweimal pro Tag weiß man mit Sicherheit, welche Stunde es geschlagen hat in Nizza. Nicht etwa *comme ci comme ça*, über den Daumen gepeilt, sondern auf die Minute genau. Das erste Mal um Punkt zwölf Uhr mittags. Dann nämlich erschüttert der Widerhall von »lou canoun de miejour« die Grundfesten der Stadt. Ein lauter, wuchtiger Knall, noch in der Var-Ebene und in Riquier deutlich zu vernehmen. Im *Vieux Nice* lässt er die soeben für den Mittags-*apéro* bis zum Rand gefüllten Pastisgläser leicht erzittern. Ein mit schöner Regelmäßigkeit Tag für Tag pünktlich abgegebener Kanonenschuss verursacht, jahreszeitenunabhängig, den wummernden Knall. Erschrecken Sie bitte nicht allzu sehr. Passanten vor Ihnen werden erstaunt den Kopf heben, etwas von der Detonation einer Bombe murmeln oder aber einen befriedigten Kontrollblick auf ihre Armbanduhr werfen. Weder um einen Terroranschlag noch um einen Dummejungenstreich handelt es sich bei diesem akustischen Phänomen. Der Brite Sir Thomas Coventry, knapp 150 Jahre ist es nun schon her, trägt ganz allein die Schuld an dieser nur sekundenlangen und zur lieben Gewohnheit gewordenen Lärmbelästigung. Oder, genauer gesagt, seine Frau. 1860 waren beide im Hotel Chauvin in der Altstadt abgestiegen. Den alten Haudegen, ein seinen wohlverdienten Ruhestand genießender Oberst der Armee Seiner Majestät und von alters her überzeugter Riviera-*aficionado*, brachten die von ausgiebigem Schaufensterbummel hervorgerufenen Verspätungen seiner müßiggängerischen Gemahlin gehörig auf die Palme. Nichts weiter als ihr pünktliches Zugegensein beim Mittagessen durfte er wohl als eheliche Pflicht von ihr verlangen. Nur stellte sie sich nie, aufgehalten von einem morgendlichen Schwatz in der rue Saint-François-de-Paule oder einem Einkauf in den Gassen um die Chapelle Sainte-Rita, *à l'heure du midi* ein. Die öffentlichen Uhren gingen noch dazu allesamt falsch oder nach, und *le colonel* sah sich gezwungen, sein *déjeuner* verspätet einzunehmen oder mit größtem Bedauern kalt werden zu lassen. Des Schlendrians überdrüssig, schritt er zur Tat. Eine Unterredung mit dem damaligen Bürgermeister Malausséna wirkte Wunder. Ohne viel Federlesens trug Coventry ihm vor, er trage sich mit dem Gedanken, auf seine Kosten eine Kanone anzuschaffen, sie der Stadt zu vermachen und den städtischen Beamten, der für die ehrenvolle Nebentätigkeit ihres zuverlässigen Zündens verantwortlich sein würde, ebenfalls aus eigener Tasche zu entlohnen. Gesagt, getan. Malausséna stimmte zu, zumal er das städtische Budget nicht anzutasten brauchte, und die kleine neue Kanone wurde auf einer der unteren Terrassen der *colline du château* aufgestellt. Sir Coventry ließ von nun an, ob werk- oder sonntags, wenige Sekunden vor zwölf, mit würdevoller Geste eine am Fahnenmast seines Hotels gehisste bunte Kugel zum Fallen bringen. Auf Geheiß dieses Signals feuerte der *employé* pflichtbewusst die Kanone ab, indem er eine kurze Lunte in Brand setzte. Der dumpfe Knall ertönte, der Wind trug ihn vom Cap Rauba-Capeu über die Bucht noch in die entlegensten Viertel – und ganz Nice war es zufrieden. Besonders der *colonel,* wurde ihm sein Essen doch fortan heiß und noch dazu in Anwesenheit von Mrs. Coventry aufgetragen.

Nicht zufrieden waren die *niçois* hingegen nach der Abreise ihres Gönners. Schon lange hatten sie die einander widersprechenden Zeitangaben auf Kirchtürmen und Rathausfassaden satt, und da der tugendhafte Engländer bedauerlicherweise auch die Kanone seinem Reisegepäck einverleibt hatte, war wieder chronometrisches Chaos über die soeben französisch gewordene Stadt hereingebrochen. Vehemente Proteste brachen aus. Die Verantwortlichen schufen schließlich Abhilfe und offerierten ihren orientierungslosen Bürgern eine Ersatzkanone. Der martialische Lunch-Laut wurde über die Zeitläufte hinweg zum Ritual. Ein Krach, den niemand mehr missen mochte. Selbst wenn Ihnen nichts an warmem Essen kurz nach dem Aufstehen liegen sollte, auch Sie werden ihm nicht entgehen können. Wenn heute auch, zugegebenermaßen etwas unromantisch, eine elektronische Fernsteuerung die Zündung bewirkt, halten Sie, wo immer Sie sich auch gerade in Nice aufhalten mögen, beim Erschallen des kurzen Rumms für einen Augenblick inne und bestätigen Sie sich lächelnd selbst, die Tagesmitte erfolgreich erreicht zu haben: »Il est midi!« So wird man sie beinahe für einen Einheimischen halten! Und ob und wann und mit wem Sie danach zur Mahlzeit schreiten, bleibt ganz allein Ihnen persönlich überlassen.

Das zweite Mal, weniger anekdotisch, aber umso spektakulärer, wissen Sie um zehn nach fünf Bescheid, nachmittags versteht sich, und je nach Sommer- oder Winterzeit eine Stunde früher oder später. Allerdings nur am Meer. Dann, auch an völlig windstillen Tagen ohne den geringsten Wellengang, geht in der Baie des Anges auf einmal eine große Brandungswoge nieder, von der niemand so genau sagen kann, wo sie nun eigentlich herkommt. Urplötzlich ist sie da, ohne Vorwarnung. Mit den hierzulande nur schwach ausgeprägten Gezeiten scheint sie nichts zu tun haben, mit dem Stand des Mondes auch nicht, und der Einwand, soeben sei in der Ferne ein großer Tanker oder Passagierdampfer vorbeigefahren, greift ebenso wenig – durch die Bucht von Nizza fahren *ständig* riesige Schiffe und verdrängen Wassermassen, was jedoch keine größeren Auswirkungen nach sich zieht. Haben übersinnliche Kräfte ihre Hände im Spiel? Denn meist bleibt es ja bei einer spukhaften Erscheinung, nach der man sich verwundert die Augen reibt. Wie dem auch sei, Legende, Wunder oder unerklärliche Laune der Natur, bei diesem mediterranen Mini-Tsunami ist am Strand das Geschrei groß. Überrollt die Welle doch unvermutet der Länge nach mehrere Meter Kieselfläche und mit ihr Hunderte von viel zu dicht am Meeressaum hingelagerten Badegästen. Handtücher, Sonnenschirme, abgelegte Kleidungsstücke, Bücher und Zeitungen, krabbelnde Babys, der Sonne entgegengestreckte Leiber werden gründlich überspült, für ein paar Schrecksekunden lang sogar in die ansteigende Brandung hinein entführt. Worauf die gesamte Promenade von hysterischen Schreien widerhallt, gefolgt von Gelächter an warmen Tagen, begleitet von Achselzucken; und von bösen Flüchen, wenn an einem Winternachmittag fälschlich in Sicherheit geglaubte Mäntel, Autoschlüssel, Picknickkörbe und Schuhe klitschnass geworden sind oder, schlimmer noch, ins Wasser hineingezogen werden und auf Nimmerwiedersehen verloren gehen. Nur die Routiniers, jene *nissards*, die jeden Tag der beschaulichen Betrachtung der so unberechenbaren *méditerranée* widmen, wiegen wissend – und auch ein wenig triumphierend – den Kopf: *tiens, la vague de quatre heures!* Haben sie es nicht schon vorher gewusst? Haben sie sich nicht wohlweislich hinter eine magische, unsichtbare Zwanzigmeterlinie zurückgezogen? So vorausschauend wie die Angestellten der privaten Hotelbadeanstalten, wo die vorderste Liegestuhlreihe nicht zufällig noch weit von der abschüssigen Uferkante entfernt bleibt.

Womit wir da angekommen wären, wohin es jeden Côte-Besucher oder -Bewohner früher oder später sowieso hin verschlägt: am Strand. Geben Sie es zu, auch Sie sind vorwiegend der Badefreuden wegen hierher gereist. Laut Léon-Paul Fargue »diese Sache mit den Stränden und dem Meer, von ausgebreiteten Leibern und duftenden Wellen dort unten, im angerösteten Frankreich«. Selbst die beflissensten Kulturreisenden nehmen sich zwischen zwei Museen oder drei Barockkirchen eine Auszeit, und an nur wenigen Orten dieser Welt lässt sich eine wohlige maritime Pause so ideal einlegen wie in Nizza. Das heißt, vorausgesetzt, Sie mögen Fels- und Steinstrände. Ansonsten haben Sie an der Côte ziemlich schlechte Karten. Hier dominieren allerorten *les rochers, les galets, les cailloux*. Selbstverständlich gibt es auch Sand an der Riviera, aber entweder ist er künstlich aufgeschüttet worden oder nur ganz schwer zu finden: In Antibes ist immerhin eine kleine Sandbucht Hafen und Festungsmauer vorgelagert, in Cannes und Monte-Carlo müssen Sie überall schon kräftig in die Tasche greifen, wenn Sie mit den Kieseln auf Kriegsfuß stehen – Privatstrände verfügen dort über ein Sand-Monopol, von ein paar nicht sehr attraktiven, tümpelhaften Gratisabschnitten abgesehen. Wappnen Sie sich bei Saint-Aygulf und nahe Saint-Raphaël mit Toleranz, weil Sie sich dort die schilfbestandenen Ufer notgedrungen mit Horden von grillenden Großfamilien und penetrant parlierenden Pauschaltouristen teilen werden, wenn es denn unbedingt Sand sein muss für Sie.

Glücklich werden Sandliebhaber einzig südlich und östlich von Saint-Tropez, zwischen den Caps Camarat, Taillat und Lardier, wo sich von der Baie des Cannebiers an ein Sandstrandtraum an den anderen reiht, gekrönt von den endlosen Weiten der Plages de Pampelonne, Tahiti und de l'Escalet in der Baie de Cavalaire. Einsame Fleckchen sind dies auch nicht gerade, gelten sie doch als »must« für die Reichen, Schönen und Nackten – für die Ibiza-artigen, von schicken Freiluft-Diskotheken bereicherten Strandbars gelten strenge Zugangsbestimmungen. Zufällig Hineinschneiende sind dort, inmitten der Exklusivität von Models und TV-Moderatoren, gar nicht gern gesehen. Ebenso versnobt achtet man in La Mala, am Ende des berückend vornehmen Cap d'Ail, westlich von

Monaco, auf großen Abstand zu den *ploucs* und *beaufs,* will heißen, zur trivialen Mehrheit – mit unansehnlichen Durchschnittsmenschen möchte es hier kein eleganter Badegast zu tun bekommen. Da geht es rund um Agay, in den rötlich leuchtenden Felsbuchten des Esterel, noch intimer – und demokratischer – zu. Allerdings nur, wenn Sie irgendwo einen winzigen Parkplatz finden an der engen, haarnadelkurvengekrümmten Uferstraße und keine langen Kletterwege bis in eine verschwiegene Miniatur-Bucht scheuen, die Sie für ein paar Minuten auch Ihr Eigen nennen dürfen – bis die ersten Schnorchler, und deren gibt es viele, neugierig an Ihnen vorbeipaddeln. Zuletzt noch seien passionierten Nudisten, an der Côte freilich nur stillschweigend geduldet, diskrete Fleckchen hinter Felsvorsprüngen zwischen Èze bord-de-mer und Saint-Laurent anempfohlen, doch haben Sie bitte stets Ihre Badehose in Griffweite – unvermutete Razzien von Polizeistreifen, die in Zivil um die Ecke biegen oder, mit Ferngläsern bestückt, auf einem Fischkutter dicht an der Küste vorbeituckern, sind im ach so freizügigen Südfrankreich auch heute noch an der Tagesordnung. Lange Anfahrtswege und enervierende Staus müssen überdies in Kauf genommen werden. Brechen Sie deswegen auf, bevor die Massen anrollen, am besten dann, wenn *la douce France* noch am Frühstückstisch sitzt; machen Sie im Gegenzug schon frühzeitig in Gegenrichtung kehrt, wenn die PACA-Bürger, mittagessenbeschwert, die Städte verlassen und mit ihren markant blauweißgestreiften Strandmatten siestasüchtig die besten Buchten in Besitz nehmen – oder verlängern Sie Ihren Schwimmaufenthalt bis in die Abendstunden: So kommen Sie in den Genuss unbeschwerten, fast freien Fahrens. Erwischen Sie *les foules* einfach auf dem falschen Fuß.

Treffen werden Sie an der ganzen Côte d'Azur natürlich keinen ernst zu nehmenden Menschen, der zugibt, in Nice selbst schwimmen zu gehen. Es gilt als verpönt, sich unters Volk zu mischen, sich mit *les touristes* gemein zu machen. Vorurteile kursieren wie Schmeißfliegen: die Strände seien überfüllt, das Wasser schmutzig, die Kiesel verunreinigt, voller Kippen und Bierflaschenscherben, die vielen anderen Leute sooo vulgär ... Alles falsch, alles nur Schutzbehauptungen! Für eine Stadt mit mehreren hunderttausend Einwohnern ist das Meer hier sogar erstaunlich sauber, auch im vorderen Pinkelbereich von bewundernswert türkisblauer Transparenz; alle zwanzig Minuten fahren Reinigungsboote zwischen den Badenden umher, um Strandgut, Plastiktüten und dergleichen mehr mit riesigen, seitlich ausfahrenden Fischernetzen einzusammeln – im Übrigen stammen solche »Fundstücke« meist von den wenig umweltbewussten Badewilligen selbst. Das Mitbringen von Hunden, anderen Haustieren, Radios und Gettoblastern ist strengstens untersagt, desgleichen jegliche wassersportliche Betätigung – keine Motoren, keine knatternden Jetskihornissen, keine ungeschickten Windsurfer, keine Tretbootfahrer oder Kanuten stören hier das Schwimmvergnügen.

Unbehelligt können Sie ganz weit hinausschwimmen, entlang der Bojen, so weit es Ihnen beliebt, denn auch Segelboote und Ausflugsschiffe sind gehalten, einen großen Sicherheitsabstand zu den »Prom«-Stränden einzuhalten. Nach 200 Metern sind die »echten« Schwimmer bereits unter sich, denn das Wasser in der Engelsbucht ist tief. Für Planscher, Plauderer und *les petits* steht nur der Ufersaum, wo sich die Fünf-Uhr-Welle bricht, zur Verfügung, dann fällt der Meeresboden steil ab. Stecken Sie sich ein Ziel, legen Sie sich einen Parcours zurecht, und wenn Sie sich dann, fernab des Großstadtgewühls, nach vielen hundert Zügen umdrehen, liegt sie vor Ihnen, die phantastische Kulisse Nizzas. Die Kirchturmspitzen und orangebraunen Dächer des *Vieux Nice*, die ockergelben Fassaden und Dachgiebel des Cours Saleya, die Kuppeln der Hotelpaläste, der Mont-Chauve im Hintergrund und manchmal, je nach Qualität der Sichtverhältnisse, auch der eine oder andere schneebedeckte Gipfel der Drei- und Viertausender jenseits der italienischen Grenze. Beim Zurückschwimmen können Sie in aller Ruhe sämtliche Details der grandiosen Grenzstadt in sich aufnehmen und studieren, die mutigen Felsenspringer am Cap Rauba-Capeu oder die massige Anmut der in den Hafen einschwenkenden Korsika-Fähren. Für Minuten sind Sie mit sich vollkommen im Reinen. Frei inmitten der Elemente und innig umarmt von der Côte, deren Ausdehnung Sie aus den Augenwinkeln wahrnehmen. Zum Greifen nahe, und doch unerreichbar. Entrückt wie eine an den Enden ausgefranste Kinoleinwand in Panavision. Geben Sie indessen gut acht auf die Tentakel gelegentlich vorbeiziehender Feuerquallen. Kommen Sie diesen durchsichtig-rosigen Nesseltierchen ja nicht zu nahe; mit ihren unangenehmen Verbrennungen ist nicht zu spaßen. Seien Sie auf der Hut. Profitieren Sie noch ein bisschen von der raren Einsamkeit des Langstreckenschwimmers. Mit jedem Meter nähern Sie sich, schneller als es Ihnen lieb ist, wieder der »Zivilisation«; der Geräuschpegel nimmt merklich zu. Machen Sie es, nach erfolgter Dusche, wie Ihre Artgenossen, und widmen Sie sich als Hobbyvoyeur dem systematischen Studium Ihrer Handtuchnachbarn: *people-watching* in Reinkultur. Dass nur wenige Schritte von Ihnen entfernt Bekannte aus Nizza in Ihre Zeitungslektüre vertieft sind oder einander den Rücken eincremen, wundert Sie schon lange nicht mehr: Heimlich und sich unbemerkt glaubend, wimmelt es hier nur so von Alteingesessenen. Hier gewesen zu sein und hinter anonymen Sonnenbrillengläsern einen Strandtag mitten in der Stadt genossen zu haben, würden sie anderntags nie zugeben, also brüskieren Sie sie nicht unnötig. Ignorieren Sie sich gegenseitig nach Kräften. Oder, falls doch ein Freundespaar zur unerwarteten Begrüßung ansetzen sollte, verleihen Sie Ihrer ehrlichen Wiedersehensfreude, Ihrem *plaisir* und Ihrer gut gespielten Überraschung überschwänglichen Ausdruck. Ertappen Sie Ihre Freunde nie *in flagranti*.

An den Strand gehen ist ein wenig wie zu Gast sein bei einer Hochzeitsfeierlichkeit – man weiß als Eingeladener bereits ziemlich genau, was auf einen zukommt, und doch ist es jedes Mal immer irgendwie anders und zugleich erneut schön, wobei man sich auch an den Variationsmöglichkeiten eines Rituals, an eingespielten Abläufen und ihren kleinen und großen Störungen ergötzen kann. Vorfreude und Neugier treffen wieder und wieder auf frappierende Vorkommnisse, laden zu Vergleichsmöglichkeiten ein. Zugleich, und wem wäre das noch nicht aufgefallen?, löst die unmittelbare Präsenz des Meeres unbändige Heiterkeit bei den Menschenkindern aus, die Nähe so vieler unbekleideter Körper sinnliche Regungen. Man bekommt küssende, streichelnde, begehrlich flirtende Vertreter dieser eigenwilligen *espèce humaine* zu Gesicht, ganz egal, wohin man das Blickfeld ausrichtet. Und je nachdem, wie geschult Sie als alter Hase unter den Strandgängern sind, wie ausgeprägt Ihre strandsoziologische Beobachtungsgabe ist, dürfen Sie auch heute wildesten Spekulationen freien Lauf lassen: Dicke Männer, stundenlang mit verschränkten Armen unbeweglich dastehend – bestimmt Russen. Junge Frauen mit Gucci-Imitattaschen, angeregt gestikulierend – garantiert Italienerinnen. Gruppen von mindestens zwanzig *iPod*-bekränzten Jugendlichen, aus deren Schar »oh my God«- oder »it's amazing!«-Salven ertönen – hundertprozentig Amerikaner. Tomatenrot angelaufene Bücherwürmer, die sich keine Badepause gönnen, sind Skandinavier, das maschinengewehrartig palavernde Damenduo zu Ihrer Rechten Spanierinnen, leichenhaft blasse Touristinnen mit überdimensionalen Blumenhüten kommen aus England – und das Beste ist, meistens bestätigen sich solche stereotypen Zuordnungen, sobald jemand aufsteht und einen nach der Uhrzeit fragt! Dennoch hält solch ein Paradies der Klischees einen kaum fassbaren Vorrat an Originalen bereit – da ist, topfit, die uralte, nur von einem Schlüpfer bedeckte Dame mit ihren rudernden Armbewegungen zur gymnastischen Ertüchtigung: einst hat sie

Picasso Modell gesessen, eine Fotokopie der fertigen Zeichnung bekommt jeder Strandnachbar ungefragt von ihr gezeigt. Da ist die ihren Mitmenschen ausladende Formen mit Grazie darbietende junge Dame ganz in Rosa, die es trotz eines elefantösen Körperbaus fertigbringt, sich mit Anmut gravitätisch ins Wasser gleiten zu lassen. Da sind durchtrainierte Herren in Regiestühlen aus Segeltuch, viel zu fein, um sich in eine banale Liegeposition zu begeben; da sind alte Männer mit Metalldetektoren, die von Weitem wie Geigerzähler aussehen, auf der müßigen Suche nach vergessenen Schmuckstücken oder nach Münzen. Ihre Untertassen ähnelnden Suchscheiben lassen sie in kreisenden Bewegungen, im Schneckentempo voranschreitend, mit Engelsgeduld über den Steinen schweben.

Ausgelassene Hausfrauenrudel, Pausen im Alltagseinerlei nutzend, begrüßen einander mit lautem *'Allo*. Aus einem Schwätzchen, von mitgebrachtem *café au lait* in der Thermoskanne versüßt, werden schnell ganze Nachmittage. Bebrillte Bürohengste lockern in der Mittagsstunde eng sitzende Krawatten und schlingen in Höchstgeschwindigkeit ein Sandwich herunter. Blonde Sprachstudentinnen aus Übersee oder Schweden werden, nicht immer mit Erfolg, aber stets mit unwiderstehlichem Charme *à la française*, von halbwüchsigen *adolescents* in gebrochenem Englisch angebaggert, kaum dass sie ihre Vokabelhefte auf ihr Hotelhandtuch gebettet haben. Jeder hat sein angestammtes Plätzchen, jeder wählt mit Bedacht seine wenige Quadratzentimeter große Kiesel-Parzelle – die rotweinseligen Penner, die emsigen Kreuzworträtsellöserinnen, die Mitteilungsbedürftigen. Die Endlosduscher, die ad hoc-Massagen feilbietenden Chinesinnen, die mit Sonnenschirmen hilflos Hadernden, die rücksichtslos auf Unschuldige lange Schatten werfenden Stehquatscher. Die nie mit dem Ein- und Auspacken ihrer Siebensachen fertig werdenden Organisierer und die stämmigen Burschen von der Lebensrettungsgesellschaft auf ihren Schiedsrichter-Hochsitzen. Mikrokosmen auf engstem Raum, die es schaffen, einander nie ins Gehege zu kommen. Die Schwulen etwa, wenn sie nicht gleich hinter den Betonquadern der Mole Schutz suchen, haben die an der Ostflanke situierte Castel Plage flächendeckend mit Beschlag belegt, wegen der günstiger Nähe zur Altstadt oder deshalb, weil sie von hier binnen Minuten in ihr Stammlokal Civette am Cours Saleya flitzen können.

Neuankömmlinge erkennt man sofort an ihrer unbeholfenen Fortbewegung auf den spitzen Kieseln: wie Störche, die auf glühenden Kohlen zu stolzieren gezwungen sind, schleichen sie unter Verwünschungen und Schmerzenslauten, ungelenk balancierend, in Zeitlupe vorwärts – und lassen dabei das gesamte Körpergewicht viel zu lange auf scharfen Steinen einsinken, anstatt geschwind und zielbewusst auszuschreiten. Eingeweihte tragen Felsenschuhe aus Plastik; die wahren Helden der »Prom« aber kommen barfuß perfekt zurecht. Behände eilen sie zwischen Papierkörben und Duschen hin und her, verteilen Wiedersehensküsschen, ziehen flugs von Grüppchen zu Grüppchen, als gingen sie auf weichstem Samt. Ihrer in Jahrzehnten erworbenen Côte d'Azur-Hornhaut vermögen Wehwehchen durch linkisches Kieseltreten überhaupt nichts mehr anzuhaben.

Kontrapunktiert wird so viel punktuelle, faulenzende Sesshaftigkeit vom horizontal auf- und abkreuzenden Ballett der fliegenden Verkäufer – eine Parade der Sonderklasse. Das verschwörerisch säuselnde Tee-Fräulein, der gurrende maghrebinische Kaffeebrauer, der Melonenhändler mit Piratentuch und bimmelndem Glöckchen, der *beignet*-Händler mit seinen markigen Sprüchen (»ça croque et c'est bon!« – nur wer will um Himmels willen bei dieser Gluthitze in einen heißen, schokoladegefüllten Krapfen beißen?), der einem seine Schätze mit Essstäbchen zum Probieren vor die Nase haltende Erdnussspezialist, stets in tadellosem Weiß und seinen Kunden meteorologische Prognosen aufdrängend, die vom Schleppen ihrer Kühlboxen schweißnassen Getränkeverkäufer mit ihrem frivolen Singsang aus albernen Anzüglichkeiten: Jeder von ihnen hat sich eine polyglotte Erkennungsmelodie zurückgelegt, die er als Dauer-Rap den gepeinigten Ohren potenzieller Abnehmer zumutet. Schon aus fünfzig Metern Entfernung kann man sie identifizieren, eine Polyphonie einander überbietender Anpreisungsslogans. Wohl dem, der gute Nerven hat oder sich per Kopfhörer schützen kann. Ein Entkommen bietet nur der Marsch ins Wasser. *Se baigner,* das ist ja auch vielmehr ein Untertauchen, ein sich Benetzen als wirklich Schwimmen oder Baden …

Sich »oben ohne« auf sein Badehandtuch lümmeln – auf Französisch kursiert diese einst einer Weltanschauung gleichkommende Lebenseinstellung unter der merkwürdigen Wendung *seins nus* – ist hier übrigens bereits seit Jahren out; das Tragen von Tangas, Strings oder das Zur-Schau-Stellen anderer knapper Stofffetzen dito. Die Herren bevorzugen knöchellange Riesenbermudas, die sie auf dem Heimweg gleich, nass wie sie sind, anbehalten oder zu Unterzeug umfunktionieren, oder die Körpermitte modellierende Speedos; die Damen präsentieren sich in Einteilern oder in so großformatigen Bikinis, dass ihre emanzipierten Großmütter, weiland *année soixante-neuf,* vor so viel ungebetener Prüderie empört die Nase gerümpft hätten. Gschamige Umziehballette hinter Handtüchern und Laken münden in akrobatische Verrenkungen, die nicht selten zum Gegenteil, nämlich zum penetranten Hinschauen verführen, anstatt vom hurtigen Höschenwechsel abzulenken. Auch hier sind sie, als Spielart grotesker Affentänze, eine nie versiegende Quelle fröhlicher Ungeschicklichkeit. Perplex lassen einen darüber hinaus die in ihren Enklaven hockenden Unentwegten – Menschen, die irgendwann einmal den Schwur abgelegt haben, 365 Tage im Jahr an den Strand und vor allem ins Wasser zu gehen. Ob's stürmt oder schneit (was nur sehr selten vorkommt), ob's gießt oder hagelt, diese Tapferen sind immer da, von Sonnenaufgang bis -untergang: im November oder Februar, in windgeschützten Nischen, notfalls von einem Pullover gegen Feuchtigkeit oder kalte Böen abgeschirmt. Man macht sie an ihrer wettergegerbten, schokoladenbraunen, faltigen Haut dingfest, an dem stoischen Gesichtsausdruck unbeugsamer Prinzipienreiter, an der abgehärteten Unbekümmertheit, mit der sie auch an einem eisig grauen Januarvormittag, gemächlich und nicht unter dreißig Minuten, ihre Runden drehen. Heroische Wunderwesen, gertenschlank, von zen-buddhistischer Gleichgültigkeit angesichts ungläubiger Zuschauer, gestählt durch ein erquickendes Bad *durant toute l'année.* Befragt, wie sie zu einer solchen perpetuierten Mutprobe gekommen seien, was ihnen Disziplin und Zucht persönlich bedeuteten, lassen sie Zauberworte wie »Taufe«, »Wiedergeburt«, »aus mir ist ein anderer Mensch geworden« zum Vorschein kommen. Und behaupten, wenn man jeden Tag schwimmen gehe, bemerke man das Absinken der Temperaturen im Grunde gar nicht mehr. Wenn man sie so sieht, unverdrossen untereinander kartenspielend, vermummt ausharrend, Glotzer geflissentlich ignorierend, möchte man's fast glauben. Ein Völkchen für sich – eine Glaubensgemeinschaft aus Verschworenen. Überzeugte Individualisten, dem gesunden Menschenverstand trotzend und gerade daher wohl so kerngesund. Urgestein der Côte. Wahre Insider.

»Wenn um 1900 niemand ins Wasser ging, so gehen heute zu viele ins Meer«, klagte einst bereits der Dichter Paul Morand. »Wer nicht mitten im Sommer zwischen den senkrecht abfallenden Steilwänden der *calanques* gebadet hat, der weiß nichts von der Schönheit eines Wasser, das fast so dunkel ist wie ein Saphir aus Chantaboun, weiß nichts von einem Süden, der rein, schnörkellos und sublim ist wie ein Vers von Mallarmé! Bäder am Cap d'Ail, in La Mala, einer tiefen und einsamen Bucht, von deren Existenz die Leute oben auf der Straße nichts ahnten und die durch einen beschwerlichen Abstieg beschützt ist; Bäder am Cap-Martin in den Pools meiner Freunde ... Erste Wasserskiversuche in Sainte-Maxime, Schwimmen bei Anthéor.«

An zwei Tagen im Jahr kann *par contre* jedermann und jede Frau den Badeveteranen spielen – am letzten Sonntag im Dezember vor Weihnachten zunächst, wenn das allseits beliebte Volksfest *bain de Noël* an der »Prom« abgehalten wird. Und das läuft folgendermaßen ab: Auf einer Breite von mehreren hundert Metern stehen Damen und Herren aller Altersgruppen im Kies, Kinder und Greise, nikolausmützengeschmückt und in Bademänteln, fröstelnd und freudig erregt nebeneinander am Ufer und warten auf den Startschuss. Vom Winterhimmel schweben aus Hubschraubern zünftig ausstaffierte Weihnachtsmänner, pausbäckige *pères de Noël*, mit weißen Rauschebärten, Kapuzen und roten Frotteeanzügen hinab; einige Dutzend Fischerboote bilden *au large* einen Halbkreis. Musik erklingt, Aufbruchsstimmung liegt in der Luft. Kein Zweifel, *c'est un jour de fête.* Auf Kommando eilen nun alle Teilnehmer nach vorn, kennen kein Halten mehr, reißen sich im Rennen die *peignoirs* vom Leibe und stürzen sich, allen voran der Bürgermeister von Nice in Person, ins eiskalte, adventliche Meer. Ein herrliches Bild von Weitem – Tausende von roten Pudelmützen mit Bommeln tanzen, vom Mut der Verzweiflung beseelt, auf den frostigen Wogen. Bis auf Höhe der Boote müssen die Hartgesottenen, offenbar im Besitz einer ehernen Gesundheit, schon gekommen sein, bevor sie, inzwischen blau gefroren, umdrehen dürfen. Kaum wieder an Land, setzt ein rasanter *run* auf die in Häufchen aufgetürmten Klamotten ein. Nackte Nikoläuse verwandeln sich im Handumdrehen in vorweihnachtlich dick eingepackte Spaziergänger. Schulterklopfendes Gratulieren von Mitschwimmern und Zaungästen, Becher mit dampfendem *vin chaud* zum Aufwärmen, Erinnerungs-T-Shirts, Urkunden und fürchterlich geschmacklose blaue Plastikglaspokale zum Andenken – mit eingraviertem Datum und Namen – werden allen an dieser verrückten Aktion Beteiligten zuteil. Das Ganze wiederholt sich in leicht abgewandelter Form noch einmal am Neujahrstag und heißt dann schlicht *bain du Nouvel An.* Wiederum ein

Freudenfest, wiederum ein *événement* (fast) lokaler Natur, ohne Mitwirkung von Ausländern. Andernorts werden Kränze geflochten und Kerzen angesteckt, hier riskiert man Schnupfen oder Lungenentzündung aus reinem Spaß am Mitmachen – und vielleicht auch ein ganz klein wenig zu Ehren des neugeborenen Jesuskindes oder des anbrechenden neuen Jahres.

Sicher, so wird mancher einwenden, ein buntes Kaleidoskop von Charakteren, Bohemiens, Kauzen und Cliquen findet man letztlich in variierter Form an jedem Stadtstrand der Welt vor. Aber, von Miami, Sydney, Venedig oder Los Angeles einmal abgesehen, fügen sich die *indigènes* und die Zugereisten, die *niçois, voyageurs, vacanciers* und *étrangers* wohl nur sehr selten, dicht vor den Toren einer Metropole, zu einem so kompakten, kaum entzerrbaren menschlichen Puzzle zusammen, prallen Bizarrerien und Befindlichkeiten, Usancen und Marotten so krass – und zum Glück auch so überwältigend friedlich – aufeinander. Sommertheater von Sommergästen. Showtime für den schönen Schein. Hören Sie doch einfach noch einmal genau hin, wenn eine Schar von Franzosen neben Ihnen eintrifft, Schirme aufspannt, Tücher ausbreitet und sich einer von ihnen aus der Gruppe löst, um das Wasser zu testen. Soeben haben Sie englische, italienische, deutsche oder japanische Kommentare oder Entzückungsschreie zum momentanen Zustand des Meeres vernommen, nun jedoch folgt das Original: »Elle est bonne!«, wird er oder sie begeistert ausrufen, mit dem triumphierenden Lachen eines fündig gewordenen Pfadfinders. Auf Nachfrage wird er diese Feststellung durchaus ein ums andere Mal schmetternd wiederholen, laut schreiend und fröhlich. Bis alle in den Chor einfallen, sich ihm anschließen und nach ergiebigem Eintauchen gleichfalls konstatieren: »C'est vrai, elle est bonne!« Nicht kalt oder warm, nicht zu kühl oder noch ganz schön frisch. Nicht angenehm oder unangenehm. Nicht sauber oder schmutzig. Nicht aufgewühlt oder glatt. Nicht bösartig oder gar »schlecht« (denn ein Negativ-Pendant gibt es nicht). Nein – nur »gut«. Einfach gut! Gut. Was will man mehr? Rundum bricht Zufriedenheit aus. Die Güte des Meeres und Wassers – die beide tatsächlich namentlich nie genannt werden – wird zum Tagesgespräch, zur Sensation. Spitzen Sie die Ohren beim nächsten Mal, dann hören und spüren Sie's auch!

Stellt sich zum guten Schluss – im Hochsommer jedenfalls – die Gretchenfrage: gehören Sie zu den *juilletistes* oder zu den *aoûtiens*? Zu welcher von diesen zwei bekennenden Fraktionen von Urlaubsreisenden, die der Stichtag 1. August säuberlich scheidet? Im Juli sind die Buchten dies- und jenseits von »Prom« und Croisette voll von Touristen der ganzen Welt plus von Einheimischen und einigen wenigen Franzosen, die es sich kinderlos erlauben können, schon einen Monat »früher« aufzubrechen, herrscht hektisch-betriebsame Ferienanarchie. Im »toten« achten Monat dann, wenn eine ganze Nation in den Ausstand tritt und zeitgleich eine das Land lähmende Generalpause einlegt, sind die Strände noch vollgepackter, da zusätzlich die Großfamilien aus den Nord- und Ostprovinzen des *hexagone* in die Küstenregionen der Riviera einfallen. Ganze Straßenzüge und Innenstadtviertel sind dafür seltsam verwaist. Ziehen es viele Bewohner der Côte doch vor, ähnlich den Karnevalsfeinden in Deutschland, ihrer Heimat für 31 Tage den Rücken zu kehren, mithin von der Groß-Invasion verschont zu bleiben und Verwandte oder Freunde in der Bourgogne oder Dordogne aufzusuchen. Fluchtartig suchen sie das Weite in einer, im wahrsten Sinne des Wortes, entlegenen »Sommerfrische«, wenn sie nicht ohnedies auf ihr hiesiges Privat-Boot oder ein Sommerhäuschen im bergigen Hinterland ausweichen. Juli ist also die Bewährungsprobe für die Gastronomen und Hoteliers der Region, August kennt nur Extreme – blockierte Strände an der Meeresfront, wohltuend leere Avenuen im Stadtzentrum.

Kommen Sie besser im Oktober nach Nice, wenn das Wasser noch warm und die Glut der *pleine saison* einer milderen, versöhnlicheren *douceur* gewichen ist. Wenn wieder viel Platz ist zwischen Trottoir und Meeresrand, wenn man das Rollen der Brandung und das Rasseln der unter den Wellen weggezogenen Steinmassen wieder hören kann. Wenn die salzige Brise nicht mehr nach *merguez*-Würstchen, Crêpes, Popcorn, Zuckerwatte und Sonnenöl riecht, sondern nur noch nach dem Aroma der Gischt. Wenn Sie sich erregt mit den *autochtones* über die mirakulöse Fünf-Uhr-Flut austauschen können und der Knall der Mittagskanone Sie abermals aufschreckt, als Sie gerade dabei waren, so überaus angenehm wegzudösen. Stehen Sie auf, nähern Sie sich den Fluten, schwimmen Sie los, entfernen Sie sich mit einigen kräftigen Zügen für ein paar Minuten von Nizza. Pflichten Sie dem Güteurteil bei.

Bonne – n'est-ce pas?

Socca statt Latte

Von Götterspeisen und *amuses-bouche*

Vor lauter Schlendern, Bummeln, Schauen, Baden, Schwimmen, Besichtigen und anstrengenden kulturellen Eskapaden sind Sie und ich hungrig geworden. Zeit für eine kulinarische Verschnaufpause! Wir legen sie im *Vieux Nice* ein, dort, wo Nizza am italienischsten anmutet, wo sein Flair am unwiderstehlichsten wirkt, wo Renaissance, Barock, 18. und 19. Jahrhundert zu Hause sind. Wo sich ein Labyrinth aus kurzen und langen Wegen, schattigen *ruelles*, versteckten Plätzchen, Brunnen und lichtlosen Ecken wie ein Bumerang um den Schlosshügel schmiegt, wo Wäsche wie ein vielfarbiges Zeltdach über den Fußgängern hängt. Wo sich ein gemächlicher Gang durch die schmalen Gassen mit verlangenden Blicken auf die zahllosen Gaumenfreuden bestens verbinden lässt. Wo es – eine olfaktorische Wonne – nach Olivenöl, Fett, Kräutern der Provence und Zimt duftet, wo ligurische Backwaren, zu Kegeln geschichtete Pulvermischungen, Kümmeltürmchen, selbst gemachte Ravioli und in scharfe Tunke eingelegte Paprikaschoten locken, wo einem das Wasser an jeder Straßenecke im Mund zusammenlaufen kann. Keine Angst, Sie werden jetzt nicht mit komplizierten Rezepten behelligt, bei denen schon die Rarität der erlesenen Zutaten, daheim unauffindbar, verhindert, dass Sie sie in den eigenen vier Wänden auch nur annähernd nachkochen können. Ohne dies Kapitel zu einem reinen Kochbuchexkurs ausarten zu lassen, ohne mich in der kniffligen Auflistung von Variationen und regionalen Spielarten zu verlieren, bekommen Sie Hinweise häppchenweise serviert, als handle es sich um eine spielerische *dégustation*. Solange es mir nur gelingen möge, Ihren Appetit nicht nur anzuregen, sondern Sie so oft wie möglich zum Kosten, Seufzen und Dahinschmelzen zu bringen ...

Tun Sie sich also den Gefallen und erscheinen Sie zum Rendezvous, mittendrin im Getümmel, vor dem prachtvollen genuesischen Palais Lascaris in der rue Droite. Nicht wegen der schon fast schwarz verbrannten *halal*-Grillhähnchen, die sich im Laden des Tunesiers schräg gegenüber, als mickrige *poulets rôtis*, fettglänzend um Metallstäbe drehen. Nicht wegen der nur zwei Straßenecken zurückliegenden Sehenswürdigkeit La Trappa, wo vier verschiedenfarbige Dachgiebel vor lauter Enge himmelwärts beinahe im rechten Winkel aneinanderstoßen – einem zu Tode fotografierten Postmarkenmotiv. Nicht wegen des nahe gelegenen Fischmarktes, nicht wegen der belebten Plätze Saint-François und de la Tour in der Nachbarschaft. Sondern weil Sie vom Museum des Palais Lascaris, nach der dortigen Besichtigung eindrucksvoller Balustraden, einer authentischen Apotheke aus der Mitte des *dix-huitième siècle*, reich ausgezierter Deckenmalereien und drei ornamentengeschmückter Etagen voller Einblicke in das Leben einer Familie aus hochrangigen Honoratioren von anno dazumal schnurgerade auf die sich immer weiter verjüngende, kaum noch zwei Schultern breite rue Pairolière zusteuern können. Hier und auch am Knotenpunkt von rue de la Loge und rue Centrale schlägt das Herz von *gourmands* und *gourmets* höher, hier werden frische, heiße *socca*-Stücke in Riesenpfannen, würzige *pissaladière*-Rechtecke und niedliche *petits farcis niçois* angeboten, hier hockt man wie in der Rüdesheimer Drosselgasse oder in einem zünftigen süddeutschen Biergarten einander auf Holzbänken gegenüber, schmeckt, schmatzt und schwelgt. Hemdsärmelig und ohne große Umstände. Durchreisende und Erdverbundene Ellenbogen an Ellenbogen. Ein Selbstbedienungssystem, großer Andrang vor all den dampfenden Buden und entwaffnende Aromen schaffen ein intensives Ambiente. *Convivialité* als Äquivalent von Gemütlichkeit. Es ist angerichtet!

Vielleicht kennen Sie das kaum bezähmbare Gefühl aus Urlauben in anderen französischen Städten oder Landstrichen: Ein Heißhunger nach etwas Salzigem, Deftigem, Herzhaftem überfällt einen hinterrücks als schwer zu bändigende gastronomische Attacke. Ihn auf der Stelle zu befriedigen scheint schier unmöglich, will man nicht auf die ewig gleichen Sandwiches oder Quiches zurückgreifen oder mit einer global vereinheitlichten Pizza *à emporter* vorliebnehmen. Gestopfte Kebabfladen, hierzulande pikanterweise *sandwich grec* genannt, sind auch nicht überall auf die Schnelle zu haben, schon gar nicht in Dörfern; für ein schnödes *œuf mayonnaise* oder jenen berüchtigten gratinierten Toast namens *Croque Monsieur* (die Spiegeleivariante heißt, *Dieu sait pourquoi*, nach der *Madame*!) muss man sich schon in einer Brasserie oder in einem Stehcafé niederlassen. Von Brat-, Curry- und Bockwürstchen, von essigsauren, mit Zwiebelringen garnierten Fischbrötchen gar, von Brezeln und anderem nordeuropäischen Schnabulier-Schnickschnack ist jedoch weit und breit keine Spur! Allein, die Imbissküche der Côte d'Azur kann diesem Dilemma der Geschmacksnerven abhelfen – wer gerne etwas Zuckerfreies zum Hineinbeißen »auf die Hand« möchte, ist hier goldrichtig, kann seinem Schnäuzchen oder Maul, wie die Franzosen sagen, handfestes Amüsement verschaffen: *amuses-bouche* oder *amuses-gueule* nennt man hier die Leckereien. Der Einfluss Italiens – präziser gesagt: Liguriens – hat sich an der Côte an Herd und Grill mit Macht durchgesetzt, und solche klassischen Küchentraditionen werden auch eifrig gepflegt, sowohl daheim wie auswärts. Eine treue Hinwendung zu regionalen Gewürzpflanzen und Marktprodukten ist ihr Markenzeichen – Fenchel, Basilikum, Rosmarin, Thymian, Salbei, Majoran, Bohnenkraut, Koriander und Minze führen die Kräuterhitliste an. Der maßlose Knoblauchgehalt der *cuisine niçoise* spiegelt bemerkenswertes Selbstbewusstsein (wie viele Regionalküchen in Frankreich dürfen schon, wie Lyon und Nizza, ihren Städtenamen im Titel führen?) und lässige – aber nie nachlässige! – Lebenskunst. Kunst mit jenem unverzichtbaren Knoblauch, für den es mannigfache Synonyme gibt: *le condiment divin*, das »göttliche Gewürz«, die »provenzalische Trüffel«, *l'ami de l'homme*, »der Freund des Menschen«. Hier im Süden schließt man mit ihm in der Tat eine Freundschaft fürs Leben.

Pesto und *bruschetta* gehören zum festen Inventar der *cuisine provençale* und geben unmissverständlich den Ton an – auch hier. *Indispensables* sind sie, unerlässlich. Und wie überall im Südosten Frankreichs können Sie sich nach Herzenslust selbstredend auch in und um Nice von den üblichen mediterranen Klassikern wie der *soupe au pistou* aus Hülsenfrüchten und Lauch, schmackhafter, frischer *ratatouille*, unverschämt fettiger, die Galle reizender *aïoli*, reichhaltiger *bouillabaisse* und der pfeffrig-würzigen, dunklen *soupe aux poissons* mit ihrer orangefarbenen *rouille*, einem Schlemmer-Highlight, dem nur wenige Leckermäuler widerstehen werden, verwöhnen lassen. Kleinigkeiten sind dies hingegen allesamt nicht! Probieren Sie daher zuallererst Schmankerl, die Sie nur hier finden und deren Verkostung Sie notfalls auch im Gehen bewältigen können: *premièrement*, und das ist nun fast schon Pflicht, eine Portion *socca*. Diesen hauchdünnen, auf einer Pfanne frisch servierten Kichererbsen-Pfannkuchen in Paëlla-Größe, den man in klein gerissenen Fetzen ohne Umschweife mit den Fingern verzehrt, wobei man sich beinahe die Kuppen verbrennt, und den man am besten mit einem *ballon* (Weinglas) *gris de gris* herunterspült. Das Bestellen des Weines, vorzugsweise junger Rosé aus Bellet, einem kleinen, aber feinen Anbaugebiet nordwestlich von Nice, aus Bandol oder von den Maures-Hängen, in den jeweils den Garküchen zugeordneten Schänken auf der anderen Seite der Gasse, übernimmt, während Sie noch Schlange stehen und dabei zuschauen, wie die *socca* fachmännisch vom Blech gekratzt wird, derweil Ihre Begleitung. Eine Prise Pfeffer drüberstreuen, und Sie schmecken Nice.

Als Nächstes ist eine *pissaladière* an der Reihe, ein mit Anchovis und den berühmten kleinen schwarzen Oliven von Nizza (*les petites olives noires*) reich belegter Zwiebelkuchen, der glücklicherweise weit besser mundet, als es (im Deutschen zumindest) die unerfreuliche Aussprache seines Namens vermuten ließe. Grundlage dieser so speziellen *tarte à l'oignon* ist nämlich die *pissala*, ein Sardellenpüree, das den Zwiebeln untergemischt wird. Satt werden Sie mit Sicherheit danach von den *petits farcis niçois,* mit Hackfleisch und Kräutern gefüllten Zucchini, Auberginen, Tomaten in Blümchen-, Bällchen-, Schleifchen- oder Bonbonform, die oft auch den Auftakt zu einem mehrgängigen authentischen Menü bilden – alternierend zur *petite friture*, klitzekleinen, in Mehl gesottenen Fischchen, die Sie unbesorgt mitsamt Kopf und Gräten vertilgen dürfen. Das provenzalische Fladenbrot *fougasse* ist in allen erdenklichen Präsentationsformen erhältlich. Besonders apart sind Füllungen mit Schimmelkäse, getrockneten Tomaten, mit einem *soupçon de crème fraîche* und natürlich wieder den schwarzen Olivenwinzlingen. Aufstehen sollten Sie allerdings nicht, bevor Sie sich nicht wenigstens mit den beiden Ausführungen der *tourte de blette* (oder *tourte de bléa*) vertraut gemacht haben, einem gedeckten trockenen Kuchen aus Mangold in Quadratform. Mit Puderzucker bestreut, mit gehackten Mandeln, Pinienkernen, Pastis-Tröpfchen und saftigen Korinthen angereichert, den es wahlweise süß oder salzig zu kaufen gibt. Eine Delikatesse. Diese traumhafte *tourte* geht entweder als Dessert oder als Snack für den kleinen Hunger durch und schließt sich problemlos an eine *assiette* von *sardines grillées* an. Fettige Finger bekommt man allemal bei diesem Festmahl für schmausende Flaneure, und für ein kleines improvisiertes Schwätzchen mit den noch unbekannten Tischnachbarn sorgt schon der schnell zu Kopfe steigende, dennoch leichte und bekömmliche Rosé.

Am dichtesten rücken Sie den Essgewohnheiten *à la niçoise* aber mit dem Verzehr eines *pan bagnat* auf die Pelle: eines kreisrunden, von Belag nur so überquellenden Brötchens, so ziemlich an allen Kiosken zwischen Menton und Toulon erhältlich. Als kalorienreicher, perfekter Mahlzeitersatz birgt es nur ein Risiko – bei allzu enthusiastischem Zubeißen könnte man sich leicht eine Maulsperre einhandeln... Von mehreren Esslöffeln Olivenöl und einem Quäntchen Essig großzügig durchtränkt, findet zwischen den beiden weichen Weißbrothälften, die dem triefenden *pan bagnat* nur unzureichenden Halt verleihen, alles Platz, was die Côte so zu bieten hat: Tomaten, Zwiebeln, Oliven, Sellerie, Thunfisch und Anchovis, manchmal auch Blattsalat. Man tropft und kleckert, wohlig kauend, vor sich hin. Zugegebenermaßen himmlisch – und herrlich nahrhaft! Kostverächter meinen nun schulterzuckend, das mundartlich so liebkoste *pan bagnat* (erweichtes Brot? – eingeweichtes Brot? – badendes Brot? – durchnässtes Brot?) sei nichts weiter als ein auf zwei mit Knoblauch eingeriebenen Sandwichhälften gestülpter und verteilter *Salade niçoise*. Was naturgemäß Unsinn ist – dennoch wären wir hiermit beim Stichwort, das die Nachfrage lohnt: Was genau ist und woher kommt eigentlich die Bezeichnung *Salade niçoise*?

Machen Sie die Probe aufs Exempel, und ordern Sie spaßeshalber dreißigmal dieses vermeintliche Standardgericht am selben Tag in dreißig unterschiedlichen Lokalen entlang der Küstenlinie, sei es nun in Monaco, Carros oder Cagnes. Und Sie werden Ihren Augen nicht trauen, wenn man Ihnen, nach Art und Gewichtung ihrer Ingredienzien, eine dreißigmal verschiedene Salatspeise vorsetzt. Sprich: Ein echtes Urrezept dafür gibt es offenbar überhaupt nicht! Ich habe mir, von Unruhe und Verwunderung getrieben, daraufhin die Mühe gemacht und jede Menge Spezialisten befragt, Alteingeweihte und Hobbyköche, Mitarbeiter des angesehenen Centre du Patrimoine waren darunter; ich habe zerfledderte Kochbücher in Bibliotheken gewälzt, *chefs de cuisine* und Koryphäen angeschrieben – nur um zu erfahren: Geschmacksfraktionen jeglicher Couleur liefern sich erbitterte Fehden vom Range einer weltanschaulichen Grundsatzdiskussion. Ratlosigkeit auf der einen und festzementierte Standpunkte auf der anderen Seite halten sich die Waage, und Konsens ist auch nicht im Entferntesten zu erzielen! Denn zunächst einmal enthält der *Salade niçoise* keine einzige Zutat, die nicht auch anderswo zu finden wäre. Ferner besteht Uneinigkeit, was denn nun wirklich unverzichtbar ist für seine *composition* und folgerichtig auf den Salatteller gehört: Für Puristen ist die Mitwirkung von Blattsalat darin ein Sakrileg. Nicht einmal die bitterzarten Blätter des heimischen, wild wuchernden *mesclun* (auch für andere Vorspeisenkreationen sehr zu empfehlen!) lassen sie gelten. Sogar ob hart gekochte Eier nun wirklich in Hälften oder in Schnitzen mit von der Partie sein müssen, wird hie und da angezweifelt.

Der beschlagene deutsche Sternekoch Alfons Schuhbeck, dessen feinzüngiger Kunst und immenser Erfahrung man trauen sollen dürfte, bekannte offenherzig, der *salade niçoise* lasse sich historisch einfach »nicht an einer Person oder an einem Ereignis festmachen«, beklagte, dass diesem scheinbar so bekannten Gericht weltweit »übelst mitgespielt« würde, empörte sich lautstark (»was da alles so hineinkommt, da kann einem schwindelig werden – Wahnsinn!«) und empfahl kürzlich in bewährt launiger Manier als Basisrezept – sozusagen als kleinsten gemeinsamen Nenner – schließlich folgendes Prozedere: gekochte kleine Kartoffelwürfel, in Salzwasser blanchierte und noch knackige Bohnen, halbierte Kirschtomaten, milde rote Zwiebeln, Oliven, eingelegte oder frisch angebratene Artischockenböden, Kapernäpfel, Kopfsalatherzen, abgetupften, seines Ölmantels entledigten Thunfisch aus der Dose miteinander in Einklang zu bringen, indem man ein sämig-öliges Dressing aus scharfem Dijon-Senf, Essig, Gemüse- oder Geflügelbrühe, Salz und Pfeffer nebst einer Prise Zucker unterrühre, alles vermische und das Ganze dann in eine riesige, zuvor mit Knoblauch und Ingwer sorgfältig eingeriebene Salatschüssel gebe. Alternativ zu den unvermeidlichen *anchois* und *œufs durs* riet Schuhbeck zur Anreicherung des Nizza-Salats mit Avocados, Mango oder Papaya – womit eine Perspektive in Richtung Fusion-Küche eröffnet wäre.

Zwei Thesen, deren Wahrscheinlichkeit mir mehrere Alteingesessene bestätigt haben, seien hier wenigstens angesprochen: Zum einen war der *salade niçoise* wohl lange Zeit eine Art besseres Arme-Leute-Essen wie seine fremdländischen Artgenossen Paëlla, Spaghetti oder Couscous, das man im Laufe der Jahre zu einer lokalen Spezialität nobilitieren sollte, bevor es dann seinen Siegeszug um den Globus antrat – einfach ein Gericht, in dem so ziemlich alles auf den Teller kam, was noch in der Vorratskammer verfügbar oder nicht verdorben war: klein geschnippeltes Gemüse, Eier, Fisch, eine Handvoll Pinienkerne – worüber man kurzerhand eine improvisierte *vinaigrette* kippte. Zum anderen mag es sich bei ihm um eine von zu Hause mitgebrachte Zwischenmahlzeit gehandelt haben, die traditionelle *merenda*, von den seinerzeit in Nice überwinternden Ausländern und Aristokraten gebührend bestaunt, falls sie je die Gelegenheit besaßen, Domestiken, Handwerker oder Feldarbeiter bei der Nahrungsaufnahme zu beobachten. Aus Russland, England und den Alpenländern hatten sie ihre eigenen Speisefolgen und Zutaten mitgebracht, ohne sich grundsätzlich der mediterranen Küche zu öffnen. Und was sich da auf den *assiettes* ihrer Untergebenen und anderer Einwohner Nizzas häufte, erschien ihnen, weil faszinierend und exotisch, eben als nachahmenswerte, landestypische kulinarische Zusammenstellung. In diesem Salat war halt alles enthalten, was es nur hier vor Ort gab – allen voran die simplen *crudités* –, und aus einer Banalität war ein Geheimtipp geworden, der es unterdessen an Beliebtheit mit seinen Vettern Eisbergsalat, *Caesar's salad*, dem griechischen Bauern- und dem deutschen Wurstsalat mühelos aufnehmen kann. Wenn ich einen letzten Rat hierzu geben darf: Sein Verzehr ist in der gesamten PACA-Region mit Vorsicht zu genießen. Lassen Sie sich ihn lieber privat vorsetzen, von in die Landesküche Eingespielten, die noch mit Liebe kochen und Ihnen ihre ganz spezielle Version dieses sommerfrischen Tellergerichts auftischen.

Falls Ihnen der Sinn nach noch weiteren *gourmandises* regionaler Provenienz steht, sollten Sie unbedingt die verschiedenen Abstufungen der *tapenade* versuchen, eines pechschwarzen, alle Geschmackssinne aufs Äußerste anregenden Olivenaufstrichs fürs knusprige *baguette*, seinen Zwilling, die salzig-deftige *anchoïade*, die auf zierlichen *canapés* zum erneuten *apéritif* – oder auch: *apéro* – gereicht wird, die mit Sonnenglut vollgesogenen, aromatischen *tomates séchées*, die maritim mundende *estoficada* oder *stocaficada*, ligurischer Ableger des Stockfisches beziehungsweise getrockneten Kabeljaus (manchmal auch geräucherten Schellfisches) als Ragout mit Tomaten und Kartoffeln. Gegrillte *dorade* und farcierten *loup*, in Pastis gedünstete *rougets*, pürierte *brandade de morue* und nicht zuletzt die dicken Mosaik-Schwarten der *porchetta* – schon von Weitem werden Sie der rechteckigen Glaskästen gewahr werden, in denen man ganze Ferkel, zuvor im Ofen gebacken, aufgebahrt und seitlich aufgeschnitten hat. Hinter dem rosig verbrutzelten Schnäuzchen lauern schon die dicken Scheiben, in deren Füllung sich Innereien, zartes Schweinefleisch und üppig verteilte Fenchelknöllchen eingenistet haben.

Ist noch Platz im Bauch für etwas unverfroren Sündhaftes vorhanden, müssen ein paar hundert Gramm *ganses* her, jene pergamentdünnen, nur in den wilden Karnevalswochen zu erstehenden, gekräuselten Teigstreifen, zuckrig, knusprig, zerbrechlich. Ein diskreter Hauch *fleur d'oranger,* als flüchtiges Parfüm in den Teigmantel eingewoben, entschädigt im Nu für das schlechte Gewissen beim Verspeisen dieses fragilen Naschwerks, das augenblicklich auf der Zunge zergeht. Ein Genuss, wie geschaffen für *l'heure du goûter,* jenem so beliebten, da völlig überflüssigen Nachmittagssnack, der unser deutsches Kaffee-und-Kuchen-Ritual ersetzt. *Cerise sur le gâteau,* in der Dessertsprache also das berühmte Tüpfelchen auf dem i, wäre zum Abschluss eines Leib-und-Magen-Trips durch die Riviera eine brodelnde Schüssel voll mit *daube à la niçoise aux raviolis,* einer Art Edelgulasch aus großen, gut abgehangenen Rindfleischbrocken, die stundenlang in einer Rotweinsoße vor sich hin geköchelt haben und vorher anständig mariniert worden sind. Der dickflüssige, noch Stunden später schwer im Magen liegende Bratensud entfaltet seine Wirkung am besten mit frischer *pasta* aus den Läden in den Altstadtgassen und wird kontrapunktiert mit einem *petit rouge* aus dem Argens-Tal oder von den Hängen um Saint-Tropez. Seien Sie jetzt nur nicht allzu sehr erzürnt, wenn *le garçon* das Hauptgericht lauwarm oder nahezu kalt vor Sie hinstellt: Das ist hier generell so üblich. Wohl bekomm's!

Solch vorzügliche Völlerei findet ihre Fortsetzung nur noch mit einem ausgiebigen Gang über die Märkte, ist doch Einkaufen mit der Aussicht aufs Selbermachen der beste Appetitanreger: Der größte *marché,* morgens bis mittags rund um den Cours Saleya, ist der pittoreskeste, am nettesten aufgemachte und hübscheste, aber auch der bei weitem kostspieligste; hinzu kommt, dass man hier kaum Fisch findet. Überquert man ihn aber kurz vor dreizehn Uhr, wenn sich übrig gebliebene, an den Rändern schwarze Salatblätter traurig auf dem Asphalt krümmen, die leeren Kartons der Händler eingesammelt und in Kleintransporter verfrachtet werden und das gesamte Terrain von zornig dreinblickenden Angestellten der städtischen Reinigungskolonne mit Schläuchen abgespritzt wird, ergattert man leicht noch für einen Euro oder zwei große Frischgemüserationen, dargeboten in Metallschalen, die *les marchands* kurz vor der Mittagspause auf die Schnelle loswerden wollen. *Bon marché* und geradezu perfekt für einen *pot au feu*! Hier lässt sich, wenn man gewitzt ist, auf den letzten Drücker durchaus das eine oder andere Schnäppchen machen. Außerdem kann man sich den Einkaufsbummel mit dem Kauf eines herrlichen Blumenstraußes versüßen. In puncto Fischauswahl führt, keine Frage, kein Weg um den schon erwähnten *marché* Saint-François herum, ein paar Winkelzüge weiter Richtung Norden; der Arabermarkt westlich des Paillon im Umfeld der rue Paganini und der avenue Notre-Dame kann mit unübertrefflichen Oliven, Obst und Gemüse aus dem Hinterland, mit Ziegen- und Lammfleisch aufwarten; die wahren Kenner begeben sich freilich, um von einem Riesenangebot und von günstigeren Preisen zu profitieren, für alle Artikel, Blumen und Fisch eingeschlossen, an den »Libération« genannten Großmarkt unter freiem Himmel, der sich auf die Seitenstraßen um die Avenuen Malausséna und Borriglione erstreckt. Dafür müssen Sie sich nördlich der Bahngleise zwar in ein weniger glamouröses *quartier* trollen, doch es lohnt sich – Auswahl und Vergleichsmöglichkeiten sind bestechend. Buchstäblich eine »Befreiung« erleben Sie hier – Ihr Gaumen wird es gewiss zu schätzen wissen.

Nun wollen Sie natürlich wissen, was es mit dem Restaurantangebot der Côte auf sich hat. Lebt doch der Mensch nicht von Snacks und Selberkochen allein und möchte sich gern außer Haus ein paar schöne Stunden machen, zuvorkommend bedient und kulinarisch aufs Feinste umsorgt werden. Hüten werde ich mich indessen, mich ohne Not aufs Glatteis fragwürdiger und ohnehin höchst vergänglicher Empfehlungen zu begeben. Bleiben Sie argwöhnisch, was die schnelllebige Mundpropaganda von »Tempeln« betrifft. Lassen Sie die Sterne der Lokalführer ruhig Sterne sein, deren Glanz hält ohnehin nie länger als eine Ewigkeit vor. Verlassen Sie sich auf Erfahrungswerte und Fingerspitzengefühl. Praktizieren Sie den kritischen Blick. Nichts falsch machen können Sie dagegen, je nach Größe und Fülle Ihres Geldbeutels und je nachdem, wie drastisch Ihre gastronomische *folie* ausfallen mag, mit »sicheren Werten« wie dem Mélisande im Palais Maeterlinck, dem Grand Balcon neben der Opéra und dem versnobten High Society-Treff La petite maison im selben *quartier*, der sich so edel vorkommt, dass er seine Gäste auch bei zuvor erfolgter Reservierung gern einmal achselzuckend eine halbe Stunde am Tresen stehen lässt, ohne sie mit einem Glas Champagner zu vertrösten. Wer schön dinieren will, muss eben leiden.

Teurer als in den soeben aufgezählten Etablissements geht's nimmer. Im Indyana nahe dem Boulevard Dubouchage, und damit nähern wir uns bereits einer mittelprächtigen Budgetkategorie an, relaxen Sie in asiatischer Loungeatmosphäre, im L'Âne rouge auf der Ostseite des *port* und im Padouk in der durchgestylten Panorama-Etage des Palais de la Méditerranée lässt sich ohne Reue und mit viel Vorfreude einkehren. Terres des Truffes in der rue Saint-François-de-Paule bringt das neugierige Ferkel mitsamt seinem untrüglichen Spürsinn in Ihnen zum Vorschein; bei der Chocolaterie Auer gleich nebenan decken Sie sich mit hervorragenden kandierten Früchten und Schokoladenspezialitäten, die nicht von dieser Welt zu sein scheinen, ein. Allein die Inneneinrichtung des altehrwürdigen Ladens ist einen Abstecher und einen Schnappschuss wert. Und wo wir gerade beim Einkaufen sind: Beim Olivenölhändler Alziari auf der anderen Straßenseite bleiben keine Wünsche offen – noch jeder meiner Gäste hat in dieser Schatzkammer seine Souvenireinkäufe absolviert. Schuld daran ist nicht nur die herausragende Qualität der Öle, Oliven und Tapenaden, sondern die anmutig blaue, historisierende Verpackung der kleinen Kanister und Flaschen. Die nostalgischen Gehäuse besitzen Sammlerwert.

Folgende Faustregeln können gelten: Je weiter Sie das

Hafenbecken ostwärts umrunden, desto teurer werden die Esslokale – aber auch umso besser. Meiden Sie die Fußgängerzonen, schauen Sie zweimal hin in Restaurants am Cours Saleya, an der »Prom«, im Hafen von Monte-Carlo oder an der Croisette von Cannes, und erwarten Sie vor allem keine Meisterkochleistungen in den Strandrestaurants der Luxushotels – hierher geht man allein des »schönen Sitzens« wegen. Viele wirklich exzellente Lokale liegen versteckt im *arrière-pays*, der Dorfkern von Mougins beispielsweise ist sogar eine veritable Gourmet-Hochburg. Beherzigen Sie meinen gut gemeinten Ratschlag, und misstrauen Sie der Mini-Chinatown im Komponistenviertel auf halbem Wege zwischen der Gare SNCF und dem Meer. Gehen Sie den pseudo-vietnamesischen, -laotischen, -kambodschanischen, -chinesischen Restaurants dort und ihren banalen Fünfzehn-Euro-Menüs, wenn irgend möglich, nicht auf den Leim. Denn die Côte nennt keine größere *communauté asiatique* ihr Eigen, und als dementsprechend lausig, wenn nicht empörend schlecht entpuppt sich die lieblos feilgebotene, unterdurchschnittliche und an Dosen-Fast-Food gemahnende Kost.

Auf Nummer sicher gehen Sie stattdessen im schönen, geräumigen Café de Turin an der arkadenverzierten und schattigen Place Garibaldi, seit gut anderthalb Jahrhunderten eine Institution. (Übrigens keine 200 Meter von den *socca*-Ständen entfernt.) Hier speisen Literaten und eilige Geschäftsleute, Italiener und Pariser einmütig um die Wette. Trumpf des Cafés sind seine schwer überbietbaren Meeresfrüchteplatten. Gelüstet es Sie zum Austernknacken, Seeigelschlürfen, Krebsschwänze-Sezieren und wollüstigen *bulot*-Stochern, verlassen Sie einfach die Altstadt auf ihrer Nordseite, und nehmen Sie schnurstracks »le Turin« ins Visier. Noch bis spät in die Nacht sind Sie willkommen, wenn Theatervorstellungen und Konzerte enden. Und auch das der spätbarocken Gesù-Kirche gegenüberliegende, an einem patio-artigen Platz untergebrachte gleichnamige Lokal, Inbegriff einer typischen *nissard*-Küche, kann eigentlich nie enttäuschen. Im (italienischen) Namen des Erlösers werden hier appetitliche, authentisch zubereitete Happen kredenzt. Da sich »le Gesù« überdies rühmen kann, eines der begehrtesten Stammrestaurants des Fußballclubs OGC Nice zu sein, steht man hier nicht selten Schlange. An Holztischen mitten auf der Straße und im Inneren geht es hoch her unter Fans und Zechern, bis Geräuschpegel und Gelächter das Glockengebimmel übertönen; *la France d'en bas* im besten Sinne, hier kommen Sie mit ihr auf Tuchfühlung. Dass der Ehrentag des Gottessohnes mit dem wohlverdienten Ruhetag dieses Restaurants direkt vor dem Kirchenportal zusammenfällt, braucht wohl kaum noch ausführlich erklärt zu werden – weist ein Schildchen doch explizit darauf hin: »le Gesù se repose le Dimanche!« Anders als das Gotteshaus bleibt sein gastronomisches *vis-à-vis* am siebten Wochentag, am Tag des Herrn, bibelgetreu verrammelt.

Apropos Zeiten und Termine – privaten Einladungen zu Abendessen folgt man zu relativ vorgerückter Stunde, vor neun begibt sich hier niemand zu Tisch; es empfiehlt sich folgerichtig, vorsichtshalber prophylaktisch eine Kleinigkeit einzuwerfen, um den Gastgebern nicht ausgehungert, mit knurrendem Magen gegenüberzutreten. Auch zu Mittag isst man eher spät, und von einem richtigen Frühstück kann im Grunde kaum die Rede sein. Das in nördlichen Landstrichen so beliebte Brunchen an Wochenenden, schon in Paris nicht gerade an der Tagesordnung, hat sich an den Gestaden des Mittelmeeres noch nicht durchgesetzt. Noch lieber als Gäste zu Hause empfangen oder sich gegenseitig besuchen ziehen die Côte-Bewohner aber mit ihren Freunden, dem milden Klima sei Dank, unternehmungslustig um die Häuser und legen dabei zuweilen auch hinsichtlich der Menüauswahl eine gewisse Aufgeschlossenheit an den Tag und patriotische Attitüden beiseite. Der Zeitmode geschuldete irische Pubs, englische Rugbykneipen, ubiquitäre Tapasbars, Chicha-Lounges und Sushi-Schuppen sind wie in allen *global villages* auch im

Großraum Nice über die Stadt und ihre Satelliten verstreut. Japanische Teezeremonien werden in regelmäßigen Abständen im hypermodernen Musée des Arts Asiatiques, einer Enklave der Stille inmitten des anonym wirkenden Hightech-Viertels Arenas, abgehalten. Für mehrgängige, familiengerechte Sonntagsmenüs auf dem Lande sucht man am einfachsten Gaststätten mit Terrassen in den Dörfern um Nice herum auf, in Falicon, Carros oder Gairaut, in Gilette, Pierrefeu oder Colomars, in Levens, Aspremont oder Castagniers. Mit den Füßen im Wasser tafeln kann man so zwanglos wie frei jeglicher Etikette unten in den zusammengezimmerten Strandbuden von Èze, sich elitär von der Masse abheben in den VIP-Restaurants über dem Grimaldi-Forum zu Monaco oder auf dem Dach des Festivalpalastes zu Cannes, wo selbstverständlich Krawatten- und Anzugzwang herrscht. Den mit Abstand teuersten Espresso Europas reichen Ihnen die *garçons* des Café de Paris in Monte-Carlo, genau vor dem Eingansportal des Casinos dar; dafür dürfen Sie aber auch in der ersten Reihe sitzen und lästernde Urteile über die in die edle Spielhölle einziehenden Damen und Herren der High Society fällen.

Den feinsten Honig, verpackt in unansehnlichen gelben Plastiktöpfen, die eher Sirup suggerieren, veräußern ruppige Landfrauen mit sprödem Charme im gottvergessenen Bergörtchen Tanneron, für dessen Erwerb Sie einen Halbtagsausflug in die Nähe des künstlichen Stausees Lac de Saint-Cassien investieren sollten. Sie werden es nicht bereuen! Warum man allerdings an der gesamten Côte d'Azur überall Pizza bekommt, aber nirgends einen anständigen *latte macchiato* oder *cappuccino*, und das, obwohl man hier nur wenige Kilometer Luftlinie von der italienischen Landesgrenze entfernt ist, gehört zu den ewigen Rätseln und exklusiven Marotten des (süd-)französischen Chauvinismus. (Dazu passt, dass nur die wenigsten Kellner diesseits der Riviera sich ein paar italienischer Sprachbrocken befleißigen.) Offensichtlich weigert man sich hier, und sei es auch nur punktuell, standhaft gegen kulinarisch-gastronomische Überfremdung seitens der *transalpins*, wie die Italiener hier drollig-despektierlich geschimpft werden. Und die erfolgreiche Niederlassung von amerikanischen Kaffeehausketten, deren weltumspannender Triumph zu den kulturimperialistischsten Großtaten der letzten fünfzehn Jahre zählt, gehört hier wohl noch einer fernen Zukunft an. Auch modische *bagel*s oder kanonisierte *hot-dogs* sucht man ebenso vergebens im Straßenbild von Nizza wie die ominösen Halbliterpappkartonbecher mit aufgeschäumten Milchkaffeekreationen, die Caféhaustischchen und Trottoirs im Rest der Welt verunstalten. Bravo, ist man versucht zu sagen, angesichts dieser einmaligen Widerstandsfähigkeit!

Assimilierung der Essgewohnheiten? – von wegen! Protektionismus landesüblicher Gepflogenheiten? – ebenso Fehlanzeige! Geografische Ironie und kaum zu glauben: keine zwanzig Kilometer ostwärts, gleich zwischen Menton und Ventimiglia, lautet der Name des ersten Weilers auf italienischem Boden ausgerechnet »Latte«. Nicht mehr als eine Anhäufung von Häuschen, aber diese Siedlung hat es in sich. Fallen doch genau an diesem strategischen Stützpunkt *derrière la frontière* die Côte-Bewohner an Wochenenden wie Heuschrecken ein, um sich ihre eigenen (französischen!) Spirituosen mit monströsen Hamsterkäufen für ein paar Cents weniger zu sichern. Beim nüchternen Vergleich zwischen zwei benachbarten Territorien der Euro-Zone durch die Konsumenten stürzen die so vehement verteidigten kulturellen Prinzipien dann eben doch wie ein Kartenhaus zusammen – und dies nur des schnöden Mammons wegen. So aberwitzig es klingen mag: in Latte, den Kofferraum gefüllt mit um einige Prozent Mehrwertsteuer erleichterten Pernod- und Cognacflaschen, trinkt auch so mancher *niçois* halbherzig seinen *latte macchiato*, den er in den Cafés seiner Heimatstadt stolz verschmähen würde.

An Auguste Escoffiers segensreichem Einfluss wird solche neuzeitliche Engstirnigkeit nicht gelegen haben. Diese

Legende der französischen Kochkunst erblickte 1846 in Villeneuve-Loubet, einem kleinen Vorort westlich von Nice, das Licht der Welt, um alsbald zwischen Paris, der Schweiz und London das kulinarische Können zu revolutionieren, seiner Zunft ungeahnte Höhenflüge zuzumuten und geniale gastronomische Tugenden zu propagieren. Meisterkoch Escoffier, einer der größten Söhne der Stadt und der Côte, zeichnete sich sogar durch vorbildlichen Kosmopolitismus aus, als er der australischen Opernsängerin Nellie Melba zu Ehren die Eisspezialität des Pfirsich Melba kreierte. Nur ist es im Französischen von einem von hehrer Sangeskunst veredelten Pfirsich (*pêche*) zu einer ausgemachten Sünde (*péché*) manchmal eben doch nur ein klitzekleiner Schritt und nichts weiter als eine latente Akzentverschiebung…

Gesättigt und zufrieden? Verraten sei Ihnen darüber hinaus aber unbedingt noch, wo man in Nizza an das konkurrenzlos beste *italienische* Eis (denn das gibt es sehr wohl!) herankommt: nämlich, kurz und bündig, bei Fenocchio gegenüber der Kathedrale Sainte-Réparate in der rue Rossetti. Dafür müssten Sie, *je regrette*, aber wieder zurück ins Zentrum des Ethno-Schmelztiegels *Vieux Nice* laufen, und unser am Palais Lascaris aufgenommener Rundgang schließt sich so zum perfekten Zirkel. Eissorten, von denen Sie bisher nicht zu träumen wagten, von einzigartiger Konsistenz warten dort auf Sie – Basilikumeis, Tomateneis, Lavendeleis, Pfeffereis (*glace à la vanille au poivre rose*)! Der Phantasie sind hier keine Grenzen gesetzt, geschmackliche Vorbehalte unbekannt.

Man kann davon ausgehen, dass Escoffier doch noch stolz gewesen wäre auf seine Mitbürger und Landsleute, wie sie sich an importiertem Halbgefrorenem, wenngleich »jenseits der Alpen« ersonnen, kritiklos, ja mit Hingabe delektieren – eifrig schleckende Europäer, wie sie im Buche stehen. Eine *demi-monde* aus Gleichgesinnten, ohne Berührungsängste über ihre Waffeln und Becher gebeugt.

Pyjamapolis

Antibes und sein Kap – zum Ersten, zum Zweiten und zum Dritten

Manchmal wird man das Gefühl nicht los, als stünde vieles, was mit den äußeren und inneren Gegebenheiten der Riviera zu tun hat, auf geheimnisvolle Weise mit der Ziffer Drei in Verbindung. Drei *corniches*, eine grandiose obere (*grande*, nicht *haute*!), eine praktische mittlere (*moyenne*) und eine chronisch verstopfte untere (*basse*), führen, streckenweise die römische Via Aurelia übernehmend, als Panorama-Küstenstraßen der Sonderklasse von Nice nach Menton. Drei unerhört prestigereiche Landzungen östlich von Nizza, das Cap-Ferrat, das Cap d'Ail, wo es allerdings selten nach Knoblauch duftet, und das Cap-Martin, überbieten sich gegenseitig an luxuriöser Bausubstanz, herrlichen Privatgärten, felsigen Steilküsten und phantastischen Wanderpfaden entlang dem alten *sentier littoral*. Drei abgeschiedene Îles de Levant sind Hyères und Toulon vorgelagert und bieten, neben dem Genuss intakter Natur, Gelegenheit zu introspektiven Robinsonaden, fabelhaften Unterwasser-Exkursionen und beschaulicher Einsamkeit. Drei Autobahnausfahrten, Saint-Isidore, Nice-Nord und Nice-Est, und drei Bahnhöfe, Saint-Augustin, Nice-Ville und Riquier, pumpen unablässig frisches Blut in die Metropole

Nizza. Drei stolze Festungen, von denen die eine, das Château, längst das Feld geräumt hat und von denen die beiden übrigen, Mont-Boron und Mont-Alban, durch einen attraktiven Spazierweg miteinander verbunden sind, wachen über den unangetasteten Status der Siegesgöttin Nike. Drei spektakulär und nicht weit von der Küste situierte Adlerneste, Èze, Peille und Gorbio, lechzen förmlich danach, von neugierigen Promeneuren erkundet zu werden; drei Observatorien und drei Pässe (*cols*) markieren das Hinterland. Nach La Trinité, nach der heiligen Dreifaltigkeit, heißt ein Vorort im *arrière-pays*. Und auch westwärts der Engelsbucht regiert die Dreifachausfertigung, treten hier doch gleich drei *agglomérations,* eine berückender als die andere, in den Wettstreit um die zweitschönste größere Siedlung der Côte: der Dreierpack Cannes – Mandelieu – La Bocca, die dreigeteilte Halbinsel Saint-Tropez – Cogolin – Ramatuelle und das Trio Antibes – Cap d'Antibes – Juan-les-Pins.

Aller guten Dinge sind drei, muss sich auch die jüngere Kulturgeschichte gesagt haben, als sie sich kurz entschlossen daranmachte, aus den zuletzt genannten, nichts voneinander ahnenden, im Dauerwinterschlaf vor sich hin träumenden Ortschaften einen Magnet der Mondänität entstehen zu lassen. Vor allem bei Golfe-Juan, einem gottverlassenen Kaff mit sumpfig-trüber Küstenlinie, das fälschlich Assoziationen an Spanier oder elitäre Freizeitbetägigung auf gepflegtem Kunstrasen weckte, deutete absolut nichts auf eine katapultartige Entwicklung zur High Society-Hochburg hin. Auch Antibes alias Antipolis, je nach Blickwinkel entweder Korsika, Nizza oder Genua als »Vor-Stadt« gegenübergelegen, begnügte sich seit Urzeiten damit, als kleine, unbedeutende Hafenstadt mit Festung, Fort, geduckter Altstadt und Fernsicht auf die Alpen existieren zu dürfen. Im Pinienwald des Cap d'Antibes mit seinen gezackten, brandungumtosten Gestaden schließlich verloren sich einige Gehöfte und ein pittoresker Leuchtturm.

Dabei wäre es vermutlich noch lange geblieben, hätte sich

nicht der amerikanische Song- und Musical-Komponist Cole Porter, Lebemann, Verkörperung des zur Perfektion geronnenen Entertainements und Inbegriff lässig durchgestylter *sophistication*, der vernachlässigten topografischen Trias angenommen und zwischen ermüdenden Showproduktionen am Broadway entschieden, seinem heiß geliebten Lido von Venedig ausnahmsweise einmal einen Korb zu geben, um zwei Sommer in Folge das auf dem Cap gelegene Château de la Garoupe in Beschlag zu nehmen. *Anything Goes* nannte er eine seiner erfolgreichsten Revuen, und *anything goes* galt, weil es ihm so beliebte, als Devise bald auch für das Zipfelchen Land um Antibes, auf das seine sommerliche Wahl gefallen war. 1921/22 hielt er mit Gemahlin Linda, die ihn mehr oder weniger diskret aushielt, stilvoll Hof auf dem Cap, ließ seinen Rolls-Royce nebst Chauffeur vorm Portal parken, und in den nächsten Wochen und Monaten wurden Gesellschaften abgehalten, wie sie die Côte d'Azur noch nicht gesehen hatte. Zwei Sommer nur tanzten sie, diese extravaganten Schwalben in Porters Gefolge, doch sie sollten die Welt zwischen Nice und Cannes auf Dauer auf den Kopf stellen.

Die Einheimischen dieser kleinen Weiler, deren erschreckend rudimentärer, rückwärtsgewandter Lebensstil immer noch dem harten Einerlei freudloser, verflossener Jahrhunderte verpflichtet war, erklärten Porter und seine verwöhnten VIPs rundheraus für verrückt, brachen die sich wenig um lokale Gebräuche scherenden Neuankömmlinge doch gleich mit mehreren Traditionen zugleich. Natürlich mit dreien: Sie kamen im als »viel zu heiß« eingestuften Sommer und genossen ihn auch noch. Sie badeten den ganzen Tag über, faulenzten und schwammen in den Felsbuchten, anstatt sich mit kühlem Untertauchen im eisigen Wintermeer zu ertüchtigen. Und sie waren Amerikaner. Dem einer Ferienlaune entsprungenen Eintreffen Porters war nämlich unmerklich eine fundamentale Zeitenwende vorausgegangen – die vormals die Côte bestimmenden Ausländergruppen, drei an der Zahl, Russen,

Italiener und Deutsche, waren als Kriegsverlierer oder Pechvögel der Geschichte ins zweite Glied getreten oder ganz von der Bildfläche verschwunden.

Verarmte Aristokraten aus Odessa, Tiflis oder aus einem Sankt-Petersburg, das auf einmal Leningrad hieß, vom Orkan der Oktoberrevolution in Südfrankreich angeweht oder von den Flutwellen der Denunziation als aus der neugeborenen Sowjetunion abgestoßenes Strandgut an Land gespült, verdingten sich, der Not gehorchend, als Droschkenfahrer oder Türsteher, sahen sich gezwungen, Villen und Paläste unter Wert zu versteigern, Privatbibliotheken unter Tränen aufzulösen, ihr Hab und Gut zu verscherbeln, das Unvorstellbare zu tun und tatsächlich zu arbeiten – nur um von Hungerlöhnen das Nötigste bestreiten und von der Hand in den Mund leben zu können. Immobilien wechselten zu Tausenden die Besitzer, Besitzurkunden waren das Papier, auf dem frühere Reichtümer schwarz auf weiß eingetragen wurden, nicht mehr wert, die Ortsansässigen gerieten unterdessen in noch größere, zur Verzweiflung treibende Armut als je zuvor, und in dieses brisante Pulverfass, in dieses soziologische Vakuum stießen die reisefreudigen Privilegierten der amerikanischen West- und Ostküste.

Bevor sie »lost generation« genannt wurden, feierten sie, wer wollte es ihnen verdenken, vom lächerlich günstigen Wechselkurs des Dollars profitierend, zunächst einmal ganze Jahre währende Partys, prassten und prunkten. Frauen, und das war etwas zusätzlich Unerhörtes, führten sich wie Männer auf. Trugen Hosen, rauchten, gingen alleine aus, kümmerten sich offenbar nicht um ihre Kinder oder hatten erst gar keine, gaben sich, zu drei Vierteln unbekleidet, wochenlang der Sonne hin, spazierten mit Vertretern des anderen Geschlechts, von denen nie ganz klar wurde, ob es sich bei ihnen um Ehemänner, Verlobte, Geliebte oder Bekanntschaften handelte, einher, ergingen sich auch noch nach Einbruch der Dunkelheit auf Waldwegen und Felsplateaus. Und was sie den ganzen lieben Tag lang so machten, blieb den Waschfrauen, Anglern und Tagelöhnern von Antibes ebenfalls irgendwie verborgen. Welten prallten aufeinander, materielle Gegensätze taten sich auf wie abgrundtief klaffende Bodenspalten nach einem Erdbeben. Für schlichte Gemüter aus dem Département Var, einfache Menschen, die kaum je einmal einen Pariser zu Gesicht bekommen hatten, geschweige denn von Erbe oder Leibrente in den Tag hineinlebende Bohemiens aus Neuengland oder Beverly Hills, stellten solche Anwandlungen nicht nur einen ungewohnten, unverständlichen Anblick dar, ein provozierendes Schauspiel, sondern waren ganz einfach starker Tobak.

Aller guten Dinge sind drei, um den Faden wieder aufzunehmen, und drei englischsprachige Paare waren es denn auch, die dem gerade erst aus der Taufe gehobenen, aber für kommende Investierwillige bereits teuflisch teuren Triptychon Antibes-Cap-Juan in den kommenden zwei Jahrzehnten den Stempel aufdrückten. Das erste mythische Gespann, Gerald und Sarah Murphy, trudelte, zeitgleich mit Picasso, als Gäste Porters ein. »Cole«, erinnerte sich Gerald, »besaß ungemein originelle Züge, wenn es galt, neue Orte ausfindig zu machen, die unter seiner Obhut im Handumdrehen *fashionable* wurden. Die Engländer (denn Russen gab es urplötzlich keine mehr), die sich nur für die kurze Frühlingssaison blicken ließen, vernagelten und verriegelten ihre Villen, sobald es begann, ein wenig wärmer zu werden. Als wir schließlich eintrafen, um Cole unseren Besuch abzustatten, war es heiß, Hochsommer, aber die Luft herrlich trocken und angenehm kühl gegen Abend hin, und das Wasser besaß diese wundervolle Jade- und Amethyst-Färbung. An der äußersten rechten Ecke des Kaps gab es einen winzigen Strand, *la Garoupe*, nur gerade einmal vierzig *yards* lang und mit einer Schicht aus Seetang bedeckt, die nahezu vier Fuß dick gewesen sein muss. Wir schaufelten uns ein Stückchen von diesem Strand frei, besetzten es, badeten und schwammen dort, saßen in der Sonne und entschieden spontan, dass dies der Ort sei, an dem wir schon immer sein sollten. Seltsamerweise kam Cole nie wieder hierher zurück…«

In der Tat, seltsamerweise gab Porter urbaner Unterhaltung an Markusplatz und Seufzerbrücke bald den Vorzug, und die Murphys, eigentlich anfangs eher Valescure bei Saint-Raphaël zugetan, blieben. Schwer getroffen vom *coup de foudre*, jenem Blitzschlag, mit dem die Franzosen, brutal und treffend, gern den Zustand entrückten, augenblicklichen Verliebtseins bezeichnen. »Schlagartig« also ließen sie sich nieder. Was sie in den nächsten Jahren erlebten, traf die Gegend wie beflügelnde Blitze mitten ins Herz und liest sich wie eine Paraphrase der Vorkommnisse in Fitzgeralds genau hier angesiedeltem Roman *Zärtlich ist die Nacht*, für dessen Hauptfiguren Dick und Nicole Diver Gerald und Sarah Pate stehen sollten. Die Traumlektüre eines ganzen Zeitalters. John Dos Passos, ein weiterer maßstabsetzender Romancier an der Schwelle zur Moderne, oftmals zu Gast in Antibes, porträtierte sie so: »Das ideale Paar«, von dem Zelda und Scott Fitzgerald geträumt hatten, das Paar, das sie in ihrer Phantasie so lange wirkungsmächtig zusammensetzten, bis es die Realität nur noch nachzuahmen brauchte, »gab es unversehens in der Wirklichkeit«. Das Quartett, das alle geltenden Koordinaten an der Riviera eigenmächtig verschieben sollte, begegnete sich erstmals im Laufe des Sommers 1924 im Hôtel du Cap. »Die Murphys waren reich«, fuhr Dos Passos fort. »Und sie waren schön. Sie kleideten sich auf virtuose Weise. Sie kannten sich in allen Künsten aus. Sie besaßen unbeschreibliches Talent, Gäste zu empfangen. Sie hatten die oberste Sprosse der menschlichen Erfolgsleiter erklommen. Sie stellten das personifizierte Vermögen dar, den fleischgewordenen Glücksfall.«

Expatriates par excellence, aus Cincinnati respektive Boston gebürtig, waren sie im kosmopolitischen Paris der *roaring twenties*, ohne Zeit zu vertändeln, in den Dunstkreis Hemingways, Gertrude Steins und Dorothy Parkers geraten, um über Nacht selbst tonangebend zu werden. Aus Mitläufern wurden *fashion makers.* Raffinement war ihr Markenzeichen. Wie nur wenige zuvor besaßen sie Leichtfertigkeit, Luxus und Laszivität, als geborene Menschenfänger stand ihnen das Talent, die Spreu vom Weizen zu trennen, zu Gebote. Wen sie anfassten, der wurde berühmt, wessen Bild sie kauften, wurde zu einer gemachten Malerin. Auf einem Foto mit den Murphys zusammen abgelichtet zu werden hieß, in der Wertschätzung der hedonistischen *happy few* und des kühn kalkulierenden Kunstmarkts zu steigen wie Quecksilber im Thermometer. Einem engstirnig-provinziellen Amerika glücklich entronnen, waren sie zu Rattenfängern des *l'art pour l'art* herangereift. Und sie ergänzten sich bestens: Charme und Humor, Kochkunst, Sportsgeist und Mehrsprachigkeit schienen aufs Idealste auf zwei vermögende Menschen verteilt: Mann und Frau, einander völlig ebenbürtig. Herausfordernd frei. *The best of both worlds* in Reinkultur brachten die Murphys auf einen Nenner. Abendländische Manieren, die humanistische Allgemeinbildung Europas und das Perfektionsstreben wie die hinreißende Freizügigkeit der Neuen Welt.

Darüber hinaus besaßen sie selbst ernst zu nehmende künstlerische Ambitionen, insbesondere Gerald. Den kubistischen Kleinodien von Juan Gris und Georges Braque, die ihm in Pariser Galerien entgegenfunkelten, verfallen, nahm er Unterricht bei der aparten Natalia Gontcharova und ließ sich von Fernand Léger den weisen Rat geben, malstilistisch so amerikanisch wie irgend möglich zu bleiben. Schnell mischte er ganz vorne mit. Seine noch feuchten Leinwände schmückten den Salon des Indépendants, die führenden russischen und schwedischen Balletttruppen verpflichteten ihn als Ausstatter und Kostümdesigner. Über eine Tanztheaterproduktion Geralds namens *Within the Quota* erfolgte wieder ein Brückenschlag zu Porter, von dem die Musik stammte. *Begin the Beguine*, hatte er als Melodie vorgegeben, und die Murphys forderten zum Tanz auf. Stein und Toklas, Olga Picasso und selbst die überirdisch schöne Liebhaberlegende Rudolf Valentino ließen sich nicht lange bitten und bestiegen ihretwegen die *trains bleus*, um zwischen Garoupe und Golfe-Juan atmosphärisch stimmig auszuspannen. Oben am Chemin des Ondes, dort wo das Wasser seicht ist, das Cap d'Antibes eine kleine Rechtskurve macht und eine Napoléon-Gedenkstätte der Bucht von Cannes selbstbewusst entgegenlächelt, fanden Sara und Gerald ein Areal, das ihnen zusagte, und bauten das dort schon befindliche Châlet zu ihrem persönlichen Luftschloss aus. Selbstverständlich strotzte es nur so von gutem Geschmack, eingehüllt in einen transparenten Vorhang aus exotischen Pflanzen, wirkte von vorn, mit seinen an den Fassaden angebrachten Relings und Rettungsreifen, wie ein schnittiger Privatdampfer. Und genannt wurde es, *comme il fallait*, »Villa America«.

Steinterrassen, schnuckelige Gästehäuser auf demselben Gelände und die fabelhaften, mediterran inspirierten Mahlzeiten Saras, die von der Auswahl leichter Zutaten bis zur perfekten Sitzordnung nichts dem Zufall überließ, entfalteten einen betörenden Sirenengesang, dessen Echo in der großen weiten Welt widerhallte. Rex Ingram, der über die Filmstudios La Victorine in Nizza herrschte, wo eine Großproduktion nach der anderen abgedreht wurde, schlürfte seinen Manhattan auf dem Balkon dieser Villa. Marlene Dietrich, die ihren langen, verführerischen Beinen zuvor in der Abgeschiedenheit des nahe gelegenen Prachthotels Éden-Roc, auf der Flucht vor Fans beiderlei Geschlechts, zur nötigen Sommerbräune verholfen hatte, schaute, wann immer es ging, vorbei. Die Kabarettgöre Mistinguett kaufte eines der Nachbarhäuser. Katy Dos Passos machte die *honneurs*. Nahm der Müßiggang an Land überhand, inszenierte Gerald gigantische Picknicks, oder man veranstaltete Spritztouren auf der Traumjacht »Weatherbird«, beides Aktivitäten, auf deren Durchführung der Hausherr sich glänzend verstand. Kreuzfahrten wechselten mit Privatregatten. Schlug die Stunde des Cocktailmixens, zelebrierten die Murphys sie als heilige Messe. Und wehe, man gehörte nicht zu den Gefragten, zu den Geladenen und Auserwählten...

Die ersten überdimensionierten Limousinen ließen sich blicken auf den Straßen von »Juan«. In der heißen Mittagssonne funkelnde Kotflügel wurden gewienert, als befände man sich auf dem Rodeo Drive. Franzosen waren bald nirgends mehr zu sehen, es sei denn als Dienstpersonal, als Architekten oder als Lieferanten. Außenseiter unter Amis. Deren Motto stand unverrückbar fest: Man war hier *to have fun*. Die betuchten Badegäste brachten ihre eigene Mode mit: Die Backgammon-Leidenschaft wurde lanciert. Schlanke Schönheitsköniginnen bezirzten Gaffer mit rückenfreien Unterhemd-Kreationen. Man schlenderte in Espadrilles einher. Weite bequeme Sommeranzüge, luftig und leger, gestreift und locker über die Sandalen fallend, wurden zur Universaluniform. Androgynität war auf dem Vormarsch. Bald schien es, als befände man sich auf einer ununterbrochenen Vernissage oder Modenschau. Spinner in Schlafanzügen, spotteten Neider und Spanner. Ungemein praktisch, wo ohnehin jeder mit jeder zu schlafen schien. Da gab es nicht mehr allzu viel abzustreifen. Die geschmeidigen Gewänder mit ihren erotischen Aussparungen und Rücken-Dekolletés wurden den *beautiful people* zur zweiten Haut. Pyjamapolis war geboren. Ein ausgewachsener *Vanity Fair* des *Jazz Age*.

Einen Mann fürs Grobe gab es auch. Wieder ein Amerikaner. Frank-Jay Gould, Multimillionär und Spross einer Dynastie von Eisenbahnmagnaten, legte Hand an, ebnete die Sümpfe ein, pflügte das Terrain um, begradigte die Küstenlinie, ließ das Casino von Juan-les-Pins bauen und errichtete eine der kolossalsten Nobelherbergen, die Europa damals zu bieten hatte: das Hotel Provençal. Im Verein mit Édouard Baudoin, einem gewitzten Restaurantbesitzer aus Nizza, dem ein Film über die Strände von South Beach in Miami vor Augen geführt hatte, was sich aus einem verödeten, rasch urbar gemachten Küstengelände herausholen ließ. Baudoin teilte Goulds Vision. Er packte mit an. Aus dem Niemandsland von »Gou Jouan Pourri«, das jahrhundertelang niemand haben wollte, modellierten sie eine ideale Zukunftsparzelle. Douglas Fairbanks, Charlie Chaplin, Mary Pickford, Maurice Chevalier und andere Götter des Zelluloids und des gehobenen Tingeltangels betteten gern ihre mit dem Ruhm des Showbusiness gekrönten Häupter auf die Kissen des Provençal oder schauten mit glänzenden Augen den Roulettekügelchen in Goulds Casino beim Kreiseln zu. Baudoin wie Gould nutzten die historische Gunst der Stunde, dass viele der altehrwürdigen Hotelanlagen in Nice, während des Ersten Weltkriegs beschlagnahmt, für politische Versammlungen requiriert, zweckentfremdet und zu Lazaretten umfunktioniert, auch jetzt noch immer arg in Mitleidenschaft gezogen waren und mancherorts gar aus dem letzten Loch pfiffen.

Hinzu kam, dass die *nouveaux riches* aus der *nouveau monde* wenig Lust auf Großstadt verspürten und dem *hype* des Cap d'Antibes ohne Skrupel auf den Leim gingen. Einige Baufirmen aus Nice, die am Bauboom beteiligt waren, ergatterten immerhin ein paar Krumen von dem großen Geld, was vor 1929 hier durch viele offengehaltene Hände glitt. Ganz nebenbei erfand im Übrigen in jenen goldenen Jahren ein gewisser Léo Roman bei Juan-les-Pins einen vom Geschwindigkeitsrausch stimulierten Zeitvertreib: Wasserski. Wann? Manche behaupten, schon 1925, andere wieder, erst 1931. Belanglos ist das genaue Premierendatum insofern, als das über die Wasseroberfläche flitzende, gekonnte Stehen auf zwei Brettern erst nach dem Zweiten Weltkrieg Furore machte und vor allem in den 1950ern und 1960ern massenhaft Verbreitung fand. Doch noch war in Antibes kein Platz für die Massen.

In der Zwischenzeit wurden Riten und Rituale *chez les Murphy* immer versponnener. Immer überspannter. Picasso brachte Michel Leiris, seinen Galeristen Daniel-Henri Kahnweiler und seine Mutter mit und pflanzte die alte Dame mitsamt Fächer und *mantilla* am Strand unter einen *parasol.* Gattin Olga posierte derweil auf Kostümpartys, die in gestrandeten Kanus abgehalten wurden, im Tütüröckchen; die Herren der Schöpfung vereinbarten das Tragen von einteiligen Badeanzügen mit dem Paradieren in Zylindern. Eines von Geralds Ölbildern mit eingewirktem Blattgold zeigt den Schriftzug Villa America, wie er, einen halben Stern bedeckend, eine in zwei Hälften zerteile US-Flagge überstrahlt. *L'Amérique* und die Riviera hatten sich bis zur Ununterscheidbarkeit einander angeglichen. Nur die Kaufkraft hielt keinem Vergleich stand – 1925 war der Dollar 36 Francs wert. Ein überlegenes Mir-gehört-die-Welt-Gefühl stellte sich unter denjenigen ein, die das Glück gehabt hatten, im Land der unbegrenzten Möglichkeiten groß zu werden und von dort ihre *traveller*-Schecks zu beziehen.

Paar Nummer zwei auf der pinienbestandenen *péninsule* waren, wir kündigten es bereits an, Zelda und Scott Fitzgerald. Was über dieses erstaunliche, maßlose Duo zu sagen wäre, füllt Regalmeter oder lässt sich, nur in Nuancen kodiert, aufs Trefflichste aus ihrem *Tender*-Schlüsselroman herauslesen; man ersetze einfach die erfundenen Vornamen durch notorische Berühmtheiten – allesamt *alter egos* ihrer selbst. Ein Spiegelkabinett, mit den Murphys als Projektionsfläche, warf jeden ihrer Ehebrüche und Verhaltensauffälligkeiten auf das Abbild der jeweils anderen Doppelliebe zurück, so lange, bis sich alle vier, im Kreuz und Quer der Imitationen und im gegenseitigen Bewunderungseifer, nur noch verzerrt wahrnehmen konnten. Mit den Fitzgeralds schlich sich eine neue, düsterere Note in die ausgelassenen Abenteuer von Antipolis ein – Dekadenz, jede Menge Alkohol, ein paar Takte *ragtime* und Affären (hatte Cole Porter nicht schon die Lebenshaltung des *Love For Sale* besungen und gepriesen?), Hysterie und ein gerüttelt Maß an Neurosen. Mit den Fitzgeralds erreichten die von Baudelaires *Fleurs du Mal* aus in Umlauf gelangten und an Ort und Stelle zelebrierten »künstlichen Paradiese« innerhalb weniger Sommer ihren Siedepunkt, brodelten und kochten über. Theatralik, Übertreibung und Dramatik lagen Scott und Zelda am besten. So sehr, dass die Murphys dagegen fast verblassten. Im ewigen ästhetischen Tauziehen des ungleichen Quartetts gaben Gerald und Sara, mit ihrer Freundschaft verschwenderisch umgehend, die *trendsetter*, die Tugendhaften, die Unschuld; die Fitzgeralds, die Geschmack am Fatalen, Makabren, Verlebten, ja Tragischen gefunden hatten, übernahmen freiwillig die abgründigen, zuweilen auch parasitären Elemente. Skandal reihte sich bei ihnen an Skandal, wie um sicherzustellen, dass *the great Gatsby* und seine galanten Eskapaden auf Jahre hinaus die Glamour-Gazetten der Charleston-Epoche beherrschten, dass Zelda und er nie aus den Schlagzeilen verschwanden.

Verzweiflung und Größenwahn, Selbstzerstörerisches und Selbstsüchtiges lagen im komplexen, latent frankophoben Charakter Scott Fitzgeralds so dicht nebeneinander wie zwei Badelaken frisch Verliebter am Garoupe-Strand, von Zeldas sprichwörtlichen Exzentrizitäten ganz zu schweigen. Drohungen und Drogen, Techtelmechtel und Trinkerei, angekündigte und verworfene Selbstmordversuche, Auf- und Abtritte wie in einer antiken Tragödie bildeten den Normalfall in dieser Partnerschaft. 27 und 24 Jahre waren sie alt, als sie ihre erste Frankreichreise überhaupt gleich an die Côte führte. Sie wollten einem goldenen Käfig entrinnen, aber auch dem Alkoholverbot, der Prohibition, für beide eine absurde, hinzunehmende Einschränkung. Mit den kräftig sprudelnden *short-stories*-Tantiemen und mithilfe der lukrativen Rechteverwertung von Scotts frühen Erfolgsromanen nisteten sie sich samt Töchterchen Frances »Scottie«, nach einem kurzen Intermezzo in Hyères, in der Villa Paquita zu Juan-les-Pins ein. Ein Zwischenspiel, bevor sie in die Villa Saint-Louis, aus der später das Jazz-Hotel Belles-Rives werden sollte, direkt ans Kap übersiedelten, keine hundert Schwimmzüge von der Villa America Geralds und Saras entfernt. Wenige haben es wie sie vermocht, die Schönheiten der Region in avantgardistische Prosa zu kleiden, das Loblied der Riviera in glasklar gemeißelten Romanschilderungen anzustimmen, das unvergleichliche Abenteuer einer Autofahrt auf der *grande corniche* anschaulich zu besingen. *Utopia-by-the-Sea*, wie lange würde seine auf Sand gebaute Faszinationskraft noch halten?

Vier Menschen waren zu Sehenswürdigkeiten geworden, zwei Prachtexemplare und zwei Ruinen. *This Side of Paradise*, um einen anderen Titel Scotts zu bemühen, ein diesseitiges Arkadien hatten Zelda und Scott schon in Long Island gekannt und verworfen, in Begleitung von Stars wie Gloria Swanson. Aber nichts schien diesem auf mehrere Jahre hin angelegten, streckenweise glückenden Experiment der Lebenskunst gleichzukommen, das wie in einer Versuchsanordnung am Cap d'Antibes durchgeführt wurde, mit so überaus prominenter Beteiligung. »Alle waren damals 26 Jahre alt«, brachte es Gertrude Stein, mit der ihr so oft zugeschriebenen Kunst, Immergleiches stets neu zu sagen, auf den Punkt. »Es waren jene Jahre, in denen alle 26 waren. Für die Dauer von zwei oder drei Jahren waren alle diese jungen Leute 26 Jahre alt. Das war offenbar das Alter, das man seinerzeit haben musste.«

Das Fragile und auch Anmaßende dieses egozentrischen, nur auf *plaisir*-Vermehrung zielenden Lebensstils gewann unmerklich die Überhand. Die Fitzgeralds wurden zunehmend ruhelos, ungehalten. Die Lover waren verschlissen, die Zusammenkünfte mit Drinks endeten in wüsten Gelagen. Inmitten der Eminenzen waren sie einsam zu zweit und spürten, wie ihnen das nicht vom Tisch zu wischende Alleinsein wie ein hässlicher Käfer allabendlich aufs Neue in die Schlupflöcher ihrer Sommerpyjamas kroch. Immer öfter trieb es sie weg von Antibes, heraus aus den Villen, diesen Verliesen unter Palmen mit Meerblick, unter Menschen, in die Filmstudios, nach Cannes. Eifersuchtssituationen und Exzesse eskalierten. Bagatellen verursachten Katastrophen. Einmal, im Prominentenlokal Colombe d'Or, gaben Scotts schmachtende Blicke in Richtung Isadora Duncan, am Nebentisch dinierend, den Ausschlag, um sich der Lächerlichkeit preiszugeben – Zelda stürzte sich, einem kindischen Impuls folgend, kopfüber die Restauranttreppe hinunter. Der Stillstand einer süffigen, als ideal erlebten Zeit war dem schlimmen Gefühl vollkommener Zeitverschwendung gewichen. Sie drohten daran zu ersticken.

Als sich das turbulente, brillante Jahrzehnt seinem Ende zuneigt, ist der Tanz auf dem Vulkan mit einem Schlag ausgetanzt. Wie sich jetzt zeigt, war es ein Seiltanz mit hohem Risikofaktor. Ohne Netz und doppelten Boden. Die Fallhöhe ist beträchtlich, das Desaster entspricht den hohen Ansprüchen, denen man am Golfe-Juan so lange mühelos gerecht wurde. Die Vorhänge fallen rasch hintereinander. Der Börsencrash an der Wall Street, der Zusammenbruch der Weltwirtschaft sind seine Vorboten. Für Dollars ist gegen Ende 1929 kaum noch etwas Substanzielles zu haben, die Inflation galoppiert, auch europaweit. Der Zusammenhalt der *beautiful people* entpuppt sich als einsturzanfälliges Kartenhaus. Die Murphys, in der Blüte ihrer ausgereiften, unwiederbringlichen Gesellschaftskunst, ereilen lapidare familiäre Dramen, die dennoch alles, was sie sich behutsam und mit Geschick aufgebaut haben, infrage zu stellen vermögen. Patrick, eines ihrer Kinder, erkrankt neunjährig an Tuberkulose. Das Paar bricht ohne zu zögern seine Zelte in Antibes ab, flieht mit seinen anfälligen Geschöpfen zur Kur in die Alpen.

Als man aber nach anderthalb Jahren La Garoupe wieder aufsucht, bietet sich eine gespenstische Szenerie dar – die Vertrauten abgereist, der Strand verwaist, die Starlets geflohen, weit und breit kein einziger Flaneur in Pyjama-Kluft in Sicht. Hat man das Paradies, völlig schuldlos, zu lange sich selbst überlassen? In dem Moment, wo das Zentrum fehlt, der Motor ihrer Aktivitäten, die Kraft ihrer Paar-Ausstrahlung, zerbricht die für lange Zeit mustergültige Kunstwelt der

Murphys im Nu, flackert der schöne Schein ihrer Satelliten nicht mehr auf. Kümmerliche Reste bilden den menschlichen und materiellen Scherbenhaufen. Die Villa America ist dabei zu vergammeln, »Weatherbird« kommt unter den Auktionshammer. Versteinert tritt die Modellfamilie die Rückfahrt über den Atlantik an. Zwei der Murphy-Kinder sterben rasch hintereinander in den Staaten. Das bis zur Übersättigung genossene Endlos-Privileg weicht einem Trauerspiel. Ehe sie es sich versehen, liegt das Leben von Gerald und Sara, in das so viel Hoffnung und so viel Pioniergeist eingeschrieben war, in Trümmern. Schwebt ein Fluch über der Landzunge, der einzig die Glückseligen straft?

Die Fitzgeralds, längst heillos mit den Murphys zerstritten, irren ihrerseits orientierungslos an der Côte umher. Neue Ferienaufenthalte aufs Geratewohl, weiter westlich oder östlich, verschaffen nicht mehr den gewohnten Nervenkitzel. Behausungen in Fréjus werden ausprobiert, für untauglich befunden und gleich wieder verworfen. Der einstige Zauber hat sich in Luft aufgelöst. Zärtlich sind die Nächte der Riviera schon seit Langem nicht mehr zu ihnen. Ein Missverhältnis, das auf Gegenseitigkeit beruht, und die Niederschrift des Dokuments, das die nicht in Worte zu fassende Zärtlichkeit der Nächte noch einmal heraufbeschwören wird, *Tender Is The Night*, muss sich Scott mühsam von der Seele abringen.

Als hätte es eines Beweises bedurft, dass der *American Dream* von mit Kultur und Individualität gekoppeltem Wohlstand sich nicht hier und nicht mit ihnen verwirklichen ließ, schon gar nicht, wenn man die Gastfreundschaft des Cap d'Antibes über Gebühr beanspruchte, gingen die Fitzgeralds, wieder auf heimischem Boden angelangt, in Raten vor die Hunde. Nervenzusammenbrüche, peinigende Sanatoriumsaufenthalte, permanente geistige Verwirrung harrten Zeldas, der noch zwanzig unheilvolle Jahre in Verwahrungsanstalten für psychisch Kranke bevorstanden; Scotts negativ getönte Schilderung ihrer unwiederholbaren Zweisamkeit konnte mit früheren Verkaufserfolgen kaum gleichziehen. Als gebrochener Mann floh er an den Pazifik, um sich im Innersten der Traumfabrik als Drehbuchschreiber mehr schlecht als recht zu verdingen. Weitere Romane blieben Fragmente, weitere Gefährtinnen Schimären. Dem unentrinnbaren Alkohol, seiner beständigen Sorge um die verdämmernde Zelda und seinen wehmütigen *doux souvenirs*, diesem Vermächtnis der Goldenen Zwanziger, gehörte am bitteren Schluss ihr beider letztes Lebensjahrzehnt, die 1940er.

Die Murphys hatten bis zuletzt die für lange Zeit stabile, selbst errichtete Fassade wahren können, bevor aufgezwungene Umstände ihnen gegen ihren Willen die Widerstandskraft brachen; die Fitzgeralds hatten ihre selbst gemachten Konflikte aus den USA importiert und vor Ort ausgetragen, hatten Pyjamapolis zur Arena höllischer Konstellationen umdekoriert, an deren Neudefinitionen sich herbeizitierte Zuschauer entweder ergötzten oder von denen sie sich angewidert abwandten. Das dritte anglophone Paar, das in Juan-les-Pins die zweite Hälfte der 30er-Jahre beherrschte, war dagegen eine Mischung von beiden, und zwar in umgekehrter Reihenfolge. Demütigungen, Neid und Diskriminierung waren ihm schon *vor* der Anreise gehäuft zuteilgeworden im engstirnigen Vereinigten Königreich, das sich mit Häme und Heuchelei ihrer angeblich unzumutbaren Liebe entgegenstemmte. Das südfranzösische Exil, dem sie sich erstmals in der Villa Le Roc in Golfe-Juan hingaben, hatten sie sich hart erkämpfen müssen. Es wirkte wie eine Belohnung für erduldete Schmach und Degradierung, und sie waren entschlossen, es mit Stil, Eleganz und Charakterstärke gegen neuerliche gesellschaftliche Attacken zu verteidigen. Zukunftsweisendes *easy living* und Zurschaustellung gebräunter Haut waren nicht ihre Sache, auch avantgardistischen Gestalterehrgeiz entwickelten sie nicht, aber die Amerikanerin Wallis Simpson, Mittdreißigerin aus Baltimore, und ihr Traummann, der ihretwegen in Ungnade gefallene König Edward VIII., Prince of Wales, der einen Thronverzicht in Kauf nahm, um sich seine »unschickliche« Liebe zu ihr nicht nehmen zu lassen, setzten auf ihre Weise Akzente.

Mit bewundernswerter Hartnäckigkeit ließen sie schmutzige Pressekampagnen an sich abperlen und boten dem zweifelhaften *common sense* der Pharisäer Großbritanniens und der überlebten Bigotterie dünkelhafter Dynastien stolz die Stirn. Ein Lehrstück in Sachen Toleranz, dessen erfreulichste Episode der Côte d'Azur zugedacht sein sollte. Hier regierten mittlerweile Josephine Baker, Coco Chanel und Serge Lifar; die Alte Welt war wieder auf dem Vormarsch zwischen Nice und Toulon. Verschanzt beim Freundespaar der Rodgers in der Villa Loui Viei zu Cannes wartete Wallis aus der Ferne ungeduldig und furchtsam das Ende der nur 325 Tage währenden Monarchenherrschaft ihres künftigen Mannes ab und machte mit der Feindseligkeit vorurteilsbeladener Europäer Bekanntschaft, die, wie von der Tarantel gestochen, Restaurants und Boutiquen verließen, sobald die zweifach Geschiedene, die »maliziöse Zerstörerin« eines altehrwürdigen Königshauses, sich anschickte, solche öffentlichen Lokalitäten aufzusuchen. Oscar Wildes einstiger Spießrutenlauf wiederholte sich an ihr auf unappetitliche Weise, nur war jetzt eine Amerikanerin die Unerwünschte. Im Dezember 1936, als Edward, keine elf Monate nach dem Ableben seines Vaters King George V., mit dem Mut der Verachtung dem britischen Parlament die Nachricht seiner Abdankung übermittelte, durfte sie aufatmen. Über Nacht wurde die illegitime Affäre zum Vorbild für Millionen von Paaren, denen sich ähnlich unüberwindliche Hindernisse, Tabus oder Vorurteile in den Weg stellen.

Als Edwards revolutionäre Ansprache im amerikanischen Rundfunk ausgestrahlt wurde, schwiegen, für die gesamte Dauer der Rede, in New York alle Telefone – ein in der Fernmeldegeschichte der Metropole einzigartiger Vorgang. Die Ruhe *nach* dem Sturm. Einer Heirat stand nichts mehr im

Wege, auch wenn sie ohne den Segen der moralisierenden Mehrheit des britischen Volkes auskommen musste. Ganz anders die Amerikaner: An der Ostküste der Staaten räumte man dem Ehrenmann Edward, der heroisch zu seinem Liebeswort gestanden hatte und bereits mit amerikanischem Akzent sprach, und seiner Angebeteten Wallis Heldenstatus ein. Als erste Frau der Zeitgeschichte prangte ihr Porträt auf der Titelseite des *Time Magazine* als »Woman of the Year«, ihretwegen musste erstmals ein männlicher Kandidat diesem angestammten Ehrenplatz weichen. Mit dem (nach »King« und »Queen«) zweitbesten Titel Herzog und Herzogin von Windsor, den Edwards Bruder, der neue König George VI., für sie aufgespart hatte, ließ es sich auch ganz ordentlich weiterleben. Sich »His & Her Royal Highness« zu nennen, wäre denn aber doch zu weit gegangen. (In ihren eigenen vier Wänden ließen sie sich nichtsdestotrotz weiterhin so anreden, von Freunden und Domestiken.) Solcherart zwar leer ausgegangen, entschieden sich diese zwei, staatslenkenden Pflichten glücklich entronnen, mit Enthusiasmus für pures *enjoyment*.

Ihr standesgemäßes Weißes Haus fanden Duke und Duchess in Kürze zwischen dem Belles-Rives, dem Murphy-Anwesen und nicht weit von Provençal und Casino, mitten »in Juan«: das repräsentative Château de la Croë, dessen Balustraden, Arkaden und geflaggte Rotonden tatsächlich deutliche Züge des patriotischen Tempels in Washington trugen. Und was für ein White House! Auf einer Anhöhe platziert, steht es heute noch, lässt sich von der das Kap umfahrenden Küstenstraße aus bewundern und strahlt gediegene Eleganz aus. Smokings, elfenbeinerne Zigarettenspitzen, Designerschmuck und Cocktailroben wurden hier getragen. Gepflegte Ablenkungen und stilechte *five o'clock teas* fanden von nun an hier statt, stets im kultivierten Rahmen exzellenter *good manners*. Und weit entfernt, *noblesse oblige*, von den *spleens* und Verrücktheiten der »années folles« mit ihrem »demokratischeren«, doch oft auch leicht vulgären Anstrich.

Zum Hofstaat der Abtrünnigen zählten, über die nächsten Jahre verteilt, Churchill, Somerset Maugham und sein Alternativschauplatz der Villa Mauresque, die Polignacs und Barbara Hutton, und die Dietrich bewies wieder einmal Wandlungsfähigkeit, als sie auch dieser anfeindungsresistenten Verbindung zweier ungewöhnlicher Menschen ihre Aufwartung machte. Statt aristokratischer Blässe brachte sie den goldenen Teint des Mittelmeers mit, als sie auf das amerikanisch-klassizistische Château de la Croë zuschritt, worauf es sich der *Éclaireur de Nice* nicht nehmen ließ, in einer Schlagzeile zu melden: »Der blaue Engel hat eine andere Farbe angenommen!«

Im Juni 1937 baten die ungekrönten, aber ungemein glücklichen und ihre Liebe kompromisslos verwirklichenden Häupter zur intimen *royal wedding*. Nachdem sich Hochzeitspläne für Antibes kurzfristig zerschlagen hatten, optierte man für das Château de Candé in Monts, hielt also Frankreich durchaus die Treue. Und während sich die Heimat von einer der schwersten Krisen der Monarchie erholen musste, feierten Wallis und Edward, denen man, nicht allein aufgrund ihres Antrittsbesuches bei Adolf Hitler noch im selben Jahr, kaum kaschiertes Sympathisantentum mit dem Nationalsozialismus nachsagte, eine jener ominösen Jahrhunderthochzeiten, diesmal im Blitzlichtgewitter des Starfotografen Cecil Beaton. Die Riviera war um einen Mythos und zwei frisch vermählte Lebenskünstler reicher – und die Welt um ein lustlos-gelangweiltes Staatsoberhaupt samt frustrierter Gemahlin ärmer.

Juan-les-Pins, sich schon zu Ernst Lubitschs quirligen Tagen der Zeittendenz zu Swing und Jazz aufgeschlossen zeigend und sich gleich nach dem Zweiten Weltkrieg dem Bebop der nach Frankreich als Befreier einmarschierten alliierten amerikanischen Soldaten öffnend, bekam in den Fünfzigern eine neue Chance, um als Phönix aus der Asche des *drôle-de-guerre* zu steigen, und verstand es, sie zu nutzen. Der legendäre Jazzman Sidney Bechet und Charles Luter hoben auf einer am Meer gelegenen Lichtung zwischen

Pinienbäumen, dem Erbauer des Ortes zu Ehren »Pinède Gould« genannt, das inzwischen »Jazz in Juan« betitelte Jazzfestival am Cap d'Antibes aus der Taufe: noch immer eine der feinsten Adressen im internationalen Festivalzirkus und nur unwesentlich jünger als die vergleichbar traditionsreiche, in den Ruinen von Cimiez abgehaltene Zwillingsveranstaltung in Nizza. »Juan« ist eher etwas für Kenner, appelliert nicht an die Massen und beugt sich selten dem Erfolgsdruck von *fusion* und *cross-over.* Chick Corea, Keith Jarrett oder Diana Krall geben sich hier am Square Sidney Bechet, nachdem eine dezente Dämmerung über die Milliardärsbucht hereingebrochen ist, ein musikalisches Stelldichein; in das Bürgersteigpflaster eingelassene Handabdrücke und Unterschriften der ganz Großen schmücken wie in Hollywood die Spazierwege um den heiligen Gral dieser Open-Air-Konzertarena. Die Anfänge der magischen Veranstaltung beherrschte aber unangefochten das *trio infernal* des klassischen Jazz aus Bechet, Louis Armstrong und einer anderen Dame namens Fitzgerald: der großen Ella. Sie pflegte, wenn sie nicht gerade mit den Zikaden im Duett swingte, unweit der Konzertarena, im etwas zurückgelegenen Juana abzusteigen, während illustre Zuhörer wie Gérard Philipe oder Édith Piaf den direkten Blick aufs Meer im Belles-Rives schätzten. Drei Veteranen, Miles Davis, Duke Ellington und Dizzy Gillespie, bereiteten der kleinen Bucht zwischen dem Port Gallice und der Promenade du Soleil neben anderen Dreigestirnen der jüngeren Jazzgeschichte unvergessliche musikalische Sternstunden, gaben dem frenetisch applaudierenden Publikum im Laufe inspirierter Improvisationen Gelegenheit, die mittsommernächtliche Milchstraße mit einem verzückten Blick gen Himmel ins Visier zu nehmen. Und ein weiteres Mal gefiel sich das dereinst so kümmerliche Gou Jouan Pourri in der Dreifach-Pose des Magneten, des Verführers, des Narziss.

Lassen Sie sich nicht gleich ins Bockshorn jagen, wenn Sie, vom kleinen Bahnhof von Juan-les-Pins aus kommend, in ein nichtssagendes Kleinstadtzentrum mit Brutstätten billigster Unterhaltung gelangen. *Cheap, plouc* und *très bon marché* geht es heutzutage hier zu, wo Pauschaltouristen, vor einer Allerweltskulisse aus Neonreklamen, abgetakelten Casinos und Autovermietungsbüros sich gegenseitig auf die Füße treten und nicht einmal den Versuch unternehmen, die grazile Gehweise ihrer pyjamatragenden Vorfahren nachzuahmen. Bis nach Golfe-Juan zieht sich die schaurige Schreckensmeile hin. Schon die Mann-Geschwister machten kurzen Prozess mit der bedauernswert eintönigen Örtlichkeit, die »durchaus nichts bietet, was mit Golf zu tun hätte, sondern bloß einen Meerbusen und ein schmutzig-rotes Appartementhaus, das seine monströse Riesenfront mit unverständlicher Selbstsicherheit diesem Golf zuwendet«. Inzwischen gibt es hier nicht einen, sondern Hunderte von Appartementblocks, schmutzig sind sie noch immer, und sie haben eine unverfrorene Dreistigkeit entwickelt, so wie sie sich jetzt in ihrer ganzen Hässlichkeit vor uns entblößen. Machen Sie bitte auch nicht allzu lange halt vor der wohl größten Bausünde der Côte, der monumentalen Ruine des Provençal. Eine Bruchbude, seit Jahrzehnten leer stehend, graffitiverschmiert und mit kariösen Einschusslöchern zerschmetterter Fensterscheiben durchsiebt, von Ratten, Tauben und anderem Ungeziefer bevölkert.

Sofort, eine Biegung weiter, mit einem begeisterten Seitenblick auf Wallis' Weißes Haus, das wie die meisten der heiligen Gemäuer hier neuerdings von osteuropäischen Millionären aufgekauft worden ist, bekommen Sie eine Ahnung, worin die Pracht dieser nach Westen ausgerichteten Bucht bestanden haben muss. In drei Schritten können Sie dem Geheimnis ihrer unverschämten Attraktivität auf die Spur kommen – erstens, indem Sie sich im noch immer feudalen Belles-Rives, bei Live-Jazz auf der Terrasse, einen eigentlich unerschwinglichen Long Drink auf der Zunge zergehen lassen. Zweitens, indem Sie ihre Ersparnisse zusammenkratzen und für einen *café crème* das Poolhause des Éden-Roc-Hotelpalastes aufsuchen. Éden-Roc, der acht Hektar große Zufluchtsort von Greta Garbo und George Bernard Shaw, von General Eisenhower und Marc Chagall; Éden-Roc, der Superlativ einer Edelabsteige, von Stéphen Liégeard höchstpersönlich zu »Dornröschens Schloss« geadelt. Éden-Roc, Synonym des Hôtel du Cap, 1870 mit einem gargantuesken Gartenfest von russischen Prinzen unsterblich gemacht, vom Amerikaner Gordon Bennett zum *Edwardian paradise* verklärt und mit einem *piscine*-Annex der Sonderklasse versehen. Éden-Roc, wo für die Dauer der Filmfestspiele von Cannes Weltstars, finanzstarke Produzenten und Regisseure von Rang residieren und wo man Bruce Willis beim Trinkgeldausteilen oder Leonardo di Caprio beim Tennisspielen zusehen kann. Éden-Roc, erstklassige Exklusivität in ihrer erhabensten Form.

Erika und Klaus Mann hatten schon recht, als sie angesichts dieser – heute noch! – großartigsten aller großartigen Hotelanlagen nicht mehr zu bremsen waren: Ein Ort »aber muss wirklich der schönste sein«, bilanzierten sie verklärt, »und wir finden also, das ist Cap d'Antibes. Das Hotel liegt so prachtvoll, und es hat einen solchen Blick, und zum Meer hinunter führt ein so sehr herrschaftlicher Park, und ist dann erst die Hauptsache, der Clou, die große Überraschung: nämlich das Felsenschwimmbad Éden-Roc. Ein Schwimmbad, wie man kaum woanders eines finden könnte, in die Felsen gehauen, sodass es etwas von einer pathetischen Grotte hat; mit Sprungbrettern in enormer Höhe, schwindeligen Turngeräten. Die Aufnahmebedingungen in diesen Wasserklub sind sehr kompliziert und kostspielig. Oberhalb des Schwimmbades liegt eine hellgrün eingerichtete Bar, von der aus man nichts als Meer sieht, sodass man sich wie auf einem Schiffe fühlt. Die Einrichtung ist auf gediegen, nicht auf exzentrisch. Die Preise sind während des Sommers noch ärger als während des Winters; und während des Winters sind sie arg genug.«

Hieran stimmt, fast 75 Jahre später, einfach immer noch jeder Satz. Der wichtigste davon, derjenige, den Sie sich einprägen sollten, lautet aber: »Nichts als Meer.« Treten Sie ein, lassen Sie sich Zeit bei Ihrem Kaffee, schließen, nein, öffnen Sie die Augen und verspüren Sie, die Zeit anhaltend, Glück. Und *don't worry,* solange Sie die Rechnung begleichen können, werden Sie nicht nach einem Mitgliedsausweis gefragt. Bezahlen können Sie ganz in Ruhe mit Ihrer Kreditkarte – Berühmtheiten aus der augenscheinlich von der Direktion als fadenscheinig angesehenen Filmbranche mussten, und das ist kein Witz, bis vor Kurzem noch mit Bargeld ihre Zeche begleichen, wenn sie für ein Tässchen Tee oder einen dreiwöchigen Suitenaufenthalt nicht öffentlich in der Kreide stehen wollten. Vornehm geht die Welt zugrunde …

Drittens, aber nur einmal pro Woche, steht Ihnen dann noch, einen halben Kilometer weiter östlich, in einem enormen Privat-Park ganz am Ende des Chemin des Douaniers die prächtige Villa Eilenroc zur Besichtigung offen. Von dort aus sind es mindestens drei recht beschwerliche Kilometer, falls Sie die Stirn haben sollten, das Cap d'Antibes Richtung Altstadt in Gänze weiter zu Fuß zu umrunden, auf einem der wildromantischsten Abschnitte des *sentier littoral*, nicht selten gischtüberspült und die freigiebigste Fernsicht auf die Alpen gestattend. Diese kleine *randonnée* sei Ihnen dennoch dringend angeraten – Antipolis will, wie in allen Zeiten, erobert werden. Antibes selbst bietet schließlich Dutzende von Gründe für einen längeren Aufenthalt. Aber wenn Sie nur drei darunter genannt haben möchten, den drei im Maximalfalle von den grünen Michelin-Führern vergebenen Sternen vergleichbar, dann bitte sehr: natürlich das Picasso-Museum im historischen Grimaldi-Stadtschloss mit seiner unvergleichlichen Sammlung herausragender Nicolas-de-Staël-Gemälde, den hemmungslos touristischen, jedoch alle Sinne und guten Vorsätze, hier absolut nichts erstehen zu wollen, erfolgreich herausfordernden Wochenmarkt inmitten der *vieilles rues* und das umfängliche, mit Jachten aus aller Welt aufwartende Hafenbecken, der Port Vauban, von einer reizvollen Mole eingefasst. Im modischen Schlafgewand in Antibes auf Entdeckungsreise zu gehen wäre indessen, achtzig Jahre nach dem Anbruch des emanzipierenden *Jazz Age*, fehl am Platz. Ein Anachronismus, der von den meisten Vertretern unserer alle Exzentrizitäten einebnenden Gegenwart missbilligend beäugt würde.

Wie schafft man es am Ende nur, die Halbinsel ohne Reue wieder hinter sich zu lassen? Ohne die philosophische Betrachtung der Dreizahl überstrapazieren zu wollen – am besten gelingt es mit der Lektüre einer perfekt ausbalancierten Erzählung von Edwards und Wallis' berühmtem Gast und Gastgeber Somerset Maugham. *Die drei dicken Damen von Antibes* heißt sie, spielt im Éden-Roc, und es geht darin um Schwimmwettbewerbe, Abmagerungskuren, Diätmethoden und das Unglück stiftende Eindringen einer vierten Dame in das Riviera-Idyll der bis dato glücklich Pummligen, einer gertenschlanken, anfangs noch verzweifelt gesuchten Bridgespielerin. Dauerhaft entzweit von der Neuen, die es vermag, die eingespielte Balance der verschworenen Damen-Troika empfindlich zu stören, stürzen sich die einstigen Freundinnen nach erfolgtem Zerwürfnis nur noch umso heftiger auf die lukullischen Attraktionen ihres Leib-und-Magen-Hotels. Schlemmorgien brechen aus, die schon den Tenor von Marco Ferreris exzessivem Kultfilm *La grande bouffe* vorwegzunehmen scheinen. Éclairs, Gänseleber, Hörnchen und Sahneschnitten werden aus Protest in rauen Mengen verdrückt, die magere Cousine wird verwünscht. Mehr soll aber nicht verraten werden. Nur einen Schlüsselsatz führe ich an, weil er so gut zu unserer Leitzahl passt: »›Bringen Sie drei doppelte *Martini Dry*‹, entschied Béatrice.«

Antibes war für ein Vierteljahrhundert die Wahlheimat des einzelgängerischen Romanautors Graham Greene, der den *Dritten Mann* unsterblich gemacht hatte und später sagen sollte: »Ich war sehr glücklich hier in Antibes, der einzigen Stadt, in der ich *leben* konnte.« Derselbe Greene, der später, einsamer Rufer in der Wüste, mit seinem warnenden Pamphlet *J'accuse* die dunklen Seiten der Region vehement anprangern und deren drohenden Niedergang voraussagen sollte. Antibes ist auch der erste Flecken Erde, den Sie zu Gesicht bekommen, wenn Sie per Flugzeug an der Côte anlangen – denn schließlich erfolgen zwei Drittel aller Landeanflüge über diese Landzunge, und das Kap liegt, was seinen paradiesischen Charakter in akustischer Hinsicht oft arg beeinträchtigen dürfte, direkt in der Einflugschneise. Im Landeanflug gleiten Sie, schon fast in der Tiefe angekommen, am Grimaldi-Schloss vorbei und nehmen im Augenwinkel gerade noch das Fort Carré, die außerhalb des Hafens liegende Trutzburg des Städtchens mit ihren mächtigen Mauern und Wehranlagen wahr. Eine finstere Militärbastion als irritierender Schlusspunkt nach so viel leichtgewichtiger Anmut im Stadtbild.

Vielleicht der richtige Moment, bis zum Aufsetzen der Maschine in Nizza eine kleine Gedenkminute einzulegen. Nicht unbedingt für Napoléon, der hier zu Beginn seiner umstürzlerischen Umtriebe kurzzeitig einsaß. Sondern eher der Erinnerung an den deutschen Exil-Schriftsteller Walter Hasenclever wegen, den man hier im Spätherbst des Jahres 1939, zusammen mit Hunderten anderer politischer Flüchtlinge aus Deutschland und anderswo, interniert hatte. Für ihn war Antibes der vorletzte Flecken seines Lebens. Hasenclever, den es zuvor nach Cagnes verschlagen hatte, kam wohl noch einmal frei, dank der solidarischen Intervention seines wohlmeinenden Kollegen Jean Giraudoux, doch sein Schicksal war besiegelt: Dokumentierung seines aussichtslosen Schicksals in seinem letzten Roman *Die Rechtlosen*, erneute Inhaftierung, Verbringung ins Lager Les Milles und, letztes Fanal eines in die Lebensmüdigkeit Getriebenen, Selbstmord. Selbstmord, um dem zu erwartenden Mord durch staatliche Handlanger zuvorzukommen. Einer jener unseligen Vorboten dieser nachtschwarzen Epoche der von italienischen Faschisten unter der Zivilbevölkerung der Côte begangenen Fememorde, der von den Nazis und ihren französischen Mitläufern durchgeführten Razzien und Judenverschleppungen, der systematischen Folterungen in zu Kerkern umgewandelten kleinen Hotels, der unendlich langen Wartezeit in Sanary bis zur Befreiung und der ebenso fürchterlichen Racheakte seitens der Résistance-Kämpfer, als sie endlich die Oberhand gewonnen hatten. Denn solche brutalen, niederschmetternden und alle Vorstellungskraft übersteigenden Vorkommnisse trugen sich, mehr als genug, zu Dutzenden leider auch an der sonnenbeschienenen Côte d'Azur zu.

Aber das ist schon wieder eine ganz andere Geschichte.

Rien ne va plus – oder doch?

Im goldenen Käfig von MC

Verspüren Sie Lust, in einem Staat zu leben, den Sie in einer halben Stunde der Länge nach zu Fuß durchqueren könnten, um ihn auf der anderen Seite wieder zu verlassen? Wo das Delikt Taschendiebstahl vollkommen unbekannt ist, Schwerkriminalität verbannt und die Verbrechensrate verschwindend gering? Wo unbedenklich Pelzmäntel und echter Schmuck öffentlich zur Schau gestellt werden? Wo es keine Anschnallpflicht gibt und Sie als Autofahrer nach Herzenslust ohne Unterlass durch die engen Straßen und Haarnadelkurven sausen können? Interessieren Sie sich für ein Nummernschild an Ihrem Wagen, auf dem höchstens drei Ziffern stehen? Für Parkhäuser, deren Stundenrate nach neunzehn Uhr auf dreißig Cent fällt, um die wenigen Kunden möglichst lange bei der Stange zu halten? Haben Sie schon immer davon geträumt, sich, völlig legal, der Wehrpflicht zu entziehen und keinen einzigen Euro an Steuern bezahlen zu müssen? Hegen Sie eventuell die Absicht, Ihren Balkon an Fremde zu vermieten, und sei es nur für die Dauer eines kurzen Wochenendes, wenn Sie dafür im Gegenzug, solange der Formel-eins-*Grand-Prix* dauert, um mehrere Jahresmieten reicher werden, während

Ihre Gäste im ohrenbetäubenden Gedonner der Straßenschluchten mit Lärmschutzklappen wieder und wieder auf Ihr Wohl anstoßen, es aber gar nicht anstößig finden, zeitgleich hemmungslos geschröpft zu werden? Möchten Sie sich bei Ihren Spaziergängen durch die *principauté* von 330 Kameras gleichzeitig observieren lassen? Fänden Sie es begrüßenswert zu wissen, dass exklusiv über Sie, zusammen mit weiteren 99 Einwohnern dieses Landes, ein Polizist in Livree wacht (eins zu hundert ist wohl die größte »Beschützungs-Dichte« in Europa durch uniformierte Staatsdiener)? Macht es Ihnen womöglich nichts aus, am Wochenende draußen keiner einzigen Menschenseele zu begegnen, ein enges, im Vergleich zu Nizza um das Vierfache teureres Appartement zu beziehen, dauerhaft von Wohnblocks aus den Siebzigern umgeben zu sein, sich vorzugsweise auf Rolltreppen, Fließbandteppichen, in Fußgängertunneln und mit Fahrstühlen fortzubewegen und ein Porträt Ihres Staatsoberhauptes, weiß-rot geflaggt, gut sichtbar in Ihren Geschäftsräumen anzubringen? Wäre Ihnen daran gelegen, möglichst wenig mittellosen Zeitgenossen zu begegnen, so gut wie nie mit Bettlern oder Nordafrikanern konfrontiert zu werden und darüber hinaus ein perfekt sauberes, keimfreies und leer gefegtes Straßenbild vorzufinden? Würden Sie sich daran stören, eigentlich nicht zu Frankreich zu gehören, obwohl Ihr angestammter Fußballverein sich ohne Skrupel in der ersten französischen Liga tummelt? Möchten Sie mit Boris Becker auf Caféterrassen frühstücken und den Schumacher-Brüdern beim Einkaufsbummel freundlich zunicken? Fänden Sie es erstrebenswert, Karl Lagerfeld beim Betreten der Hotelbars vorbeihuschen zu sehen, bei Ihren Restaurantbesuchen Ihr Luxusauto von schneidigen *valet boys* wegchauffiert zu bekommen? Ist es Ihnen am Ende gleichgültig, ein Millionenerbe in wenigen Monaten leichtfertig und leichten Herzens zu verprassen? Wenn Sie all diese Fragen einwandfrei mit Ja beantwortet haben, sollten Sie ernsthaft in Betracht ziehen, Wohnrecht in Monte-Carlo zu beantragen.

Mit Monaco – oder Munegu, wie es mundartlich noch immer heißt – auf Anhieb warm zu werden, fällt nicht immer leicht. Die zum Himmel schreiende Sterilität des stolzen Stadtstaates, der wenig anheimelnde aseptische Charme, die absurde Anonymität und die klinische Kälte seiner verödet daliegenden Gassen, das klischeehaft aus Geldwäsche, Promi-Skandalen, Glückspielglamour und mafiöser Machtverfilzung zusammengesetzte Image – kurzum, der Kontrast von schwarzem Geld und weißen Westen – wirken abschreckend. Als abschreckend empfindet man auch die erste Erkundungsflanerie durch die ungleichen Viertel – durch das dem Meer abgerungene, von Einkaufszentren und Kleinindustriebetrieben durchsetzte Fontvielle, die dem fernöstlichen Macao mit seinen Kolonialbauten ähnelnde Gründerzeit-Kleinstadt La Condamine, das Vorzeigecasino samt Park, Oper und Hermitage-Hotel im eigentlichen Monte-Carlo, am protzigen Jachthafen entlang, dessen obszön zur Schau gestellter Überfluss niemandem die Schamesröte ins Gesicht treibt, oder durch die wenig aufregende Altstadt Monaco auf dem Grimaldi-Felsen, *sur le rocher,* wie man hier zu sagen pflegt, in die sich außer sporadisch durchziehenden Touristengruppen kein Mensch zu verirren scheint. *Pas terrible*, wird das erste Fazit lauten. Man kann dort wenigstens einen Blick in die Zuckerguss-Kathedrale und das darin befindliche Grab Gracia Patricias werfen, neuerdings flankiert von der Ruhestätte ihres umtriebigen Gatten Rainier, man kann sich die fürstlichen Gemächer während einer Führung zu Gemüte führen wie auch der mittelmäßigen Wachablösung beiwohnen, einer schwachbrüstigen Kopie des formvollendeten Londoner Zeremoniells. Man kann sich im arg heruntergekommenen, lächerlich monumentalen Musée Océanographique mit seinen veralteten Aquarien, Tiefseeschaubildern und Unterwassergalerien herumtreiben, das Prinz Alberts II. Ururgroßvater Albert I., ambitionierter Friedensfreund und Meereskunde-Pionier, in einem Anfall von Größenwahn in die Felswand gestemmt hat. Man kann sich putzige Puppen, gelenkige Marionetten und niedliche Figurinen-Automaten im Osten der Briefmarkenmonarchie und teure Oldtimer in ihrem Westen in eigens dafür hergerichteten Ausstellungsflächen anschauen. Man kann sich in einem täuschend echt inszenierten japanischen Garten, direkt am Meer gelegen, lustwandelnd ergehen. Man kann versuchen – ich sage bewusst: *versuchen!* –, etwas Ess- und Trinkbares aufzutreiben, das nur das Zehnfache kostet wie nebenan in Italien oder Frankreich. Aber irgendwann wird sich die unvermeidliche Frage, die schon seit Stunden hartnäckig an Ihre inneren Hirnwände klopfte, zu einer bohrenden Wissbegierde auswachsen: Wo, bitte schön, sind hier die Einheimischen? Wer, bitte schön, lebt hier überhaupt? Und wer, *s'il vous plaît*, kann sich das alles leisten; wen könnte es wohl reizen, es hier allen Ernstes länger als einen halben Tag freiwillig auszuhalten? Doch, da Ihnen zunächst ohnehin keine Seele schlüssig Auskunft geben wird, werden Sie sich vorläufig mit dem hier ganz besonders aussagekräftigen Grundsatz zufriedengeben müssen: Hässliche Entlein sollte man nicht unterschätzen.

Dass hier fast alles Gold ist, was glänzt, und stabiler Stahlbeton, was in den Himmel ragt, dass *cash* hier in schwindelerregend hohen Beträgen, unter denen sich alle Währungen des Erdballs befinden, im Sekundenrhythmus in Safes, Ladenkassen, Casinos und Hotelpanzerschränken umgelagert, ausgegeben, verhökert, gewonnen und verloren wird, ist alles andere als eine Selbstverständlichkeit. Nüchtern betrachtet, wurden wohl nur sehr selten in Europa die Ärmel so häufig hochgekrempelt wie in diesem vermeintlichen Dorado vor karger Felskulisse, einem perfekt organisierten und kontrollierten Überwachungsstaat, einem Fürstentum, das 1911 zur konstitutionellen Monarchie befördert wurde. Blicken wir zurück: Ein Jahr nachdem man dem politisch gewollten »rattachement« Nizzas an Frankreich auf die Sprünge geholfen hatte, ging es mit dem großen, sich zu urbanem Starstatus aufschwingenden Nachbarn rasch bergauf und mit Monaco erst einmal steil bergab. Sah sich Prinz Charles III., Nachkomme einer von historischen Dramen wie von einer Seuche heimgesuchten Operettendynastie, 1861 doch gezwungen, die einträglichen Gemeinden Roquebrune und Menton mehr oder minder »freiwillig« an den – noch heute – doppelgesichtig agierenden Beschützer-Belagerer *la France* abzutreten. Napoléon III. »kaufte« die weitaus größeren Areale für buchstäblich einen Appel und ein Ei. Was blieb, waren zwei armselige Quadratkilometer: ein Liliput-Terrain wie San Marino. Eine um 80 Prozent ihres ehemaligen Besitzes verkleinerte Miniatur-Schweiz, die man mit der Lupe suchen musste. Selbst Luxemburg, Liechtenstein, Andorra oder gar die Hälfte der Pariser Arrondissements erschienen demgegenüber wie Giganten. Nur zwei Tatbestände trugen dazu bei, dass sich das taschentuchgroße, von einer mehrere Jahrhunderte zurückreichenden Erbprinzfolge, die böse Zungen als ungehobelte Piraten-Nachfahren verunglimpfen, beherrschte Mosaiksteinchen der Riviera aus eigener Kraft wieder aufrappeln konnte: die Verlängerung der Bahnlinie hierher und die Ankunft des aus dem deutschen Bad Homburg »eingeflogenen« Casinodirektors François Blanc. Dieser gewiefte, in Unterschlagungen erfahrene Ex-Bankfachmann, dem seine jeweils erst nach langer Zeit aufgeflogenen Winkelzüge mehr genutzt als geschadet hatten, dem die Roulette-Routiniers außerdem die Abschaffung der Doppel-Zéro verdanken, erschien im richtigen Moment auf der Bildfläche. Blanc verstand sich ab den 1860er-Jahren nicht nur darauf, potenzielle Gewinnchancen abhängiger Spielernaturen zu maximieren, er drang auch erfolgreich auf den Ausbau einer *corniche* nach Monte-Carlo. Unter seiner Ägide wurde der mächtigen »Société des Bains de Mer« auf fünfzig Jahre hin ein Monopol eingeräumt. Der Grundstein war gelegt für immens ertragreiche, den Niederländern abgeschaute Landgewinnung, für einen Bauboom ohne Ende und für eine ungetrübte Folge glorreicher Dezennien. 1869 schon hatte man sich von der Einkommenssteuer verabschiedet, worauf sich immer größere Fische um einen Platz im Haifischbecken stritten. Die Monegassen durften sich die Hände reiben. 1879 öffnete das außergewöhnlich attraktive Opernhaus mit ebenso außergewöhnlichen Aufführungsserien. Den Rest der Erfolgsstory kennen Sie zur Genüge aus Illustrierten und Fernsehfeatures – Reeder und Reiche, russische Ballette und russisch Roulette, Onassis und Grace Kelly, Juwelen und Jubiläen, Märchenhochzeiten, schwarze Konten und schwere Jungs. Die vielen Rückschläge, die der Zwergenstaat in regelmäßigen Abständen gleichfalls hinnehmen musste, sind hingegen der Vergessenheit anheimgefallen.

Um immer wieder aufs Neue die Rolle eines gefährdeten Stiefmütterchens gegen jene einer heiß begehrten Bankenmetropole einzutauschen, Monte-Carlos Dauerschicksal vor und nach 1945, um dafür zu sorgen, dass der *rocher* weltweit unablässig Gesprächsstoff lieferte oder zumindest erstauntes Kopfschütteln provozierte, bedurfte es jedoch einer besonderen Begabung, der eines wendigen Drahtziehers und phantasiebegabten Regisseurs. Die Vaterfigur Rainier, unter deren Regentschaft in der zweiten Jahrhunderthälfte die Bevölkerungszahl von 2000 auf 35 000 anwuchs, besaß, zum Segen für die *principauté*, beides und setzte es mit Geschick zum Wohl seines Territoriums ein. Als Rainier, dem Polignac-Zweig der 700 Jahre alten Grimaldi-Sippe entstammend, in den Nachkriegsjahren die Verantwortung übernahm, war er selbst nahezu mittellos und musste sich mächtig ins Zeug legen, das Familienvermögen, das der Vorgängerprinz Louis II., von einer schwärmerischen Anwandlung verwirrt, in toto einer »Künstlerin« zugedacht hatte, erst einmal wieder loszueisen. Bei der von den Medien exzessiv ausgeschlachteten Liebesheirat mit Grace waren dann sicher nicht nur zarte Emotionen im Spiel, es ging auch um etwas weit Handfesteres, um die stattliche Mitgift des durch Immobilienhandel schwerreichen amerikanischen Schwiegervaters nämlich. Zugleich drückte man mehrere Augen zu und wollte von illegalen Machenschaften rund ums Casino ebenso wenig wissen wie von den Kuhhandeln zwischen den vom Bankgeheimnis geschützten Finanzzentralen des Kleinstaats, den vermögenden Franzosen, die es sich im Steuerparadies gut gehen ließen, den spendablen Stammgästen im Spielbank-Schlaraffenland, von in Europa hausgemachter Schmiergeldwirtschaft und von den obskuren Staatenlenkern noch obskurerer exotischer Länder mitsamt ihren üppig ausgestatteten Nummernkonten. Wieder florierte Monaco, doch diesmal in nie gekanntem Ausmaß. Dieser fröhlichen Anarchie schob der ergreisende General de Gaulle 1962 vorerst einen Riegel vor, indem er kurzerhand die Grenze schloss. Rückwirkend wurden mit einem kuriosen Beschluss alle französischen Vermögen im Lande auch der französischen Steuergesetzgebung unterworfen, aber erst im Jahre 2004 gelang es, aller aus Frankreich stammenden *résidents* fiskalisch habhaft zu werden. Für alle übrigen »Ausländer« blieb der Status quo absoluter Abgabenfreiheit bis heute uneingeschränkt erhalten.

Knapp 6000 »echte« Monegassen, deren Namen uns wenig sagen, stehen heute knapp 30 000 *résidents* gegenüber. Darunter sind allerdings Persönlichkeiten wie Ringo Starr, Sean Connery und Ornella Muti, Shirley Bassey, Justine Henin und Fernando Botero. Und um die hoch favorisierte *résidence* zu ergattern, um massive Beträge ungestraft hier einlagern zu dürfen, müssen unzählige administrative Hürden überwunden werden. In Zeiten politischer Instabilität, und an denen herrschte wahrlich kein Mangel (Kalter Krieg, 68er-Bewegung, Rote Brigaden, Ölkrisen, Mauerfall, Jugoslawienkonflikt, Irak-Invasion und und und) flüchtete sich das ganz große Geld – jedenfalls für jene, die ethische und juristische Hindernisse mit eleganten Jachten bravourös umschiffen – stets hierher. Wann immer Untersuchungskommissionen, seien sie nun mit Spezialisten aus Frankreich oder international besetzt, aktiv werden und detaillierte Nachforschungen anstellen, gelingt es *les monégasques*, der Obhut eines zutiefst anständigen, makellosen Monarchen gewiss, sich mit Anstand aus der Affäre zu ziehen.

Die Schaffung solcher auf traumhafte Zugewinne und beständige materielle Blüte angelegten Strukturen allein hätte aber sicher nie ausgereicht, um dafür zu sorgen, dass »Monte-Monaco« jenen Stellenwert einnimmt, den wir alle ihm heute unwidersprochen zuschreiben. Und genau hier kam der Bühneninstinkt des ehrgeizigen Rainier, im Antichambrieren bei für Schmeichelei empfänglichen Berühmtheiten geübt, zum Tragen. Ihm war aufgegangen, dass man sowohl den eitlen »Insassen« als auch der neugierig-neidischen Außenwelt unablässig etwas bieten musste: Brot und Spiele. Sehen und Gesehenwerden. Rainier bereitete den von Bergvorsprüngen eingekesselten Hochhaus-Halbkreis als rund um die Uhr zu bespielende Bühne der Besitzenden auf, auf der er als Dompteur und Zirkusdirektor schalten und walten konnte. Er platzierte die Scheinwerfer, entschied, wann Vorhänge hochgingen oder fielen. Die Instrumentalisierung seiner Bilderbuchromanze und seiner Ehe mit Grace sowie deren sorgfältig in Szene gesetzte Höhepunkte und Krisen. Der durch Graces Übersiedlung und ihr einzigartiges Charisma ausgelöste Run von Hollywood- und Showstars auf sein sonderbares Stückchen Mittelmeerfelsen, *entertainement on the rock*. Die Kinodiven Ava Gardner, Sophia Loren und Silvana Magano, der ägyptische König Farouk und Filmzar Vittorio de Sica waren unter den gern gesehenen und meistfotografierten Gästen. Rauschende Kostümfeste, mirakulöse Maskenbälle. Das mit Erfolg zum kosmopolitischen Event hochstilisierte, alljährlich abgehaltene Zirkusfestival. Das ebenso alljährlich auf Sand ausgetragene, so exklusive wie hochrangige Tennisturnier im Country-Club, dessen orangerot funkelnde Arena zuletzt Rafael Nadal als Sieger verließ. Die zielbewusste Schaffung immer neuer, immer teurerer Molen, Reeden, Jachthäfen und

»Marinas«, um Flotteneigner, arabische Scheichs und in jüngster Zeit auch die großen Kreuzfahrtgesellschaften, deren zumeist amerikanische Klientel sich tagsüber kauffreudig in die Nobelboutiquen ergießt, anzulocken. Der Bau repräsentativer öffentlicher Bauten wie das terrassenförmig ins Meer vorgelagerte Grimaldi-Forum mit seiner Glaspyramiden-Front oder das nach Rainier selbst benannte, von einer vierspurigen Autobahn untertunnelte und mit einem regenbogenfarbenen Vasarely-Brunnen überstülpte Auditorium. Die Errichtung immer verstiegenerer Hotelfestungen, Bastionen der oberen Zehntausend, obschon oft nur zu sechzig Prozent ausgelastet, aber in der Lage, ihren höchste Ansprüche gewohnten Gästen, ohne mit der Wimper zu zucken, in Sekundenschnelle die ausgefallensten Wünsche zu erfüllen. Die stillschweigende Übereinkunft mit den Schundblättern der westlichen Welt, die es einerseits ermöglicht, auflauernden Paparazzi ideale Bedingungen für halbseiden-lüsterne Berichterstattungen zu eröffnen, die andererseits mit aufsehenerregenden Klagen und Prozessen wieder zu Fall gebracht werden sollen; medienwirksam gesteuerte Empörungsschreie, die wieder viel indirekte Monaco-Reklame erzeugen. Dabei halten sich Dichtung und Wahrheit, Andeutungen und Informationsverweigerung, taktisch vom Prinzenpalast in immer neuen Varianten ausgestreut, durchaus die Waage. So profitieren beide Seiten in diesem vorzüglich austarierten Balanceakt vom Staubaufwirbeln von Benimm-Lappalien, *faux pas* und Belanglosigkeiten in Bekleidungsfragen; ein gefundenes Fressen für Frauenzeitschriften *und* für die mit allen Wassern gewaschenen Anwälte der Grimaldis.

Das Klatschkontinuum ist eigentlich nie wirklich abgerissen. Skandälchen und Komödien produzierte *la famille princière* samt ihren kunstseidenen Satelliten in der Tat am laufenden Band: die zunehmende Einsamkeit und den mysteriösen Unfalltod der kultisch verehrten Grace-Gracia, gefolgt von Rainiers Gram, Ungemach und sich über die Jahre verstärkender Isolierung. Die Affären und Tragödien seiner ungleichen Töchter mit Domestiken, *businessmen* und ungehobelten Aristokraten, deren amouröse Konsequenzen die Grimaldis schon fast zu Kinderreichen gemacht haben. Das noch nicht ganz einzuordnende Gebaren des im amerikanischen Idiom redseligen, aber im Französischen herumstotternden Thronfolgers und jetzigen Landesherrn, dessen Neigungen zum schönen Geschlecht erst kürzlich bekannt geworden sind und die ebenfalls ungeahnten Nachwuchs zutage gefördert haben. Auf den feinsinnigen Wissenschaftler Albert I., auf den Hallodri Louis II., Liebhaber einer Wäscherin und außenpolitisch unglücklich agierender Hasardeur, auf den Macher, Anpacker und Lenker Rainier III. schließlich folgte nun der Globetrotter. Frischen Wind, Bürgernähe und Jugendlichkeit verhießen seine vollmundigen Antrittsreden. Und der Wind über Monte-Carlo hat sich tatsächlich minimal gedreht. In Nuancen schon spürbar für manche Beobachter: Denn noch nie hielt sich ein Grimaldi-Prinz so selten *sur le rocher* auf wie er, der lieber in die Arktis reist, in fernen Gefilden friedensstiftend unterwegs ist, seinen sportlichen Kapriolen frönt, als Olympia-Teilnehmer von sich reden macht und seine Fühler in die große weite Welt ausstreckt. Selbst mit lokalen Gewerkschaftsvertretern hat er sich bereits, aus freien Stücken, an einen Tisch setzen mögen. Vom Hissen und Einholen der Staatsflagge lässt sich inzwischen schon lange nicht mehr hundertprozentig auf Alberts II. Präsenz im Kleinstaat schließen – auch mit solchen Traditionen wurde gebrochen. In die übergroßen Schuhe seines Erzeugers muss er erst allmählich hineinwachsen lernen, aus dem übermächtigen Schatten des herrisch-visionären Dickkopfs erst heraustreten.

Kultur und mondäne Ablenkungen sind die größten Trümpfe der *principauté*. Neben Spielbanken, Grand Prix, Tennis und Zirkus gilt Monaco zu Recht als erste Adresse für Ballett, Oper, Konzert und bildende Kunst. *En passant* stellt der gesamte Kleinstaat eine Art Skulpturengalerie dar; Parks,

Terrassen und Spazierwege sind mit Talentproben der weltweit bedeutendsten Bildhauer geradezu übersät. Um Besucher nicht nur in Ehrfurcht erstarren zu lassen vor so viel Gelungenem, bemüht man sich redlich, das etwas steife Image auch mit *fun*-Kunst der trivialeren Art aufzupeppen – so ließ man 2005 unter dem kalauernden Titel »Mona-COW« an allen Ecken und Enden im Straßenbild poppig verballhornte Rindviecher-Skulpturen, darunter solche von Sosno oder Ben, paradieren. Das in seinen Untergeschossen über weitläufige Präsentationsräumlichkeiten verfügende Grimaldi-Forum organisiert allsommerlich eine einzige Riesenausstellung, wobei die Bandbreite von Warhol über altrussische und primitive afrikanische Kunst reicht, so sorgfältig kuratiert, so verständig präsentiert und so qualitativ selektiert, dass selbst abgebrühten Museumsbesuchern das Staunen kaum vergehen will. Jean-Christophe Maillots hochkarätige Tanztruppe und Marek Janowskis vorzügliches Orchestre Philharmonique, beide aufs Großzügigste aus dem prall gefüllten Staatssäckel unterstützt, tragen den Glanz des mikroskopisch kleinen Staatengebildes in alle Kontinente, sind dabei aber ohne Übertreibung wirklich öfter im Ausland, auf Tournee, zu erleben als zu Hause.

Soeben ist das von Charles Garnier erdachte, das Meerespanorama visuell einbeziehende schmucke Opernhaus nach langen Jahren der Renovierung wieder neu eingeweiht worden. Als Bestandteil des mondänen Casinos mit nur wenigen Sitzreihen versehen, dafür aber aus den kostbarsten Materialien komponiert, ein den Eliten vorbehaltener Edelstein der *art lyrique*. Einst konnte es sich rühmen, Trutzburg der Avantgarde gewesen zu sein. Unter der progressiven Ägide des eine ertragreiche Ewigkeit im Amt befindlichen Impresarios Raoul Gunsbourg schwang es sich zu einem der tonangebenden Opernhäuser Europas auf, in dem in den Mittzwanzigern immerhin Maurice Ravels *L'Enfant et les sortilèges* und Francis Poulencs erotische Ballette zur Ur- beziehungsweise Erstaufführung gelangten. Zu einer internationalen Drehscheibe, auf der die bedeutendsten Tanzensembles der Moderne gastierten und kreierten. Gunsbourg, der über ein halbes Jahrhundert lang in Monaco schaltete und waltete, sorgte hier schon 1893 für die szenische Uraufführung von Berlioz' *La Damnation de Faust*, 1913 gefolgt von Gabriel Faurés *Pénélope*. Für Bühnenbilder und Dekors von bis dahin ungeahnter Kühnheit und Modernität zeichneten in »Monte-Monaco« aufstrebende Couturiers und Maler, Bildhauer und Modeschöpfer wie Gris, Braque, Laurens, Marie Laurencin, Max Ernst oder Joan Miró verantwortlich. Wenn sich, nur wenige Meter jenseits des blaugrauen *méditerranée*-Panoramas, das Premierenpublikum einfand, erlebten Zuschauer, Croupiers und Kokotten die ausgeklügelten Tanzmeisterwerke eines Léonide Massine und Georges Balanchine. Heutzutage kommen nur vier oder fünf Produktionen pro Jahr an ausgewählten Tagen zum Einsatz, meist Übernahmen. Standardware: Puccini, Verdi, Mozart, Donizetti. Stellen Sie sich auf höchste artistische Qualität und wenig künstlerischen Wagemut ein, aber untersagen Sie sich, milden Enttäuschungen vorbeugend, direkte Vergleiche mit der Glanzzeit des Hauses...

Casino und Monaco, das ist letztlich ein und dasselbe. Eine berühmtere, exquisitere Spielbank lässt sich auf der ganzen Welt nicht denken. Noch herrscht Cocktailkleid-, Jackett- und Krawattenzwang auf der Schwelle zum Allerheiligsten; nackte Waden, Baseballcaps, Spaghettiträger und hippe bauchnabelfreie Tops sind absolut tabu. Stefan Zweig porträtierte einstmals die pompöse Zitadelle des Glückspiels und ihre lüsterbeschwerten Wandelhallen, indem er in seinen *24 Stunden im Leben einer Frau* eine verschachtelte Geschichte in Rückblenden erzählte – ein älterer Mann vertraut einer schönen, jungen Dame beim Verlassen einer noblen Spielhölle an der Riviera ein Geheimnis an, das ihm seinerseits vor Jahren von einer reifen Aristokratin zugetragen wurde, die ihrerseits einen attraktiven Jüngling vor der Droge Spielsucht zu bewahren suchte. Pro Erzählebene springt die Zeit der Begebenheiten im *flashback* jeweils um eine Generation in die Vergangenheit zurück. Eine meisterhafte Novelle, so vertrackt wie die Finten eines Taschenspielers, der seine Tischgenossen mit gezinkten Karten blendet. Auch Henry Miller und Anton Tschechow haben ihre Visiten an den feudalen grünen Tischen von Monte-Carlo bezeugt, die mittlerweile selbst hier zum Großteil einarmigen Banditen weichen mussten. Edith Wharton prangerte die in erlesene Dekors gehüllte Grausamkeit dieses mitleidslosen Millionärs-Olymps an, der eines Tages unterschiedslos jeden Sterblichen in ein Opfer pekuniärer Triebe verwandelt, während ausgerechnet Karl Marx, auf der Rückreise aus Algier im April 1882 an der Côte anzutreffen, als Vergleich für den Zockerstaat Monaco Gerolstein in den Sinn kam. Kaum zu fassen, dass Pionier-Poeten wie Guillaume Apollinaire und rebellische Liedermacher wie Léo Ferré in den Winkeln rund um die Condamine ihre Kindheit verbracht und somit hier die Inspirationsgrundlage für ausgefallene Poeme und umstürzlerische Chansons vorgefunden haben sollen, und doch war es so. Für Schriftsteller aller Couleurs, für Casanova, Anthony Burgess und Marcel Pagnol, bot die spielzeuggroße Enklave – Burgess prägte für sie das doch etwas schmeichelhafte Bonmot vom »Manhattan en miniature« – vorübergehend oder längerfristig ein Domizil. Dabei lässt sich eine literaturwidrigere Örtlichkeit als Monte-Carlo, Antipodin zu Traumorten wie Nizza oder Antibes, kaum denken. Biografische Verirrungen und Zufälle gehorchen, genau wie Pechsträhnen im Poker, Rouge et Noir, Trente Quarante, Écarté und Hazard, eben keinen logischen Gesetzmäßigkeiten.

MC, so das Kürzel dieses Hauptquartiers unmoralischer Umtriebe, ist und bleibt eine Hochburg der Merkwürdigkeiten. Missverhältnisse und Paradoxien sind hier Legion. Nehmen Sie nur die Monegassen selbst: Monaco ist wohl der einzige Staat Europas, in dem sie, die »Ureinwohner«, nur ein

Fünftel der Gesamtbevölkerung ausmachen – man muss erst bis in die arabischen Golfstaaten schielen, um eine vergleichbare Quote aufzuspüren. Hingegen sind sie, im Gegensatz zu den *résidents*, die ausschließlich Wahlberechtigten und mit politischer Einflussnahme Ausgestatteten; die ausländischen Geldesel müssen zugucken. Mitspielen im Casino dürfen *les monégasques* aber nun auch wieder nicht! Die Passkontrollen am Einlass sind streng; dort sind sie es, die außen vor bleiben. Trostpflaster für die um ihre Spielleidenschaft geprellten Staatsbürger sind die erheblich gemäßigten Mietpreise (sie liegen um das Drei- bis Vierfache unter jenen für »Zugereiste«!). Stampft die Lokalregierung mal wieder ein neues Viertel aus dem Meer, verbreitert Prachtstraßen und schafft neue Schiffsanlegestellen – gedacht ist unterdessen sogar an schwimmende Wohn- und Vergnügungs-Pontons nach dem Vorbild asiatischer Metropolen, um das immer knapper werdende »Land« eben auf dem Wasser künstlich aufzustocken –, sind ihnen vorab schon die Appartements mit dem besten Blick, die höchsten Etagen, die günstigsten Firmensitze und Bürostandorte, ideal gelegene Parkplätze und vorteilhafte Jachtliegeplätze vorbehalten.

Fast versteht sich von selbst, dass sich bei solch privilegierten Bedingungen nur wenige unter ihnen der arbeitenden Bevölkerung zurechnen mögen. Man *lässt* arbeiten! Was unweigerlich zu dem Phänomen führt, dass Tag für Tag um die 40 000 Arbeitnehmer und Angestellte aus den französischen und italienischen Nachbargemeinden hierher pendeln, morgens ein- und abends wieder ausreisen, per Zug, Bus und Auto. Denn irgendjemand muss ja die Penthäuser sauber halten, die Hotelbetten beziehen, Weinflaschen entkorken, Straßen fegen, Strafzettel verteilen, Überwachungskameras einschalten. Klar, dass bei Quadratmeterpreisen um 20 000 Euro und marktüblichen Standardwerten für ein bescheidenes, noch dazu von schattenwerfenden *gratte-ciels* umstelltes Einfamilienhaus in Millionenhöhe kaum ein *employé* in der Lage ist, die Nacht im Land seines Arbeitsplatzes zu verbringen, vom Erwerb eigener vier Wände gar nicht erst zu reden.

Heimliche Herrscherin über die Felsen, die die Welt bedeuten, ist aber, so geht die Mär, seit Langem schon die »Société des Bains de Mer«, die Gesellschaft der Meeresbäder. Mit vier Palästen, neunzehn Großhotels und Casinos, untereinander mit Korridoren verbunden, um trockenen Fußes ins Allerheiligste, in das zentral gelegene Thermalbad der Société vorzustoßen, bildet sie einen autarken Staat im Staate. In den Fünfzigern von Aristoteles Onassis zur großzügig sprudelnden Geldquelle von gigantischen Ausmaßen ausgebaut, schaltete sich in den späten Sechzigern, durch einen genialen Schachzug Rainiers, der Staat Monaco als Hauptanteilseigner vor drohende Eigenmächtigkeiten, streicht seither einen Großteil des Gewinns ein (mehr als zwei Drittel) und sichert den Grimaldis immerhin noch drei nicht ganz unerhebliche Prozent. Es läppert sich, bedenkt man, dass allein in der Saison 2004/05 in den zur Société gehörigen Casinos ein Umsatz von 230 Millionen Euro erzielt wurde.

Höher, größer, prunkvoller – immer dann, wenn man gerade denkt, jetzt sei ein- für allemal die Obergrenze erreicht, jetzt seien Auslastungszahlen nicht mehr zu übertreffen, könne der Jackpot nicht mehr weiter gesteigert werden, müsse die Spielbank doch unwiderruflich bankrott gehen, setzt die Heimat von Hôtel de Paris und Sporting Monte-Carlo zwischen Rascasse-Kurve, Larvotto-Strand und Port Hercule noch einen drauf: mit dem auf einer neuen Meeresaufschüttung ruhenden, zwei Hektar großen Monte-Carlo Bay Hotel, einem mediterranen Disneyland, einer *plage privée*, einem zusätzlichen Hubschrauberlandeplatz, einer neuen Ladenzeile mit Klassikern wie Prada, Hermès und Cartier als Lockvögel im Zentrum. Das Chaos schlechthin bricht aus, wenn wie so oft zwischen Ende Mai und Anfang Juni das Autorennen hier und die Filmfestspiele in Cannes frontal aufeinander zu jagen. Dann sind die *hotlines* zu allen Catering-

Firmen hoffnungslos überlastet, ist auf Tage hin kein Helikopter mehr zu bekommen, nicht einmal gegen Bestechungsgelder, sind alle Hotelpaläste restlos ausgebucht, gleichen die Verkehrsverhältnisse auf allen drei *corniches* sowie auf der Autobahn einem infernalischen Hexenkessel. Die gesamte *principauté* ist abgesperrt, abgeschirmt und in allen Straßenzügen mit Auffangwänden gut abgepolstert, damit aus der Kurve rasende Bolliden möglichst sanft aufprallen. Nichts, wirklich nichts geht mehr an diesen *journées folles* – und doch läuft alles wie am Schnürchen. Nie klingeln die Kassen heller, wohltönender, öfter. Kühnste Träume des ins Utopische gesteigerten Ultrakapitalismus werden hier täglich wahr. Keine Streiks, keine 35-Stunden-Woche, keine langwierigen Tarifverhandlungen, keine mit dem Füllhorn ausgegossenen Sozialleistungen, keine missverstandene Wohlfahrtsmentalität kommen Unternehmen, Firmengründern und Selfmademen hier in die Quere. *Rien ne va plus*: Nein, es gibt wohl wirklich kein Zurück mehr!

Und wie zum Beweis, dass in diesem »Stäätchen« niemand, der etwas auf sich hält, an Höhenangst leidet oder daran, den Mund zu voll genommen zu haben, sitzt hoch oben, im Nordosten des Areals am Rand einer *corniche*-Haarnadelkurve auf einer sich gefährlich vorwölbenden Bergspitze, das spektakuläre Monaco Vista Palace Hotel, dessen weit ins Leere herausragendes gläsernes Erdgeschoss, ein Feinschmeckerrestaurant, auf 333 Metern über dem Meeresspiegel augenscheinlich völlig vernunftwidrig angesiedelt, mitsamt Fundamenten und Bewohnern jeden Moment in die Tiefe zu stürzen droht. Gäste, Pächter und Eigner, gegen abergläubische Vertigo gefeit, vertrauen dagegen, »felsenfest«, auf seine Solidität. Ein eindringliches Bild für die Philosophie des Mini-Reiches: Nur wer etwas wagt, sich ganz weit vorbeugt und hemmende Bedenken mit einem Willensakt überwindet, wird mit phantastischen Aussichten belohnt, darf sich, und wenn auch nur wie hier für eine unvergessliche Mahlzeit, als Herrscher über so viel menschliche Erfindungskraft und Hybris fühlen. Allen an Sesselliftfahrten geschulten Neugierigen kann ich nur empfehlen, hier wenigstens einmal einzukehren. Sie werden es ebenso wenig bereuen wie jener, der in Monte-Carlo investiert, und jene, die ihren Einsatz nicht widerruft, sondern beim Roulette ihre ganzen früheren Spielgewinne und Chips erneut in die Waagschale wirft.

Neues Spiel, neues Glück!

Ramponierte Rivalinnen

Cannes, Saint-Tropez und Menton

Goldrichtig liegen Sie, wenn Sie davon ausgehen, dass sich ganz Cannes, im Wettstreit um die Goldene Palme, für zwei Wochen im Mai in einen einzigen roten Teppich verwandelt. Ein flauschig-samtiges Laufband, dessen Ausläufer sich nicht nur über die Treppen des Festivalpalastes, sondern die gesamte Croisette entlang bis in die Hotelvestibüle von Majestic, Martinez, Noga Hilton und Carlton erstrecken, bis zum Malmaison-Museum und rings um das schick aufgezäumte Hafenbecken. Symbolisch wohlgemerkt! Sollten Sie aber darauf spekulieren, dass er auch ein Stück weit für Sie ausgerollt wird, nur weil Sie dem Städtchen gerade jetzt Ihre Aufwartung machen, so sind Sie ziemlich schief gewickelt. Cannes ist und bleibt – freilich ganze vierzehn Tage nur – die Hochburg der Exklusivität. Barrieren versperren überallhin den freien Zugang. Leibwächter und Sicherheitspersonal leisten ganze Arbeit. Man darf den Stars von Weitem zuwinken und zurufen, wenn sie aus ihren Limousinen steigen, in dritter Reihe Spalier stehen, wenn sie sich in gierig ihnen entgegengestreckten Autogrammheftchen verewigen; man kann darauf hoffen, *par hasard* Madonna beim Joggen oder Bono beim Flanieren zu begegnen, zufällig neben Penelope Cruz beim Coiffeur zu sitzen oder Claudia Cardinales Suitennachbarin zu sein, und hungrigen Blickes vor den Portalen und Seiteneingängen der Restaurants und Veranstaltungsorte ausharren. Ein Publikumsfestival wie die Berlinale ist Cannes jedoch nie gewesen. Öffentliche Vorführungen sind Mangelware, und so gern sich *les vedettes* den Blitzlichtattacken der Fotojournalisten aussetzen, so ungern möchten sie ausgerechnet mit Ihnen per Du werden. Trösten Sie sich: Fast immer herrscht schlechtes Wetter (das heißt, es fällt lediglich ein bisschen Regen), wenn *la Quinzaine des réalisateurs, Un certain regard* und *Compétition* über die Bühne gehen, die im Fernsehen übertragenen Abschlussfeierlichkeiten gelten seit Langem schon als Inbegriff der Peinlichkeit, und die wirklich Beneidenswerten treffen Sie eher den Rest des Jahres über an: für unsereins namenlose, unter ihresgleichen allerdings namhafte arabische Ölmagnaten, die für ihren Hofstaat, für ihre unüberschaubare Schar von Frauen und Kindern die Paläste gleich allein für sich reserviert haben. Und das bereits Jahre im Voraus. Wochenweise!

Wer Cannes hört, denkt dennoch unwillkürlich an die Filmfestspiele, obwohl sie nur mit erheblichen Startschwierigkeiten ins Rollen kamen und immer mal wieder von Krisen gebeutelt waren: Erstmals für September 1939 geplant, mussten sie aufgrund des Kriegsausbruchs gleich wieder verschoben werden. In der Nachkriegszeit fielen sie ein paar Mal wegen finanzieller Nöte ins Wasser, während der Studentenunruhen des Pariser Mai '68 musste man sie gar wohl oder übel unterbrechen, und die spätere Errichtung des scheußlichen Festival-»Palastes« an der Stelle prunkvollerer, ehrwürdigerer Gebäude, im Volksmund völlig zu Recht »Bunker« geschimpft, geriet zum Zankapfel. Cannes hat große Zeiten und große Namen gesehen: Sharon Stone und David Lynch, Sophia Loren und Emir Kusturica, Charlotte Rampling und Agnès Varda, Wong Kar-wai, Hanna Schygulla und Wim

Wenders. Cannes ist nicht ohne guten Grund die Partnerstadt von Beverly Hills. Cannes »kann« durchaus auf glorreiche Soiréen, auf sensationelle Galas, auf kinematografisch Revolutionäres und auf preiswürdige Palmenbesitzer zurückblicken. Cannes »kann« getrost stolz sein auf seinen Rang im Olymp der *septième art*. »Cancan«: heutzutage zuallererst ein gigantischer Umschlagplatz für Video- und DVD-Produktionen, für Verleihrechte, TV-Fusionen und astronomische Werbeetats. Ein Jahrmarkt echter und eingebildeter Eitelkeiten, gewiss, zuvörderst hingegen ein cineastischer Supermarkt der Superlative, ein *get-together* für gewiefte Geschäftsleute. Eine Brutstätte kommender Karrieren und Kinohits. Kein »Cancan« also – vielmehr ein Tanz der Vampire.

Das Festival du Film im Mai und die beeindruckend professionelle MIDEM, die größte internationale Musikfachmesse für Verlage, Labels, Interpreten und Produzenten im Januar / Februar auf dem Klassik-, Pop-, Jazz- und Rocksektor, sind jene zwei Pfeiler, auf denen Cannes' Prestige und Finanzkraft ruhen und deren alljährliches Abhalten das Geschehen des Örtchens rhythmisiert. Zwei *événements* der Sonderklasse. Dazwischen liegen unzählige kleine und mittelgroße Kongresse sowie Fachveranstaltungen, die für eine nahezu hundertprozentige Hotelauslastung sorgen. Der Standort Cannes, in puncto Messen hochattraktiv, konkurriert inzwischen denn auch spielend mit internationalen Nebenbuhlern wie Barcelona. Und dessen ungeachtet verleiht der maßstabsetzende Reiseführer Michelin, eine unangreifbare Autorität in Sachen gelehrtem Globetrottertum, seit Jahrzehnten Nizza drei Sterne, Cannes dagegen wird mit »nur« drei kleinen Sonnensymbolen abgespeist – die Auszeichnung für einen herausragenden *Seaside Resort*: nicht mehr und nicht weniger. Ein Trostpflaster? Belohnung einer zu kurz gekommenen, obwohl weltberühmten Ansiedlung? Ja, es lässt sich nicht leugnen, dass der unterschiedliche Grad an Wertschätzung der Croisette-Stadt die Côte-Bewohner und Côte-Besucher schon seit ewigen Zeiten in Befürworter und Kritiker spaltet. Vielschreiber und Krimiautor Georges Simenon zählte augenscheinlich zu den Ersteren. In seinem in Cannes spielenden Roman *Der zweifelhafte Monsieur Owen* lässt er seinen Lieblingsprotagonisten, den nimmermüden Kommissar Maigret, der an der Riviera zu ungewohntem Ruhestand verurteilt ist, wohlig seufzen und schwärmen: »Es war herrlich, hier zu sein, mit geschlossenen Augen zu spüren, wie das Sonnenlicht durch die gelben Vorhänge sickerte und über die Lider strich, dass sie prickelten; vor allem war es herrlich, sich vorzustellen, dass es halb drei nachmittags sein mochte, vielleicht später, vielleicht früher, und dass obendrein diese Geißel des Daseins, die man Uhr nennt, im Moment vollkommen unwichtig war! Und das war noch nicht alles! In diesem Augenblick kamen eine Menge herrlicher Dinge zusammen. Zunächst die Landschaft. Die glatte Fläche des Mittelmeeres, wie man sie von den großen Hotels in Cannes aus erblickt, mit dem Gewimmel der glänzenden Maste im prachtvollsten Hafen der Welt zur Rechten, und in der Ferne, ganz weit draußen, in gleißendem Licht, die Îles de Lérins. Sogar die Geräusche waren so etwas wie Geräusche des Luxus. Die Hupen der Autos waren keine gewöhnlichen Hupen, sondern größtenteils Signale langer und funkelnder Limousinen, die von Chauffeuren in Livree gesteuert wurden.«

Das war einmal, möchte man solcher Emphase beinahe defätistisch entgegenhalten. Chauffeure in Livree und Limousinen mag man sporadisch noch hie und da erblicken. Erfreuen kann man sich gleichfalls an den überlebensgroßen Filmplakaten, wie sie zur Festivalszeit als Blickfang-Tafeln auf die Hotelfassaden projiziert und montiert werden, an den abendlichen Gratis-Open-Air-Kinovorführungen am Strand, wobei Klassiker der Filmgeschichte zum Zuge kommen, an den Handabdrücken der Leinwandgötter im Boden, wie sie auf der *Allée des Stars* als bescheidenes Hollywood-Imitat das Trottoir verschönern, an den gelungenen *trompe-l'œil*-Szenen aus legendären Streifen wie *Titanic* oder *Casablanca*, wie sie zahlreiche Brandmauern und Rückseiten von Appartementhäusern zuhauf schmücken. Doch ansonsten gibt es in Cannes, wenn man's genau nimmt, eigentlich erschreckend wenig zu tun – und vor allem: zu sehen. Eine Zeit lang kann man sich zwar ausgiebig dem sündhaft-sinnlosen Spieltrieb des *lèche-vitrine* hingeben (auf gut Deutsch: Schaufensterbummel), alle bedeutenden Marken sind hier in vorderster Reihe vertreten, aber die edlen Boutiquen in Monaco machen eben eine ganze Ecke »mehr her«. Eine Zeit lang kann man durch die winzige, unbelebte Altstadt auf dem Suquet-Hügel bummeln, das Musée de la Castre erkunden, einen Blick in die Chapelle Bellini werfen oder den farbenfrohen, überdachten Marché de Forville mit seiner Anwesenheit beehren – aber die *vieilles villes* von Nice oder Menton haben mehr atmosphärischen Zauber, und die großen Märkte von Antibes oder Nizza versprechen einen weit intensiveren Augenschmaus. Auch in den benachbarten, beschaulichen Dorfkernen von Le (vieux) Cannet und Vallauris hat man relativ schnell die Runde gemacht. Cannes' Haupteinkaufsstraße, die parallel zur Croisette das kleine Zentrum in zwei Hälften teilende rue d'Antibes, strahlt eher gelangweilten Glamour aus, besitzt bestenfalls provinziellen Charme, auch wenn die Preistafeln das Gegenteil verheißen, und hat eben nur sehr wenig mit dem aufregenden Luxus eines Rodeo Drive gemein. Tritt man selbst an einem belebten Juliabend, auf dem Höhepunkt der Saison, unvermutet in eine dem Meer abgewandte Seitenstraße, so liegt sie völlig ausgestorben da: tote Hose, mit Verlaub! Und in manchen durchschnittlichen Winterwochen ist jenseits der menschenleeren Boulevards und verlassenen Strandlokale mit dem coolen Cannes, in dem sich dann Passanten und Prominente äußerst rar machen, so gar kein Staat zu machen. Viele Geschäfte, viele VIP-Lounges sind verrammelt, haben längst dichtgemacht – bis zum nächsten Festival. Ein Hauch von *blues,* eine Brise von *cafard* liegt in solchen Momenten über der paradiesisch gelegenen Bucht, in der früher nichts als das namenstiftende Schilfrohr (*cannes*) büschelweise im Wind schaukelte, und ihrem privilegierten Logensitz gegenüber den Esterel-Felszacken.

Hat die Goldene Palme mittlerweile Rost angesetzt, eine Patina des Verfalls; sind ihre Blätter struppig und unansehnlich geworden; wird sie in jedem Frühjahr einfach nur wieder notdürftig aufpoliert? *Non, non*, wird sich jeder Einheimische beeilen zu sagen, noch ist hier kein gravierender Imageverlust zu beklagen. Hat Cannes doch stets die Nase vorn, was mondäne Ausgehmöglichkeiten, die Qualität der Diskotheken und Feinschmeckerlokale und den unverrückbar hohen Standard der Luxushotels betrifft. Für eine ganz kleine Schar an Auserwählten ist der Cannes-Code demnach immer noch das Maß aller Dinge. Die Nase vorn für *tout le monde*, für jedermann, hat die Stadt auch mitten im Hochsommer, wenn das Festival de Feux d'Artifice steigt, wenn sich im Tages- und Wochenabstand die genialsten Feuerwerker vieler Nationen hier zum anspruchsvollen Wettbewerb einfinden und Nacht für Nacht ihre phantastischen Lichtexplosionen hoch über dem Hafen in den warmen Julihimmel jagen. Eine Augenweide auch für Abgebrühte. Noch aus der Ferne, von Grasse aus, sind die in die Luft katapultierten Zauberblüten und Lichtregen des pyromanischen Großevents allnächtlich sichtbar. Höhepunkt ist die Prämierung des Siegerlandes in der Abschlussnacht, von Abertausenden Ahs und Ohs akklamiert. Welche *équipe*, welches Feuerwerkerteam dann die Nase vorn hat, ob China, Italien oder die gastgebende Nation selbst, entscheiden Jury und Publikum. Und Sie haben die Nase im Wind, wenn Sie sich, vom Hafen in Cannes aus für eine kurze Spritztour auf die Îles de Lérins aufmachen und ganz vorne, auf dem Bug der Fähre, Platz nehmen. Womöglich das Beste an Cannes ist der Besuch dieser unwirklich abgeschiedenen Doppelinsel. Balsam für die Seele. Kein Verkehrsgetöse stört dort die Ruhe, und in nur jeweils zwei Stunden können Sie diese paradiesischen Landtupfer zu Fuß spielend umrunden.

Auf Sainte-Marguerite werden Sie beim Besichtigen der Festungsmauern das Geheimnis des »Mannes mit der Eisernen Maske« zu ergründen versuchen und beim – nur vom Grillenzirpen begleiteten – Spazieren einem botanischen Naturpfad folgen; auf Saint-Honorat, dem stilleren Part des Zwillingseilands, weht noch der Geist eremitischer Zisterzensier-Mönche. In deren am Ende der Welt liegenden Abtei kann man den kuttenbeschwerten frommen Brüdern beim Brennen und Destillieren scharfer Schnäpse zuschauen, Ihnen ein paar Flaschen selbst produzierten, vor Ort gereiften Rotweines abkaufen, in Kemenaten auf spartanischen Pritschen übernachten und bei ihren sieben Tagesgebeten mitsummen. Verlieren Sie sich einen halben Tag lang in den göttlich ruhigen Badebuchten, erkunden Sie die Wanderwege, spannen Sie aus! Versäumen Sie aber nicht die letzte Fähre, die Sie ins lärmende Cannes zurücktransportiert – sie verlässt, auch im Sommer, die Inseln schon früh, am späten Nachmittag nämlich, um den fleißigen *frères* der *congrégation cistercienne*, die hier schon seit dem 12. Jahrhundert wirken, den selbst gewählten Abstand zum weltlichen Gewusel zu sichern. Sollten Sie sich dazu entschlossen haben, an ihrer Seite über Nacht dort zu bleiben, suchen Sie doch einfach einmal im Sonnenuntergang nach den wenigen Palmen, die man auf Saint-Honorat gepflanzt hat. Wenn goldenes Abendlicht auf deren Wipfel fällt und Sie sich ganz allein und im Einklang mit dieser stimmungsvollen Insel wissen, ist Ihnen die begehrteste Prämie von Cannes, um die die ganze Welt buhlt, sicher. Wenn auch nur auf Zeit!

Stecken Sie fest in einer Blechlawine zwischen Grimaud und Ramatuelle, staut es sich vor Cogolin und hinter La Foux, quälen Sie sich durch zäh fließenden Verkehr zwischen Sainte-Maxime und Gassin, herrscht verfluchenswerter Stillstand vor den letzten *ronds-points* am Ortsein- und ausgang von Saint-Tropez? Beschwerlich war es schon immer, nach Saint-Trop' (sprich: »tropp!«) zu gelangen. (Kein Sterblicher macht sich übrigens die Mühe, das »-pez« nachzuliefern.) Das einstige Fischerdorf von ebenso einstigem Weltruf, in dem selbst heute dauerhaft keine 6000 Seelen im Einwohnermeldeamt verzeichnet sind, will offenkundig unter Mühen erobert werden. Nur über eine einzige, pro Richtung einspurige Stichstraße – schon von Colette schwermütig evoziert – kann man sich ihm, von der weit entfernten *autoroute* her kommend, nähern. Eine Bahnlinie hierhin gibt es schon seit langen Jahren nicht mehr. Vergleichsweise bequem hatte es da der antiken Zeitläuften entstammende Ortsheilige Torpes. In seiner Eigenschaft als christlicher Zenturio hatte man ihn, auf Geheiß des Kaisers Nero, buchstäblich einen Kopf kürzer gemacht. Das abgeschlagene Haupt neben sich, trat er vom italienischen Pisa aus bußfertig seine letzte Reise an – quer übers Mittelmeer. Genau hierher, viele hundert Kilometer weit nordwestwärts, trieb es das kleine Bootchen, auf das man seinen verstümmelten Leichnam gesetzt hatte. Makabre Fracht! Seite an Seite mit ihm hockten in friedlicher Eintracht ein Hahn und ein Hund. Und, so will es die Legende, beide Tiere rührten die ganze *traversée* über weder Kopf noch Körper an, als handle es sich bereits um eine Reliquie, hielten trotz großen Hungers brav und respektvoll still, und dies auch noch, als das wacklige Gefährt bereits an die südfranzösischen Gestade stieß. Ein solches Wunder musste natürlich in die Annalen der Region eingehen und verhalf dem Nest zu einem ungewöhnlichen Schutzpatron. Danach passierte anderthalb Jahrtausende lang erst einmal recht wenig, bis sich um 1470 einige genuesische Familien niederließen, sehr erfolgreich Handel betrieben und selbstbewusst ihre eigene Republik ausriefen. Beständige Angriffe von außen gefährdeten die wirtschaftliche Stabilität; die Tropezianer verstanden sich nichtsdestotrotz geschickt darauf, sich langfristig zur Wehr zu setzen. Dem Volkshelden und Vizeadmiral Suffren zu Ehren, dessen selbstlosem Einsatz in der zweiten Hälfte des 18. Jahrhunderts als »Schrecken der

Meere« die Einwohner der angefeindeten *république* so viel verdankten, errichtete man eine Statue am Kai. Kurz vor dem *fin de siècle* dann verschlug es die Pointillisten um Paul Signac in das kleine Hafendorf, was zur Ansiedlung einer beachtlichen, hochkarätig besetzten Malerkolonie führte – Bonnard und Matisse, van Rysselberghe, Derain und Picabia. Und schließlich, bald nach dem Ende des Zweiten Weltkriegs, kam Gunter Sachs. *A playboy for all seasons*, wie er sich später selbstironisch porträtieren sollte. Mit Verve, Geschmack und Stil holte er zum Generalangriff auf die seither mythenumrankte Gegend aus: Zeitgeistgeflüster, so schreibt er (von sich in der dritten Person) süffisant und nicht ohne Stolz in seinen Memoiren, führte ihn in den Fünfzigern in das »damals noch schlafende Saint-Tropez. Es wird zum Treffpunkt einer jungen Generation, die bürgerliche Zwänge unbekümmert über Bord wirft« – etwas, was Hahn und Hund klugerweise vermieden hatten... »Gemeinsam mit Françoise Sagan, Juliette Greco oder Roger Vadim gehört der Playboy zu den Wegbereitern des neuen Denkens« – ein Philosoph im rasanten Motorboot gewissermaßen! »Zwei Jahre später dreht Vadim an gleicher Stille mit Brigitte Bardot *Und Gott erschuf das Weib* (*Et Dieu créa la femme*) und katapultiert zwei neue Fixsterne an den Himmel der Franzosen«, und an jenen der Weltöffentlichkeit, wie man hinzufügen sollte: »das Weib und den magischen Ort«.

Ein Vierteljahrhundert lang zogen Sachs und Konsorten mit verschwenderischer Phantasie und fanatisch in Szene gesetzter *fun*-Kultur, flankiert von immer neuen, barbusigen, langbeinigen Blondinnen, in der neuen Partyrepublik ihre Nummer ab, sorgten dafür, dass man sich in Saint-Trop', einem französischen Ibiza-Pendant, auf libertinärem und dennoch gehaltvollem internationalen Parkett bewegen konnte, und hauten gehörig auf den Putz. Die authentische *ambiance* aus Spelunken, streunenden Katzen, schlichten Fischerhemden und herumliegenden Schiffstauen im Hafenviertel La

Ponche und seinen krummen Straßen wich auf der gesamten *péninsule* den ubiquitären *seins nus*, Goldkettchen und einer in weiße Uniformen gewandeten, eilfertig umherspringenden Lakaienschar. Unentwegt sprudelnder Champagner, ins Unendliche verlängerte Sommernächte, Tangas und Tabubrüche, ostentatives Showgehabe und südseehaft funkelnde Strände, an denen die freie – ausschließlich heterosexuelle – Liebe zum Maß aller Dinge wurde, für all solche von geistigem Tiefgang unbeschwerten Lustbarkeiten gab die Halbinsel, vor deren tiefblauer Meerkulisse geradezu unverschämt teure Jachten kreuzten, den idealen Nährboden ab. Die naiv-aufreizende BB, zeitweilig auch Sachs' Gattin, und ihr Schmollmund, einige Generationen früher die emanzipierte *romancière* Colette und ab den *années cinquante* das ebenso rebellische Frolleinwunder der französischen Nachkriegsprosa, Françoise Sagan, die – das Motto ihres Sensationsromans *Bonjour tristesse* unbekümmert in den Wind schlagend – sich vom feschen Gun*terrrr* in dessen Nobelboutique micmac schon einmal schalkhaft ein eigens für sie designtes T-Shirt verehren ließ, gehören zum ewigen Inventar der mondänen Kolonie und des stilisierten Sündenbabels. Die *tropézienne* gehört auch dazu, eine von einem polnischen Bäcker ersonnene, klebrige Kuchenschnitte mit draufgestreuten Zuckerstreuseln und Orangenblütenaroma, aus deren Innerem üppig hellbeige *crème patissière* quillt und in die *toute la France* gern hin und wieder lustvoll ihre Zähne versenkt. Dito die bildschöne, prächtige Segelbootparade *La Nioulargue*, mit der man seit den frühen 1980ern im Oktober die Saison beschließt, eine Regatta, bei der Schiffsspezialisten und Bewunderer edler Manövrierkunst auf ihre Kosten kommen. Die berühmten *bravades* ebenfalls, religiöse Prozessionen und nachgestellte historische Schlachten zugleich, die den historischen Widerstand der Tropezianer alljährlich gegen Mitte Mai, um fünf Jahrhunderte versetzt, wieder heraufbeschwören – mit ihren krachenden Gewehrsalven, farbenfrohen Militärparaden, blau-weiß-rot kostümierten und uniformierten Soldaten, mit Kanonenböller und Seefahreraufmärschen. Mit durch die Altstadtgassen geschleppten hölzernen Torpes-Statuen die Attraktion schlechthin im unterdessen so ereignisarmen Schickeria-Ghetto. Die Terrassen des Kultlokales Sénéquier am Jaurès-Kai, einer Filiale der versnobten Cafés von Saint-Germain-des-Prés. Oder ein Besuch im stadteigenen Kunstmuseum L'Annonciade mit Kostproben von Seurat, Maillol oder Utrillo, direkt am Quai. Eine Visite im Haus der Schmetterlinge, gleich hinterm Hafen. Oder eine Siesta im Schutze der Zitadelle. Unweit des kleinen Friedhofs, des *cimetière marin*, auf dem, laut Sagan, »alle begraben sein wollen, um die Schiffe vorüberfahren zu sehen und damit ihnen die Sonne die gebleichten Knochen wärmt«.

Erwarten Sie nun aber bitte nicht, dass sich augenblicklich nach Ihrer Ankunft – die Sie, wenn eine Empfehlung hier am Platz sein darf, am leichtesten und am visuell erquickendsten mit einer von Sainte-Maxime, Les Issambres oder Saint-Raphaël heransteuernden Fähre absolviert haben – allerorten Prominenz zum Anfassen aus dem reichlich vulgären Flaniergetümmel heraussticht. Rechnen Sie lieber nicht damit, dass Louis de Funès und Michel Galabru knüppelschwingend als aufgebrachte Gendarmen durch die Strandböschung hinter Ihnen herrennen, um Sie am Oben-ohne-Baden zu hindern. Denn so abstoßend zuvor bereits das fade Bahnhofsgebäude von Cannes auf Sie gewirkt haben mag, so ästhetisch diskreditiert sind derzeit ganze Teile des ohnehin nicht gerade ausgedehnten Zentrums von Saint-Trop', wenn nicht noch eine Spur ramponierter. Anders als manch andere der rassigen Rivalinnen Nizzas sind Bardots ruhmreiche Reviere bedauerlicherweise unübersehbar in die Jahre gekommen. Romantik und Nostalgie haben sich verkrümelt. Banausenhaft ausstaffierte Billigläden und barbarisch überteuerte Fressstände sowie tausendhaft die Einkaufszonen bevölkernde *Star-Ac'*-Anhänger – Fans eines Real-TV-Bandwurmes von der Art

Frankreich sucht den Superstar – bestimmen, *hélas*, das Straßenbild, aus dem sich jegliche provenzalische Magie verflüchtigt zu haben scheint. Das unaufhörliche Geknatter der Motorboote besitzt ungefähr denselben Lärmpegel wie jenes der aufgemotzten Motorräder.

Tacky, würden die Amerikaner sagen, und damit den Nagel auf den Kopf treffen, sollte man seinen Gesamteindruck dieses *lieu branché* in zwei Silben fassen. Pöbel und Harley-Davidsons, Tattoo-Shops und görenhafte Groupies, dilettantische Porträtmaler und pommeskauende Provinzler provozieren mit sichtbarem Sitzfleisch oder schieben einander im Stoßstangenslalom durch die zugeparkten Gässchen, als zögen sie von einer Rummelbude zur nächsten. Von den Aristokraten, Avantgardisten und Geistesgrößen unserer Tage wird Saint-Trop' schon seit einer ganzen Weile bewusst stiefmütterlich behandelt. Oder ganz gemieden. Errol Flynn, Juliette Gréco und die Existenzialisten, die einstigen Lichtgestalten unter den Platanen an der Place des Lices, sind hier unwiderruflich *passés*. Anheimelnd – oder gruselig still – fühlt es sich hier nur in der Nach- und Nebensaison an. Und unverdorben ist hier nicht einmal mehr der Asphalt.

Masse und Einsamkeit in ihrer jeweils ausgeprägten Form hält Saint-Trop' bereit – fünf Millionen Besucher jährlich und bis zu 100 000 Touristen täglich suchen, gegen Strapazen offensichtlich immun, die wenigen Quadratkilometer heim, um das preziöse Parfum der *mythologie tropézienne* persönlich zu schnuppern; umso grausamer schlägt das Pendel zwischen Oktober und Juni in die Gegenrichtung aus, wenn man, oft als einziger Gast, in einer unwirtlichen Geisterstadt umherschleicht, durch die kühle Winde fegen. Der notorische Riviera-Nörgler Tucholsky weissagte schon 1925, als ihm ein *séjour* in Saint-Tropez ordentlich die aufgeräumte Berliner Laune zu verhageln begann, das heutige Los einer garstigen *ville fantôme*, als ahnte er intuitiv, was sich an einem Novemberabend zur Stunde der Dämmerung anno 2007 hier abspielen sollte: »Bei aller Liebe – aber dann schon lieber Neuruppin!«, notierte er polemisch in sein Tagebuch. »Dunkel sind die Gassen, ein Betrunkener durchschimpft sie, aus einem braunen Hause hört man einen Zank. Die Laternen brennen trübe. Am Hafen liegt ein Gewirr von Tauen und Segelleinwand, überall drücken sich Männer herum, es ist schmutzig und dürftig.« Um flugs Sainte-Maxime (»sehr sauber und adrett und freundlich – das ist ein ander' Ding«!) auf der gegenüberliegenden Golfseite den Vorzug zu geben. Dabei lässt sich Sagans literarischer, von ungebrochener Liebe für Saint-Tropez verklärter *point de vue* auch heute noch problemlos nachvollziehen. Der unverstellte Blick auf »seine schmalen und spitzen, manchmal schiefen Häuser, diese gelben, roten, blauen oder grauen Häuser, verwittert unter Sonne und Wind, mit ihren Dächern aus Ziegeln, deren dunkelrosa Farbe dem Auge wohltut, versammelt um einen« verrücktspielenden, markanten Kirchturm. Schon aus der Ferne wahrnehmbar, stellt er Saint-Tropez' Leuchtturm dar und wacht über den mehrmonatigen Schlaf der ihm anvertrauten Gemeinde. Die unter seiner Obhut versammelten Behausungen nehmen die Gestalt schlummernder Kreaturen an. »Alle Häuser sonnen sich tagsüber, wie Katzen oder große Hunde.« Nimmt man diese raue, abweisende Architektur mit ihren lieblichen Farben etwas genauer unter die Lupe, wird sofort augenfällig, welche Ausnahmestellung der mal völlig überlaufene, mal sich selbst und den unverdrossenen *pétanques*-Spielern überlassene Ort im Kontext der Côte einnimmt: nichts Italienisch-Beschauliches, nichts Mediterran-Mildes entfaltet hier seine betörende Zauberkraft. Grimmige Härte und schroffe Konturen bestimmen die Silhouette der Altstadt. Nicht Ausländer, wie hier überall der Regelfall, beförderten diesen Platz an der Sonne in der Vergangenheit ans Tageslicht, sondern die Franzosen selbst trugen zu seiner »Entdeckung« bei – wahrlich eine Riviera-Rarität. Ganz andere Ausgangsvoraussetzungen lagen also vor: vormals weder typisches

Winterreiseziel noch ruhmreiche Bastion für Aristokraten, weder gepflegte Residenz zum Auskurieren chronischer Krankheiten noch animierende Casino-Spielwiese – und vor allem nicht hauptsächlich britisch dominiert! Gehört Saint-Tropez, auch aufgrund seiner spezifischen topografischen Situation, letzten Endes somit gar nicht »so richtig« zur Azurküste? Viele Kenner und einige Historiker vertreten diesen zugegebenermaßen etwas extremen Standpunkt.

Gemessen an der weiterhin ungefährdeten Medienpräsenz des Städtchens als Hort von *sex and crime*, von *boules* und Brandy, von Stars und Sternchen, von Strandcliquen und Skandalpolitikern, ist er fraglos der »französischste« aller hiesigen Standorte – leider öfter, als es ihm recht sein kann, und fast exklusiv negativer Schlagzeilen und eines üblen Leumunds wegen. *Das Gänseblümchen wird entblättert*, so lautete 1956 der neckische deutsche Titel eines frivolen Yves-Allegret-Filmes mit BB, der einmal mehr vorführte, wie sich ein wohlbehüteter Teenager in einen allzeit bereiten Vamp verwandelt. Ein bisschen ist es Saint-Tropez im vergangenen halben Jahrhundert so ergangen wie BB selbst als öffentlicher Figur. BB, die als Pasionaria des internationalen Tierschutzes und als Anführerin im unbarmherzigen Kampf gegen herrenlose Hunde und pelztragende Geschlechtsgenossinnen aus den Illustrierten weiterhin nicht wegzudenken ist, wenngleich sie eher wegen ihrer Beziehung zu einem rechtsextremen Politiker und ihrer rassistischen wie homophoben Ausfälle in ihren jüngsten Buchveröffentlichungen von sich reden macht – auf radikal unerfreuliche Weise. Solange man das schöne Blümchen erst entblättern muss, vervielfachen sich eben seine Reize; einmal seines Blütenschmuckes entledigt, hält man nichts als die nackte Wahrheit in den Händen. Auch Saint-Trop' täte gut daran, mit einer etwas verantwortungsvolleren Tourismusstrategie wieder ein wenig Illusionszauber aufzulegen.

Gänzlich unbehelligt von derlei Ungemach (Verkehrskollaps, Verwahrlosung, unliebsame Volksaufläufe) verbringe ich Sommer für Sommer mit Wonne unvergessliche Tage rund um Saint-Tropez. Denn was man dieser Festung für Faulenzer und *filous* einfach nicht nehmen kann, ist ihre unvergleichliche Lage und Umgebung. Gestatten Sie sich nur einmal einige Stunden im naturbelassenen Hinterland, das im Handumdrehen für sich einnimmt, in den friedlichen Ortskernen von Ramatuelle, Cogolin und Gassin; wandern Sie in aller Ruhe zum Aussichtspunkt der Moulins de Paillas und ihren an Don Quichotte gemahnenden Windmühlenflügeln. Lassen Sie sich darauf ein, die *presqu'île* auf einem Gewaltmarsch zu Fuß zu umrunden, vom Hauptort aus dem Zickzackkurs des *chemin des douaniers* folgend, elf Stunden lang – in geruhsamen Etappen, versteht sich – wie ein Pilger einen Traumstrand nach dem anderen aufs Korn zu nehmen. Legen Sie Badepausen am Tahiti Beach, an der Pampelonne und am L'Escalet ein, kraxeln sie von Kap zu Kap, picknicken Sie vor den Mauern des sich seit einer halben Ewigkeit selbst überlassenen Château de Volterra, spähen Sie vom Phare de Camarat in Richtung Horizont, spielen Sie Robinson an den Ufern von Gigaro und La Briande. Eine durchweg berückende Erfahrung, die alle Mühen lohnt. Und kreuzen Sie wenigstens nur ein einziges Mal mit einem schlichten Segelboot, von den Marines de Cogolin aus startend, durch den immensen, so schwarzblauen wie windgebeutelten Golf, Beauvallon und das Cap des Sardinaux ins Auge fassend, durch die venezianischen Kanäle des architektonisch gelungenen Kunsthafens Port-Grimaud gondelnd, an Bardots Cannebiers-Bucht vorbei aufs offene Meer, die Bojen der Tourelle de la Moutte anpeilend – binnen Minuten werden Sie durch das bloße Naturerlebnis von einem Hochgefühl erfasst, das noch jeden Saint-Trop'-Skeptiker in einen Golf-Fanatiker verwandelt hat. Grandios öffnet sich die gewaltige Meeresbucht, und ihren Hauptort nimmt man nur nebenbei, als vertrauten Farbklecks, wahr – im Vorübergleiten. Am unwiderstehlichsten ist er eben von Weitem.

Lassen Sie, mit dem Fernglas in der Hand, Ihre Seele baumeln.

Eine Lanze brechen möchte ich für Menton. Wenn es noch vor einem Jahrzehnt einen heruntergewirtschafteten Riviera-Ort gab, den man nur als Abklatsch seiner selbst wahrnehmen konnte, dann war es dieses beinahe italienische Grenzstädtchen. Wenn es darum ging, das Klischee eines bemitleidenswert billigen, vorwiegend von Greisen bewohnten Nestes zu bestätigen, die Côte insgesamt verleumderisch als Rentnerreservat zu stigmatisieren, dann fand man hier Anlass genug. Bröckelnde Fassaden, schmutzige Altstadt, leblose Straßenzüge, in die sich kaum einmal Kinder oder Jugendliche verirrten – Menton präsentierte sich auf traurige Weise als Wiedergänger des immer trostloseren Marinehafens Toulon. Mit diesem finsteren Image wurde vor geraumer Zeit Schluss gemacht. Ein lokalpolitischer Kraftakt und energische Anstrengungen aller Bevölkerungsgruppen und Interessengemeinschaften rissen den bleischweren, die Stadt wie eine undurchdringliche Rußschicht entstellenden Grauschleier von Gebäudefassaden, Kirchenportalen, Strandpromenaden und Hotels. Nicht durch bloßes Übertünchen, sondern mit einem mehrjährigen Frühjahrsputz. Menton wurde über Nacht wieder zur echten Konkurrentin für Nizza. Zu jener beflügelnden Ausgeburt literarischer Phantasien und zum Mekka mediterran leichten Lebensstils, die zusammengenommen schon Persönlichkeiten vom Range eines Vicente Blasco Ibáñez und einer Katherine Mansfield zum Hierbleiben und Verherrlichen bewogen hatten. Die Short-Story-Fürstin aus Neuseeland prägte in Bezug auf das unerklärlich beständige Klima Mentons, der wohl wärmsten und mildesten Stadt der Region, das schöne Diktum von der Regentschaft eines Triumvirats allgegenwärtiger Sonne (»le soleil y est Roi, Reine et premier ministre«) und verkündete im Hinblick auf die ästhetisch in vollkommenem Einklang mit der Natur erlebte Architektur der Altstadt euphorisch: »The old town is the loveliest place I have ever set eyes on.«

Recht hatte sie. Ob von Carnolès im Westen oder von Garavan im Osten aus betrachtet, ob von der Promenade du Soleil, ob von der lang gezogenen Mole mit dem kleinen, aber feinen Cocteau-Museum im Untergeschoss oder von den bestürzend einsamen Bergdörfern Sainte-Agnès, Castellar und Gorbio aus in Visier genommen: die in einem aufsteigenden Dreieck sich türmenden Häuserwürfel, Dachschrägen und Kirchenkuppeln bieten einen einmaligen Anblick vor dem Hintergrund unbewaldeter Felshänge und Berggipfel. Wie ein gelungener Bilderrahmen wird der labyrinthische Ortskern vom sanft ins Meer ragenden Cap-Martin und der italienischen, dünn besiedelten Grenzregion eingefasst. Gassen und Rathausplatz, Museen und die Chapelle de l'Annonciade, samt und sonders liebevoll restauriert und begrünt, nehmen spielend für sich ein; der märchenhaft unwirkliche Prunkbau des Palastes L'Orient versetzt mit seinen weißblauen Fassaden, Halbmonden und Ornamenten auch heutige Besucher im Vorübergehen nach Marrakesch oder Casablanca; das alte Art-Déco-Kino L'Éden verbreitet Stummfilmnostalgie; und bei den *pâtissiers* gibt es die ortstypische Leckerei *tarte au citron* zu erstehen. Ein absolutes Muss in der Stadt des Limonenkarnevals und der bunten, den Zitrusfrüchten geweihten Umzüge mit ihren überdimensionalen Skulpturen aus Orangen, Mandarinen und Grapefruits. Diese einzigartigen Pampelmusenprozessionen im Februar bieten eine angenehme, friedfertige Alternative zu den Gipsschlachten und Konfettikeilereien des Karnevals von Nizza.

Mit dem griffigen Slogan »Ma ville est un jardin« wirbt das im klassizistischen Palais de l'Europe heimische Fremdenverkehrsamt von Menton und hat damit – als adäquate Selbstklassifizierung – den Nagel auf den Kopf getroffen. Mühelos eine ganze Woche unter Königspalmen, Agaven und Bananenstauden vertrödeln und grünen Träumen nachhängen können Sie in dieser so überaus großzügig aufgeblühten Gartenstadt. Führungen in die Geheimkammern künstlich angelegter Flora, rund um die Stadt versteckt, sind das Pfund, mit dem das ehemalige Mentone besonders gern wuchert. Verleihen Sie Ihren Sehnsüchten Ausdruck beim Bestaunen der Paradiesvogelblumen in der Villa Maria Serena oberhalb der einstigen Schlagbäume auf dem Weg nach *bella Italia*, einer weiteren Kreation Charles Garniers, wo *le maire* mit Vorliebe seine Empfänge abhält. Hier wird es selbst im Winter nie kühler als fünf Grad, und mit ein wenig Glück können Sie eine echte Riviera-Banane direkt vom Baum pflücken. Oberhalb von Garavan thronen der Jardin du Val Rameh mit seinen Guaven, Clementinen- und Avocadobäumen und die Oliveraie du Pian, wo hundertfach Hundertjährige in Reih und Glied weiterwachsen. Der auch als Jardin des Romanciers bekannte Jardin Fontana Rosa, Grüngürtel rings um Blasco Ibáñez' Zwanzigerjahre-Residenz, lässt die Geschichte des spanischen Romans auf Keramiken wiederauferstehen. Illustrationen zu Cervantes' *Don Quijote* schmücken dort die Veranda, während die Innenstadtgärten des Jardin Biovès Wasserspiele und moderne Skulpturen aufbieten können. Keine botanische Visite in und um Menton ist jedoch komplett, ohne zumindest ein paar Stunden der Serre de la Madone nordwestlich der *vieille ville* zu widmen. Der Gartenplaner Lawrence Johnston, der bereits im englischen Gloucestershire mit dem Hidcote Manor seine unverwechselbare Handschrift hinterlassen hatte, entwarf in Menton ein exakt auf das spezifische Mikroklima der Limonenstadt zugeschnittenes Naturspektakel nach dem typisch britischen Prinzip des »kontrollierten Chaos«. Australische, südafrikanische und fernöstliche Exoten, deren Pflanzung in Großbritannien nie und nimmer infrage gekommen wäre, gediehen hier – bei hoher Luftfeuchtigkeit und gleichzeitiger Niederschlagsarmut – ab 1919 wie Unkraut, das nur noch klug gebändigt und mit einem Felsgarten, einer maurischen Sektion, Alleen, einer terrassenartigen Treppenstruktur, bemoosten Putti, klassizistischer Statuen und einem »palazzo« kontrapunktiert zu werden brauchte. Eine Synthese englischer, italienischer und kolonialer Elemente. Blauregen, weißer und gelber Jasmin, Myrten, Säckelblumen und Magnolien säumen die Pfade in diesem faszinierenden Hort kultivierter Farbenpracht. Was sich mit dem Juwel der Serre in den Folgejahrzehnten zutrug, wurde symptomatisch für das Schicksal von ganz Menton – man überließ die Anlage auf sträfliche Weise sich selbst, bot unkontrolliertem Verwildern nicht den geringsten Einhalt und öffnete Immobilienspekulationen Tür und Tor. Erst das beispiellose Engagement einer einzelnen Nachfahrin vermochte das Blatt zu wenden, die Agonie zu stoppen. Seither darf sich La Madone, höchst ungewöhnlich für eine französische Garten- oder Parkanlage, mit dem edlen Etikett eines »monument historique« schmücken. Denkmalschutz für Datteln, Kumquats und Kamelien, Cherimoyas und Granatäpfel – Experten und Zufallsbesucher nehmen den damaligen Sinneswandel der Behörden in buchstäblich letzter Minute und die erfolgreiche Restaurierung des mehrere Hektar großen Traumgartens, kurz vor der Jahrtausendwende, dankbar zur Kenntnis. Kontemplation, Kunstgenuss und Kennertum gehen Hand in Hand in Menton, einer exzeptionellen Flora-Metropole, wo das Schicksal einzelner Blüten und Sträucher mit jenem historischer Persönlichkeiten wetteifern darf.

Adolescents und junge Kleinfamilien, Turiner und Mailänder sind mit Freuden zurückgekehrt ins charmante Menton, einer Agglomeration mit besonderer Lebensqualität. Hat es doch ganz den Anschein, als habe die sagenumwobene »dea matuta«, Göttin des Meeres und der Morgenröte, tatsächlich eine ausgesprochene Schwäche für diese Meeresbucht gezeigt, die zugleich ein luxuriöses *land's end* ist, und sie mit einer Fülle von Behaglichkeiten und *bonheurs* gesegnet. Der weit und breit anspruchsvollste Weihnachtsmarkt, die bedeutendsten Barockkirchen, die bezauberndste Altstadt und der menschenfreundlichste *rythme de vie* der Côte sind hier zu Hause. Die Cappuccino-Cafés von Bordighera stellen einen beliebten Nachmittagsausflug dar, ebenso wie eine Bergwanderung nach Sospel oder ein Apéritif im benachbarten Ospedaletti. Der Wochenmarkt von Ventimiglia ist in fünfzehn, der Hanbury-Garten in zehn, die Badenischen des Cap-Martin sind in fünf Autominuten erreichbar, und auch wer in Monaco einer Beschäftigung nachgeht, hat es nicht weit in dieser staunenswert vielfältigen Stätte für *toutes les saisons*. So überschätzt Cannes und Saint-Trop' zuweilen aufgefasst werden, so unterschätzt ist der Wunschort Mansfields.

»Mein« Menton aber öffnet im Hochsommer seine Pforten. Gegen Anfang August, wenn das erlesene Kammermusikfestival wieder auf das Parvis Saint-Michel lädt. Unter Tausenden von Mithörern auf notdürftig zusammengezimmerten Tribünen hocke ich dann unter freiem Himmel, eingezwängt zwischen die schlangenförmig die Stadt durchquerende rue Longue, die Basilika mit ihren Kunstschätzen, die Chapelle de la Conception und die Chanoine-Gouget-Treppenanlage, von Herzen gern auf einem Plastikstuhl, um dem Soundtrack einer Sommernacht zu lauschen. Und mein Blick geht hin und her von den im Smoking schwitzenden Streichquartettvirtuosen, den im Scheinwerferlicht reflektierenden Klaviertasten und den genuesischen Fresken am Portal über die Kirchturmspitzen hinweg. Bis er hoch über dem Golf von San Remo hängen bleibt – auf dem tief eingeschwärzten Meer, wo die bleiche Oberfläche des Vollmondes über den Wellen serenadenhaft eine silbrig glänzende Tonleiter bildet. Eines perfekt gerundetes Mondes, der schon nicht mehr ausschließlich *la lune* und noch nicht ganz rechtmäßig *il plenilunio* heißt…

Himmelbetten

Ein Platz zum Träumen, ein Platz zum Sterben: Am Schönsten an der Côte haben es im Grunde die Toten. Am Schönsten, am Ruhigsten und am Besten. Für sie haben besonnene Stadtväter, wechselnde Besatzungsmächte und von Ehrfurcht vor dem Ansehen großer Geister beseelte Kirchenoberen mit bewundernswerter Konsequenz jahrhundertelang die bevorzugten Plätze ausgewählt, haben Sorgfalt und Geschmack walten lassen. Ihnen haben die Landschaftsplaner Bergspitzen, sanft abfallende Hügelhänge, Lichtungen und exponierte Meerterrassen vorbehalten, um diese von der Natur reich beschenkten Orte des Friedens behutsam und mit Fingerspitzengefühl für sie zum ewigen Schlaf einzurichten. Einen Platz an der Sonne mit unverstellbarem Ausblick Richtung Süden. Jeder Riviera-Totenacker ein Aussichtspunkt und eine Augenweide, jede Grabstelle der perpetuierte Aufenthaltsort eines Privilegierten. Eine Fahrt die Küste entlang von einem Friedhof zum anderen gerät hier umstandslos zum Panoramaparcours. Man muss nicht im Geringsten nekrophil veranlagt sein, um auf Entdeckungsreise zu gehen zwischen verwitternden Steinen, Grabplatten mit kyrillischer und englischer

Inschrift, Mausoleen, Familiengruften, Dynastie-Obelisken, monumentalen Denkmälern von Freiheitshelden oder verblichenen Bürgermeistern und dabei weihevollen Genuss zu verspüren. Man kann hier in sich gehen und zugleich, ohne übertriebenes Pathos, die Gegend mit offenen Sinnen auf sich einwirken lassen. Man kann, von Zikadengesumm begleitet, unter Zypressen Zwiegespräche halten mit den Zeugen einer bewegten italienisch-englisch-russisch-französischen Vergangenheit. Erstaunlich allein wird man bei diesem Zeremoniell stummer Dialoge sein inmitten des Ferientrubels. Oasen der perfekten Einkehr bieten sich einem dar, wenn überall anderswo der *run* auf Strandparkplätze, Sonnenschirmbatterien und Liegeflächen einsetzt. Unverhofft wird das Schicksalhafte und Sterbliche zwischen Hyères und Menton zum Sehnsucht weckenden Sehenswürdigen.

Um schüchterne Schattenreiche, um nüchterne Trauernischen handelt es sich, zum großen Glück für den neugierigen Besucher, keineswegs bei den prächtigen Totenhainen der Côte. Die an *corniches* und *cols* geschmiegten Riviera-Friedhöfe gehören einer besonderen Spezies an, sind tagsüber von der Sonne geflutet. Nicht in dunkle Schubladen oder enge Rumpelkammern verbannt und in aufgetürmte Ascheschränkchen verfrachtet wie jenseits der Grenze in Italien wünscht man sich hier die Grabstätten. Sondern fein säuberlich aufgereiht, wie ein elegantes Badelaken neben dem anderen, trotzen hier immer ausgefallenere, geschmackvoll angeordnete, liebevoll angelegte und kunstsinnig ausgestaltete Rechtecke der Sommerhitze. Sich in der Glut gleichsam lustvoll rekelnd, kratzen sie am azurnen Himmel, wollen hoch hinaus. Von makabrem Dahindämmern keine Spur – man zeigt sich, lässt sich in Augenschein nehmen, will bewundert werden. Exhibitionisten der Ewigkeit sind hier am Werk. Sentimentalität oder Larmoyanz wollen da gar nicht erst aufkommen. Falsch verstandene Pietät sollte auch Sie nicht von einer ausgiebigen Visite abhalten. Stellen Sie sich Ihr ganz persönliches Wunschkonzert zusammen, entwerfen Sie eine Hitparade. Es lohnt sich, warten doch überall, neben alten Bekannten und seit Langem Erwarteten, an mancher Kiesweg-biegung Überraschungen. Ganz sicher eine der ungewöhnlichsten Methoden, aber gewiss auch eine der originellsten und anschaulichsten, um mit der Côte vertraut zu werden, mit ihr auf Du und Du zu sein...

Unter meinen Friedhofs-Favoriten befindet sich ganz vorn der Cimetière du Grand Jas zu Cannes. Er ist bei Weitem der ausgedehnteste. Eine Stadt in der Stadt. Zur Croisette hinablugend, sich hügelabwärts ins Häusermeer aus Zweitwohnsitzen und Luxusvillen einfügend, liegt er noch dicht genug am Stadtzentrum, um urban zu wirken, aber schon so weit dem Alltagsgeschehen enthoben, friedlich residierend, um auch für einen längeren Aufenthalt glaubwürdig die Aura von Entrücktheit zu verbreiten. Von fern sieht man das Lérins-Doppeleiland im Mittagsdunst herüberflimmern. Klar, an die gigantische, von naturalistischen *pietàs* und unheimlich lebensechten Sterbeszenen-Skulpturen bevölkerte Nekropole von Staglieno bei Genua oder an die ins Unendliche ausufernden *post mortem*-Parzellen des Pariser Père-Lachaise reicht er rein flächenmäßig auch nicht annähernd heran. Doch eine beherzte Promenade ist geboten, will man ihn an einem einzigen Tag in den Griff bekommen. Mühelos kann man sich hier verlieren, verirren, verlustieren. Was ich auch gehörig tat: Ich benötigte gleich mehrere Anläufe, um fündig zu werden im Grand Jas.

Ausgezogen war ich, um Klaus Manns letzte Heimstatt zu würdigen, die sich irgendwo am äußersten Ende des Carré Nummer 16, unweit einer Begrenzungsmauer, befinden sollte. Nicht gerechnet hatte ich mit den Tücken des offenbar von Böswilligen ersonnenen vertrackten Nummerierungssystems von Alleen, Divisionen und Quadraten. Am Eingang geht es noch ganz sinnvoll los. Nach eins kommt zwei, dann drei, danach vier, doch dann springen urplötzlich die Ordnungsziffern, von Teufelshand gelenkt, wie wild kreuz und quer über das gesamte Areal. Auf sieben folgt 23, auf achtzehn die Sechs. Flugs fand ich mich ganz allein in einem Malefiz-Labyrinth wieder. Alleen von Carrés, Divisionen von Parzellen unterscheiden zu wollen blieb ein müßiges Unterfangen. Ein Friedhofswärter war nicht in Sicht, sein Häuschen wie zur endgültigen Entmutigung verriegelt und ein Übersichtsplan nirgends aufzutreiben. Sollte ich es einer unbekannten Leidensgefährtin gleichtun, die sich inzwischen einige hundert Meter weiter per Mobiltelefon zu ihrem Wunschgrab lotsen ließ und dabei fluchend auf hochhackigen Schuhen zwischen den Grabreihen herumstakste? Nach drei schweißtreibenden Suchstunden, bei denen ich auf mich selbst gestellt war, umgeben nur von Möwengeschrei, Mimosen und verdorrten Orangenbäumen (ich hatte mir unsinnigerweise einen besonders temperaturgeladenen Augusttag zur Mittagszeit für meine Expedition auserkoren), hieß es einstweilen aufgeben. Verärgert. Ich musste wohl oder übel wiederkommen, um dem Grabreihen-Sudoku zu trotzen. Erst beim dritten Anlauf, indem ich beim Navigieren unermüdlich eine Steinplattenfolge nach der anderen abschritt, stieß ich schließlich auf Klaus Manns kleines, trauriges Abschiedsterrain.

Mangels einer Granit- oder Marmorplatte, wie sie die Nachbargräber ziert, wacht hier ein zierliches Maulbeerbäumchen über den Totenschlaf. Drum herum sprießt Unkraut, und ein Bibelwort aus dem Lukas-Evangelium, Devise seines letzten Romanprojektes *The Last Day*, lässt innehalten. Enttäuscht, mutlos und aller Perspektiven beraubt, gelangte Klaus Mann, der in Paris noch die Bekanntschaft von James Baldwin machen konnte, zuvor zurückgekehrt aus dem kalifornischen Pacific Palisades, einmal mehr wieder an die von ihm einst so heiß geliebte Traumküste. Diesmal zeigte sie sich aber von ihrer schwärzesten Seite. Eine Handvoll regnerischer Frühlingswochen in Cannes wurden für ihn zur Vorstufe der

Hölle. Pessimistische Anwandlungen, Genuss von Barbituraten, Drogensucht in der Pension Madrid, Arztbesuche in Nizza, Entgiftungskur-Anstrengungen in Kliniken, Geldsorgen, letzte Briefe – Ende Mai 1949 wurde das Dasein für ihn, aufgerieben zwischen Exilantentum und Engagement, mangelnder Anerkennung, privater Isolation und unseligen familiären Konstellationen unerträglich und nicht länger lebenswert. Sich auf verlorenem Posten wissend, setzte er ihm ein Ende, im hinteren Bühnendunkel der Croisette. Ihm, der vor langer Zeit in einer Glosse das zwölfhundertste Hotelzimmer so freudig und eloquent begrüßt hatte, fehlten auf einmal die Worte; im zwölfhundertersten wusste er nicht mehr ein noch aus. »So viele Maximen, die ihm gültig schienen, haben jetzt einen hohlen, unüberzeugenden Klang«, notierte er, als handle sich um ein Epitaph für ihn selbst, »gequält und beunruhigt«, noch ganz zuletzt.

Sackgasse Cannes: Dass ein so großer Geist an einem so schönen Ort seine anfangs so vielversprechende Existenz mit einer Überdosis Schlaftabletten aufs Spiel setzen musste, stimmt äußerst nachdenklich. Dass weder seine weltberühmten Eltern Thomas und Katia noch seine innigst geliebte Schwester Erika es für nötig befanden, seinetwegen eine Skandinavien-Vortragsreise abzubrechen, um ihm wenigstens bei seiner Beerdigung beizustehen, hinterlässt eine Wunde des Anstands, die auch aus der Distanz von sechs Jahrzehnten nicht wirklich heilen mag. Tröstlich nur, dass wenigstens Bruder Michael Mann sich in aller Eile tapfer auf den Weg nach Cannes machte und, inmitten der anklägerischen Stille, Klaus hier zu Ehren ein Bratschen-Ständchen erklingen ließ. Tröstlich auch, dass sich der sprachmächtige Autor von Büchern wie *Mephisto, Wendepunkt* und *Symphonie pathétique* auf dem Grand Jas-Totenacker in guter Gesellschaft weiß – der um die Willkür und Vergeblichkeit menschlichen Handelns wissende *Carmen*-Romancier Prosper Mérimée und die Sopranistin Lily Pons, die mythische Ballerina und Picasso-Gemahlin

Olga Khokhlova sowie der legendäre Tanzgruppengründer Marquis de Cuevas, der sich um die Ballettkultur an der Côte verdient gemacht hat, schlummern in Laufweite.

So wie der Cannes-»Erfinder« Lord Henry Brougham, dem man in der Sondersektion des Cimetière Anglais zu Recht einen Ehrenplatz eingeräumt hat. Wäre er, der vormalige englische Lord Chancellor, nicht mit seinem kränkelnden Töchterchen Eleonor Mitte der 1830er hierher gereist, hätte man ihn nicht innerhalb des *cordon sanitaire* an der italienischen Grenze aufgrund von Cholera-Sicherheitsbestimmungen an der Weiterreise gehindert, würden wir den Namen des einstigen Fischerdorfes Cannes heute nicht kennen. Landankauf im späteren Stadtteil Suquet, der früheren Altstadt, Bau des nach seiner Tochter benannten Schlosses, Hafenkonstruktion, Eisenbahnanschluss und Startschuss für den zügigen Ausbau der Stadt durch britische und russische Aristokraten – alle diese Errungenschaften gingen auf Broughams Initiative zurück. Selbstverständlich ist er die Sehenswürdigkeit Nummer eins auf diesem so überaus filmfestspiel*fernen* Friedhof.

Nordöstlich von Monte-Carlo, schräg oberhalb vom Cap-Martin, thront bei Roquebrune der spektakulärste. Versteckt hinter einer sich in die Küstengipfel nach oben windenden Außenkurve auf der *grande corniche*, taucht er aus dem Nichts auf, lagert hinter einem Abgrund, der ins Bodenlose zu führen scheint. Man gelangt zu ihm, als klopfte man an die Himmelspforten. Umgeben von ewigem Blau, den Kontakt zur Erde nach und nach verlierend, schreitet man, vom auf der Kuppe situierten Eingangsportal herkommend, wie befreit weit ausgeschwungene Freitreppen hinab, als nähme man als auserwählter Fahrgast von einem *ocean liner* Besitz. An Bord dieses sanften Riesen stellt sich Gelassenheit ein, verspürt man Lust auf Konzentration. Kühne klare Linien, weiße, sich nach unten immer mehr verbreiternde Terrassen, in den Stein gemeißelte Stiegen und schmale Einfassungen verwandeln den vom französischen Vorzeigearchitekten Marc Barani Anfang der 1990er-Jahre erweiterten Teil des Totenhaines zu Saint-Pancrace in einen archaisch anmutenden, frei schwebenden Ponton von pyramidaler Strenge. Der Eindruck von Erhabenheit verstärkt sich noch, wenn man seinen Blick in die Runde schweifen lässt – von Bordighera im äußersten Osten bis zum Esterel im äußersten Westen reicht hier das kaum fassbare Panorama. Den Architekturveteranen der Moderne schlechthin, Le Corbusier, dessen putziges »Cabanon«, eine schlicht-schmucklose, aber funktionale Holzhütte, einige hundert Meter weiter meerwärts zu den Attraktionen des Bergdörfchens Roquebrune zählt, hat man hier mit einer kindlich bunten Grabstätte verewigt; fast unbemerkt erinnert an einer Mauerschräge eine Gedenktafel an das Ableben des irischstämmigen Poeten William Butler Yeats, der im Januar 1939 am Cap-Martin sein Leben aushauchte. Russen und Italiener, Deutsche und Briten haben sich ihm zugesellt. Aber was hier oben am meisten zählt, hier, wo Firmament und Meer zugleich, alle Entfernung Lügen strafend, fast mit Händen zu greifen sind, ist ein Gefühl von luftloser Leere und gewichener Erdanziehung, von metaphysischer Einzigartigkeit, eine geradezu angenehme Ahnung von der absoluten Nichtigkeit menschlichen Tuns, das einen noch Tage später in seinem Bann hält. Mit sich selbst kommt man hier in Berührung, genießt die Einsamkeit. Guten Gedanken hängt man nach. Ein Ausrufezeichen des Paradieses. Eine Sternwarte aus Erinnerungen.

Einen Friedhof gibt es, der wie kein anderer verblüffende Einblicke in die frühe Neuzeitgeschichte der Côte d'Azur gewährt und sowohl mit seiner Lage als auch mit seinen poetischen Anspielungen auf das ihn umgebende Meer aufwarten kann – Menton. Er ist, schon von seiner Topografie her, der mit Abstand faszinierendste und theatralischste. Zweigeteilt schiebt er sich auf übereinandergelagerten ovalen Plattformen ins ockergelbe Häusermeer der italienischen Altstadt hinein. Trabuquet heißt die obere, ist »professionellen Kriegsopfern« und »gemeinem Volk« vorbehalten; auf den Mauerruinen einer mittelalterlichen Zitadelle ruht die untere, pittoreskere, deren Spitze auf den Schiffsbug eines zypressenbestandenen Dreiecks mit griechisch-orthodoxer Kapelle zuläuft. Dort hat man, in exklusiver *entente cordiale*, russische Prinzen gleich zu Dutzenden, den Onkel und die Tante des amerikanischen Präsidenten Roosevelt, dänische Architekten und Webb Ellis, den Erfinder des Rugby, Seite an Seite beigesetzt. Und neben ihnen viele Tausende anderer Ausländer. Zusammen ergeben beide Niveaus ein Belvedere der besonderen Art. Jede »Etage«, und der Zwischengeschosse gibt es viele in diesem Gräberdschungel, ist einer Religion oder Nationalität gewidmet, doch immer wieder hat sich ein »Ungläubiger« oder »Fremdling«, liebevoll unsystematisch, dazwischengeschummelt. Es ist der kosmopolitischste Kirchhof, auf den ich je meinen Fuß gesetzt habe, und er bietet darüber hinaus die intimsten und auch poetischsten Grabfiguren östlich von Marseille.

Hier *wähnt* man sich nur allein – ab und an lassen sich unvermutet junge Männer im Adamskostüm auf den Grabplatten nieder und bieten ihre Körper der Sonne dar, nach dem Motto: Denn wie man sich bettet, so liegt man. Verstecke der Sinneslust für Voyeure, die's absonderlich mögen. Schon der Riviera-Hausdichter Liégeard geriet, als der Hain der Hedonisten erst zur Hälfte »belegt« war, ins Schwärmen, als er Mitte der 1880er-Jahre über ihn schrieb: »Auf konzentrisch geformten Stockwerken erhebt er sich zwischen zwei Meeresgolfen, einem abgeflachten Kegel ähnelnd. Von seinem Oberdeck aus befehligt er die See, den Hafen, die Quais, die Mole und die gesamte Küste, von Bordighera bis zur Halbinsel von Saint-Jean, mit einem köstlichen Ausblick auf die Täler von Menton. Unter ihm gleichen die Dächer der Kasbah von Menton der Meeresbrandung an einem Sturmtag.

Wie soll man es da im Übrigen nur anstellen, in diesem gefallsüchtigen Reich ewiger Ruhe wahrhaft traurig zu sein? Nichts als kühle Marmorbänke im Schatten der Zypressen! Blumen, Statuen, Büsten, Medaillons schmücken diese im romantischen Fieberwahn geschaffene Festung.« Romantischer Fieberwahn fürwahr – nur dass an ihm Legionen aristokratischer Schwindsüchtiger zugrunde gehen sollten. Mit der vergeblichen Aussicht auf Heilung hofften sie hier, übergesiedelt aus den unbarmherzigen Winterquartieren von Petersburg, Stockholm oder Edinburgh, ihre Tuberkulose auszukurieren. Nicht ahnend, dass sie auf alle Zeit unheilbar waren. Nicht ahnend, dass ihnen die feuchte mediterrane Luft, die sie bei weit geöffneten Fenstern und offenstehenden Hemden gierig einsogen, erst recht heimtückisch den Gnadenstoß versetzte. Blutjung waren sie zumeist, feingliedrige Jünglinge um die zwanzig, elegante Mädchen um die achtzehn. Die Sterbedaten auf den Grabsteinen sprechen Bände. Engländer, Georgier, Skandinavier, Deutsche. Ihre kostbaren Villen waren in Wahrheit Luxus-Lazarette mit eilfertig umherhuschendem Pflegepersonal. Sterbesäle auf Zeit, Herbergen einer unerbittlich ihren Tribut einfordernden Vergänglichkeit.

Dieser *cimetière* dokumentiert nachdrücklich die Passionsgeschichte dieser Angekränkelten, kommentiert sie in vielerlei Sprachen. Er erzählt von einer tragischen Zugvogelbewegung von Kurbedürftigen. In Menton starben diese fragilen Todgeweihten samt und sonders, wenn auch auf Raten. Menton, so wehklagte Maupassant in seiner eindringlichen Beschreibung mit makabrer Anteilnahme und lyrischem Zynismus, »welch ein Ort das doch zum Leben wäre, dieser Garten, wo die Toten schlafen! Rosen, Rosen, überall Rosen. Sie sind blutrot, blutbefleckt, bleich, weiß oder von scharlachroten Fäden durchzogen. Die Gräber, die Alleen, die noch leeren und morgen schon gefüllten Stätten sind über und über mit ihnen bedeckt. Ihr gewalttätiges Aroma lässt einen schwindeln, bringt Kopf und Beine zum Taumeln. Übrigens ist überall entlang dieses wunderbaren Küstenstriches der Tod zu Hause. Doch er verbirgt sich taktvoll, hat gute Manieren und ist zurückhaltend. Nie sieht man ihm ins Angesicht, obwohl er jeden Augenblick ganz nahe ist und Sie beinahe streift. Man würde sogar so weit gehen zu sagen, dass man in diesem Land überhaupt nicht stirbt, denn alles trägt zur Täuschung bei, an der dieser Herrscher Gefallen findet. Dennoch, wie man ihn spürt, wie man ihn wittert, wie man manchmal flüchtig einen Zipfel seines schwarzen Rocks sieht! Gewiss braucht es wohl Blüten von Zitronenbäumen, damit man im leichten Wind den schrecklichen Geruch, der aus den Zimmern der Verstorbenen strömt, nicht wahrnimmt. Nie gewahrt man einen Sarg auf den Straßen, nie einen Trauerflor, nie vernimmt man eine Totenglocke. Der abgemagerte Spaziergänger von gestern geht heute nur nicht mehr an Ihrem Fenster vorbei; das ist schon alles. Wenn Sie sich wundern, dass Sie ihn nicht mehr sehen, und sich um ihn Sorgen machen, antworten Ihnen der Oberkellner und sämtliches Personal mit einem Lächeln, dass es ihm inzwischen besser gehe und er auf Anraten seines Arztes nach Italien weitergereist sei. In der Tat, in jedem Hotel hat der Tod hier seine geheime Treppe, seine Vertrauten und seine Gehilfen.« An einem Übermaß an Kultiviertheit und Hygiene verendend, noch im Dahinwelken keine unsauberen Spuren hinterlassend, zeichneten diese Hochgebildeten für einen paradoxen Trend verantwortlich: Je zahlreicher sie hier das Zeitliche segneten, desto mehr Menschen folgten ihnen auf dem Fuße, um mit schamloser Vitalität zu leben. Ließ sich Qualität demnach nur im Konzentrat erleben, im fatalen Wissen um eine von vornherein begrenzte Daseinsfrist; zieht das inflationäre Überangebot an Lebensformen notgedrungen Mittelmaß und Vernachlässigung nach sich? Die Frage drängt sich umso dringlicher auf, desto länger man auf dem *cimetière* von Menton seinen Blick schweifen lässt von den Meisterwerken der Baukunst und der Lebensart, die hier in wenigen Jahrzehnten mit Feingefühl errichtet wurden, von Carnolès bis zum Cap d'Ail, von Ospedaletti bis zu den Jardins Hanbury, hin zu den das gesamte Hinterland verstopfenden Appartementblocks, Einkaufszentren und nachgeahmten Provence-Bungalows, die den Alltag von Millionen von Riviera-Besuchern und -Bewohnern gliedern und bestimmen.

Doch genug vorerst des Lamentierens und der Trauerarbeit – Menton bietet schließlich mit seinen verschachtelten Gräberterrassen wie nebenbei auch einen Meeresfriedhof. Einen *cimetière marin*, wie er sich in Saint-Trop' und allerorten sonst in Südfrankreich, auch in Richtung Spanien übrigens, großer Beliebtheit erfreut. Nicht umsonst hat man rechts neben der mittleren Eingangspfote Paul Valérys epochemachendes Großgedicht *Le Cimetière marin* in kalligrafischer Schönschrift auf einigen Tonkacheln wiedergegeben, diese nicht enden wollende und vielstrophige Ode an *la mer: la mer, la mer toujours recommencée.* Und an einen Neubeginn, *durch* das Meer und *mit* dem Meer, glaubt man hier allemal. Mit jedem weiteren Blick durch die aufgereihten Stelen hindurch auf Fetzen und Fragmente von stählernem Seeblau. An klaren Tagen kann man von diesem Baldachin immerhin bis nach Korsika blicken. Jede einzelne Zeile von Valérys Poem möchte man auf diesem phänomenalen Schiffsbug toter Seelen bejahen, rezitieren und deklamieren, so treffend und angebracht erscheint sie hier. Jenes »Raunen« vom »stillen Dach«, auf dem Möwen auf- und abschreiten, vom Wind in den Pinien, von der Unverrückbarkeit der »Mittagsstunde«, vom »Gesang des Himmels«, von den sich »ewig brechenden Wellen«, das in fabelhafte, wahrlich für *l'éternité* geschmiedete Verse mündet. So unvergänglich eindrucksvoll wie eben einfach nur sehr unvollkommen übersetzbar.

Ein Schrein aus Zitaten. Ein großartiges Poesiealbum für all die unbekannten Toten und Schicksale, dem Sie bei Ihrer Passage ein neues Kapitel, einen bescheidenen Vierzeiler hinzuerfinden können.

Bleiben, am Ende unseres introspektiven Rundgangs, die beiden Friedhöfe von Nizza selbst. Sie offerieren keine Steigerung mehr, was topografische Beschaffenheit und schiere Größe angeht, aber äußerst reizvolle Alternativen. Oben in Cimiez, im Umkreis von Monastère, römischen Ruinen und Amphitheater, wartet geduldig der diskreteste und verschwiegenste auf vereinzelte Schaulustige. Als stiller Gefährte des im angrenzenden Olivenhain abgehaltenen Jazzfests, im Schatten der Klosterterrassen, wo im Sommer kompetente Kammermusiker laue Nachtstunden mit Einfühlung und Taktgefühl zum Klingen bringen, hält er die Erinnerung an drei große *niçois* unter Verschluss, als legte er mit bedeutsamer Geste einen imaginären Zeigefinger an die Lippen. Die Erinnerung an den Literaturnobelpreisträger Roger Martin du Gard, einen Moralisten und Vorzeigeintellektuellen von nobler Gesinnung, dessen breit dahinströmende Romanchroniken aus der Zwischenkriegszeit eine so ungemein scharfe Analyse der historischen Entwicklung in Europa zu Beginn des 20. Jahrhunderts lieferten. Die Erinnerung auch an den Malerpoeten Raoul Dufy, dessen unverwechselbare Nizza-Stillleben, elaborierte Symphonien in mediterranem Blau, man persönlich erblickt haben muss, um ermessen zu können, mit welch famoser Beobachtungsgabe und mit welch feinem Strich er als passionierter Zeitzeuge die wesentlichen Charakterzüge einer Stadt, einer Region, eines Lebensgefühls instinktsicher zu erfassen und dem Betrachter spielerisch zu vermitteln vermochte. Dass ihm die Regatten, Siesta-Fanatiker und Promeneure, die Sonnenanbeter und Casino-Hasardeure von Nice zur fixen Idee wurden, gereicht uns Kunstliebhabern noch heute zum Vorteil: wir dürfen uns an den visuellen Komplimenten eines veritablen Liebhabers sattsehen. Und der prominente Grabstein Nummer drei des Cimetière de Cimiez, treppab in einen kleinen, abgeschirmten Privatgarten eingebettet, trägt die Aufschrift Henri Matisse. Eine geweihte Stätte inmitten eines dezent separat verwalteten

Rosengärtchens. Matisse, die Inkarnation eines Côte d'Azur-Künstlers, hatte ganze Lebensstrecken in und um Nice zurückgelegt. Im November 1954, längst ein Denkmal der Moderne und weltweit gefeiert, nahm er auch – eine letzte Verbeugung – in Nizza seinen Hut. Die einzige postume Freude, die ihm an diesem blumenumstandenen Ehrengrab zu Cimiez verwehrt bleiben sollte, war die, seine Tochter Marguerite Duthuit nach deren Tod in nächster Nähe zu wissen. Wer freilich deren apartem *tombeau funéraire* optisch habhaft werden möchte, sei hiermit aufgefordert, sich mit mir oberhalb der Altstadt einzufinden. Anderthalb Kilometer weiter südlich: auf dem Cimetière du Château, dem ehrwürdigen Friedhof auf dem Schlosshügel.

Ihm, dem ältesten, möchte ich, mir meiner Voreingenommenheit durchaus bewusst, gern auch das Prädikat des schönsten verleihen. Denn er ist über die Jahre mit gelassenem Gleichmut zum Stadtteil selbst geworden, untrennbar mit dem *Vieux Nice* verwachsen. Von überall einsehbar, sich zu allen Flanken hin darbietend. Nizzas offenes Geheimnis, Nizzas Plaudertasche. Im Fokus aller Perspektiven. Aufgeklappt wie ein Paravent, der sich Preisgabe leisten kann. Hier erfährt man, wenn man genau hinzuhören versteht, die *stories* von 1001 Märchen aus 1001 dahingegangenen, urbanen Nächten. Ohne dass das auch nur das Geringste mit dem Orient zu tun haben müsste... Hier zählen nicht allein die bombastischen Statuen von Mercedes Jellinek und der Grosso-Dynastie. Hier fällt nicht allein die Muselmanen-Pracht des Grabmals für den Pascha Ilhami Hussein ins Gewicht. Nicht nur die tragisch umflorten Gedenksteine für den so beliebten Krimiautor Gaston Leroux, Verfasser von *Mystère de la chambre jaune,* oder für Garibaldis Ehefrau Anita. Nicht nur die *plaques de commémoration* für den patriotischen Republikaner Léon Gambetta oder für den russischen Revolutionär Alexander Herzen, für den Propagandisten Victor Juge oder die Dichterin Agathe Sasserno. Hier zählen die ewigen, unverrückbaren Wahrheiten, aus denen Stadt und Gegend, Leben und Sterben zusammengesetzt sind. Wo sich Widersprüche und Interpretationen zugleich wie in einem Palimpsest überlagern. Hier ist Nice womöglich am ehesten bei sich selbst – und doch am schwersten zu fassen. Hier schlägt, so geschichtsträchtig wie festzementiert, das Herz der Côte d'Azur.

Was jedoch die Facetten des unwiderstehlichen Charmes und der warmherzigen *ambiance* auf diesem *cimetière* ausmacht – seine ausführliche Erkundung überlasse ich nunmehr getrost Ihnen –, lässt sich nur auf unzähligen Tagesreisen durch die Historie der Riviera nachvollziehen. Jede Begegnung mit einer abgeschlossenen Lebensgeschichte, so enigmatisch und ausschnitthaft sie im Einzelfall auch bleiben mag, komplettiert das Vexierbild ein Stückchen mehr. Jeder, der hier für alle Zeiten angekommen ist, war mit sich und der Welt offenbar im Reinen. *Un niçois perpétuel.* Und die versöhnliche Begründung für so viel Einklang, Harmonie und atmosphärische Dichte können Sie auf dem Weg zum benachbarten Wasserfall an einem für alle sichtbaren, antikisierenden Mosaikfries nachlesen: »Heureux qui, comme Ulysse, a fait un beau voyage!« – Glücklich derjenige, der wie Odysseus eine schöne Reise gemacht hat.

Schlendern Sie, von der Kathedrale Sainte-Réparate herkommend, wie die Büßer der Karfreitagsprozessionen den alten Kreuzweg oberhalb der rue Rossetti auf Pflastersteinen hinauf. Lassen Sie sich Zeit, wenn Sie entlang einer *montée* die letzten Kurven vor der nach dem Nizza-Kenner Nietzsche benannten Rampe hinanschreiten. Spüren Sie, wie die Stadt unter Ihnen langsam von Ihren Schultern zu gleiten beginnt. Wie ein zu schwerer Wintermantel, dem man auf den letzten Metern zum Gipfel nun nicht länger benötigt.

Sehen Sie ganz persönlich nach, warum selbst die Toten, unverbesserlich insistierend, unsterblich in die Riviera vernarrt waren.

Eines Tages sagte Loos zu mir: »Siehst du, hier will ich unser Haus bauen, das ist der richtige Ort und gefällt mir am besten. Hier will ich alt werden.«

Ich sehe Loos vor mir, wie er um die Grundstücke in Saint-Jean herumgeht. Ich sehe ihn stundenlang auf der Promenade des Anglais vor dem Hotel Negresco sitzen und nachdenken. Er steht vor mir und korrigiert meinen Hofknicks. Wir gehen zusammen über den Blumenmarkt von Nizza und stecken die Nasen in alle Sträuße. Wir essen in einem kleinen Matrosengasthaus, und Loos entdeckt einen wunderbaren Weißkäse, der in Binsen verpackt serviert wird. Wir gehen über den Friedhof in Beaulieu, wo fast nur Ertrunkene und Kriegsopfer, die hinter der Front starben, begraben sind, und lachen über die praktischen Franzosen, die ihre Grabkränze aus Glasperlen herstellen, damit sie niemals welken. Wir steigen zu Fuß zu den Studios von Pathé und Gaumont hinauf, wir gehen dort oben in herrlichen Gärten spazieren, viele hundert Meter über dem Meer, das aus der Ferne leuchtet. Wir kehren nach Nizza zurück und besuchen ein altes Ehepaar, das eine Sammlung von Gemälden Goyas besitzt, die eigentlich in ein Museum gehören. Loos sagt: »Amerika? Nein. Ich bleibe hier, hier scheint immer die Sonne.«

Was wird aus den unerfüllten Träumen und Hoffnungen der Menschen, wo fliegen sie hin? Warum kann niemand erklären, was mit uns geschieht? Gibt es einen Ort auf der Welt, wo alle Wünsche in Erfüllung gehen?

Nein, diesen Ort gibt es nicht.

Elsie Altmann Loos

Dank

Tous mes remerciements à Dominique Escribe, Bettina Feldweg, Ingrid Ysabel Fiedler, Oliver Gieth, Florian Glässing, Michaela Röll, Thomas Schulz et Eckhard Weber.

Bereits erschienen:
Gebrauchsanweisung für ...

Amerika
von Paul Watzlawick

Amsterdam
von Siggi Weidemann

Barcelona
von Merten Worthmann

Bayern
von Bruno Jonas

Berlin
von Jakob Hein

die Bretagne
von Jochen Schmidt

Brüssel und Flandern
von Siggi Weidemann

China
von Kai Strittmatter

Deutschland
von Maxim Gorski

Dresden
von Christine von Brühl

das Elsaß
von Rainer Stephan

England
von Heinz Ohff

Florenz
von David Leavitt

Frankreich
von Johannes Willms

Gardasee
von Rainer Stephan

Genua und die
Italienische Riviera
von Dorette Deutsch

Griechenland
von Martin Pristl

Hamburg
von Stefan Beuse

Indien
von Ilija Trojanow

Irland
von Ralf Sotscheck

Italien
von Henning Klüver

Japan
von Gerhard Dambmann

Kalifornien
von Heinrich Wefing

Katalonien
von Michael Ebmeyer

Köln
von Reinhold Neven Du Mont

London
von Ronald Reng

01/0002/07/L

München
von Thomas Grasberger

New York
von Verena Lueken

Niederbayern
von Teja Fiedler

Nizza und
die Côte d'Azur
von Jens Rosteck

Norwegen
von Ebba D. Drolshagen

Paris
von Edmund White

Polen
von Radek Knapp

Portugal
von Eckhart Nickel

Rom
von Birgit Schönau

das Ruhrgebiet
von Peter Erik Hillenbach

Salzburg und
das Salzburger Land
von Adrian Seidelbast

Schottland
von Heinz Ohff

Schwaben
von Anton Hunger

die Schweiz
von Thomas Küng

Sizilien
von Constanze Neumann

Spanien
von Paul Ingendaay

Südfrankreich
von Birgit Vanderbeke

Südtirol
von Reinhold Messner

Tibet
von Uli Franz

die Toskana
von Barbara Bronnen

Tschechien und Prag
von Jiří Gruša

die Türkei
von Iris Alanyali

Umbrien
von Patricia Clough

Venedig
von Dorette Deutsch

Wien
von Monika Czernin

01/0002/07/R

Johannes Willms
Gebrauchsanweisung für Frankreich

192 Seiten. Gebunden

Haben wir nicht alle eine klar umrissene Vorstellung davon, was eine Französin auszeichnet? Charme, Eleganz und Raffinesse in der Kunst der Verführung ... Johannes Willms, seit Jahren französischer Lebensart verfallen, blickt hinter die Kulissen. Mit der Hundeliebe und dem Nationalstolz seiner Nachbarn ist er ebenso vertraut wie mit den Tücken des Linksabbiegens und der Pünktlichkeit schlitzohriger Handwerker in der Provinz. Er kennt das Erfolgsrezept für die einzig wahren Pommes frites und weist uns den Weg durch den schier unergründlichen Verwaltungsapparat der Franzosen. Die verwunschenen Weinberge des Languedoc, der waldreiche Luberon und die mondäne Côte kommen ebenso zu ihrem Recht wie das intellektuelle Paris und die ethnische Vielfalt der Großstädte, die in der Fußballnationalmannschaft ihren vollkommenen Ausdruck findet.

01/1487/01/R

Birgit Vanderbeke

Gebrauchsanweisung für Südfrankreich

174 Seiten. Gebunden

Pont du Gard, pittoreske Natursteinhäuser und blühender Lavendel, das ist Südfrankreich. Nicht ganz. Denn wußten Sie beispielsweise, daß »Gekochtes Wasser« zu den Spezialitäten der provençalischen Küche gehört? Daß sich die meisten Bewohner dieses Landstrichs seit Jahrhunderten weigern, an die Zentrale in Paris Steuern zu entrichten? Oder daß noch immer ein Konfessionsstreit über den Erfinder der schmackhaften Cassoulet geführt wird?
Mit genauem Blick und der ihr eigenen feinen Ironie schreibt Birgit Vanderbeke über die Leute im Süden Frankreichs, über ihren Eigensinn und ihre Fahrkünste, über Trüffelmärkte und den Ramadan in Marseille. Eine Liebeserklärung an eine der wundervollsten und zugleich vielfältigsten Regionen Frankreichs.

01/1122/01/R

PIPER

Jochen Schmidt

Gebrauchsanweisung für die Bretagne

191 Seiten. Gebunden

Sind Sie auch von der Angst getrieben, auf der Reise das Entscheidende zu verpassen? Den märchenhaftesten Wald, das feinste Crêpe, die urtümlichsten Volksfeste oder den erhabendsten Menhir? Das ist nun vorbei. Denn Jochen Schmidt wird Sie einweihen in die Geheimnisse der Bretagne. Er beginnt mit den einfachen Wahrheiten: damit zum Beispiel, daß es in der Bretagne keineswegs immer regnet. Oder daß die bretonischen Frauen schon längst nicht mehr mit diesen seltsamen weißen Röhren als Kopfschmuck die Kühe auf die Weide führen. Es folgen die unangenehmen Wahrheiten: wie zum Beispiel die, daß der Cidre eigentlich ein persisches Getränk ist. Oder daß es bestenfalls noch die Touristen sind, die sich am prasselnden Kaminfeuer bretonische Gruselgeschichten über böse Geister und Kobolde erzählen. Am Ende jedenfalls werden Sie vermutlich mehr über die Bretagne wissen als der Bretone selbst. Und der lebt dort schon, seit die Kelten in Europa zu Hause waren.

01/1357/01/R

PIPER

Rainer Stephan

Gebrauchsanweisung für das Elsaß

192 Seiten. Gebunden

Kaum eine Region kann eine solche Dichte an Sterneköchen aufweisen wie das Elsaß. Und so ist es kein Zufall, daß das Fremdenverkehrsbüro hier eine Sauerkrautstraße ausweist und eine Straße des gebackenen Karpfens: Die Kochkunst und die Kultur bestimmen die elsässische Lebensart zwischen Vogesen und Rhein. Rainer Stephan führt Sie abseits der *routes touristiques* dorthin, wo es noch Entdeckungen zu machen gibt. Er berichtet von einem famosen Kunstraub und von den Portugiesen in Colmar, und er erzählt Ihnen vom wahren Elsässer, dessen Naturell irgendwo zwischen Pragmatismus und Schizophrenie liegt. Am Ende werden Sie wissen, wo das echte Straßburg liegt und warum die Dombauhütte des dortigen Münsters wohlhabender ist als so mancher Burgherr entlang der idyllischen Weinstraße.

01/1457/01/R